A BIOGRAPHY OF
ZHOU
EN-LAI

周恩来传

Dick Wilson
[英] 迪克·威尔逊 ◎著
封长虹 ◎译

国际文化出版公司
·北京·

图书在版编目（CIP）数据

周恩来传／（英）威尔逊著；封长虹译. ——北京：国际文化出版公司，2011.7（2025.7重印）
ISBN 978-7-5125-0236-9

I.①周… II.①迪…②封… III.①周恩来（1898～1976）-传记 IV.①K827=7

中国版本图书馆CIP数据核字（2011）第121322号

著作权登记号 图字：01-2008-2989号

A BIOGRAPHY OF ZHOU EN-LAI by DICK WILSON
Copyright：©
This edition arranged with DICK WILSON
through BIG APPLE TUTTLE-MORI AGENCY,LABUAN,MALAYSIA.
Simplified Chinese edition copyright：
2011 INTERNATIONAL CULTURE PUBLISHING CORPORATION
ALL rights reserved.

周恩来传

作　　者	[英]迪克·威尔逊
译　　者	封长虹
总 策 划	鲁良洪
责任编辑	戴　婕
图片提供	中国新闻社图片网络中心　gettyimages　杜修贤
出版发行	国际文化出版公司
经　　销	国文润华文化传媒（北京）有限责任公司
印　　刷	文畅阁印刷有限公司
开　　本	710毫米×1000毫米　　16开 30.75印张　　　　　420千字
版　　次	2011年7月第1版 2025年7月第13次印刷
书　　号	ISBN 978-7-5125-0236-9
定　　价	100.00元

国际文化出版公司
北京市朝阳区东土城路乙9号　邮编：100013
总编室：（010）64270995　传真：（010）64270995
销售热线：（010）64271187
传真：（010）64271187-800
E-mail：icpc@95777.sina.net

作者简介

迪克·威尔逊

国外研究当代中国问题的知名学者。早年就读于英国牛津大学及美国加州大学,获文学、法学硕士,后在研究中国问题的权威性刊物《中国季刊》担任主编。威尔逊在研究当代中国历史和人物方面有一定的造诣,其主要著作有:《毛泽东传》《周恩来传》《长征,1935年》《亚洲的觉醒》《人类的四分之一》等。

译者简介

封长虹

著名战略问题和国际问题专家，中国人民解放军国防大学军事战略学博士，中国人民解放军军事科学院研究员，清华大学海外安全研究中心高级研究员，中美关系研究中心执行主任兼学术委员会执行主任，浙江大学国防教育高级顾问，同济大学国际与公共事务研究院客座教授，中华美国学会常务理事。长期从事战略问题和国际问题研究，主要研究内容包括国家安全战略、中国军事战略、美国军事战略、中美关系、台海问题、南海问题、国际法与战争法等。主要译著有《周恩来传》《周恩来的大外交》《蒋介石传》《统帅们》《掌权者》《里根自传》《海湾战争》《为和平而战》等。

作者序 /001

☆ 第一部……求　索 /007

目录 Contents

1　多次被收养（1898～1913）/009

周的童年始终在不寻常地变换着——身躯从中国的沃土中心移到了冰天雪地的北方，情感上当他还是个婴儿时便从他的生身父母那里被送给了他的养父母……

2　就学津门（1913～1917）/025

周在南开的4年奠定了他后来所坚持的学术风纪的方向，使他明白了自己该做些什么，而正是这一缘故，加之他与许多人结下并持续了多年的友谊，周总是带着怀旧的情感来回顾南开中学的往事……

3　东渡日本（1917～1919）/041

周在日本旅居了18个月之后，离开了日本。在那里他没有受过正规的大学教育，所以也没有什么值得表现的东西。他能带走的是他对所读过的书的记忆和在河上肇博士创办的杂志中所了解到的对他有决定性意义的社会主义理论。

4　身陷囹圄（1919～1920）/055

"五四"运动时期，先是周主办的《天津学生联合会报》遭禁；后来，他又在一次示威抗议中被逮捕入狱。严酷的现实却令周深刻地体会到：今后的救国道路，只有深入劳工群众，依靠劳动阶级，采取共同行动，才能挽救中国的危亡，改造旧的中国。

5　留学法国（1920～1924）/075

在欧洲度过的3年半时光，使周恩来得以信奉马克思主义，并使他本人完全同这个主义相融合了。所有这些，加上他在巴黎时在中国共产党内地位的逐渐提高，为他今后在国内的政治生涯做好了充分的准备。

☆ 第二部……奋　斗/103

6　革命婚姻（1924～1925）/105

在那个婚姻由父母包办的年代里，周和邓彼此做出了自己的选择——自愿的、充满热情的、不受他人支配的选择。他们的婚姻被证明是中国夫妻生活中最成功、最忠诚、最持久、最具有说服力的婚姻。

7　占领上海（1925～1927）/121

周没受过正规的军事训练，对工人阶级也不太了解，而且既无起义指南，又无苏联顾问的指点。武装起义完全是他自己智慧的结晶。但是，周仍然低估了蒋的对抗性。在他的头脑中，他似乎以为起义失败是运气不佳或同蒋关系疏远所致。然而，他没有在自责上浪费时间，而是忙于第三次也是最后一次上海起义。

8　南昌起义（1927）/135

以周为首的中国共产党领导人这一次未等莫斯科同意，就做出决定发动南昌起义。尽管南昌起义失败了，但从某种意义上说，共产党在南方变得成熟了，因此8月1日被中国共产党确定为人民军队诞辰日，并受到纪念。作为军队的缔造者，周受到了人们的拥护。同时，他也因终于领导共产党摆脱了在国民党内的寄人篱下的生活走向独立而受到赞扬。

9　重获信任（1928～1930）/151

莫斯科的热烈欢迎使周心旷神怡。有位同志回忆说："斯大林对他极为欣赏，赞扬了他在解决军事问题和情报工作方面不断取得的成绩，高度评价了他的能力和政治眼光。"他同负责中国事务的新的克里姆林宫负责人帕费尔·米夫也相处得很融洽。

10　技高一筹（1931～1934）/165

国民党开始第四次反共"围剿"时，周对军事政策的支配权似乎更加巩固了。红军的组织也更加标准化和合理化。对周在这次战役中的军事成就，李德后来的评价是"值得称赞"。李德还注意到，重要的军事决定是由周做出的。

11　长征路上（1934～1936）/181

周恩来放弃了对中华苏维埃共和国的破碎梦想，于1934年开始了具有战略意义的红军大撤退。这一壮举成了举世闻名的长征。除了避开敌人外，红军没有既定的目标。周抛弃一块跟比利时一样大的根据地，开始了长达一年之久的远征，相当于从伦敦徒步到东京，或从纽约到里约热内卢。

12　虎落陷阱（1936～1940）/203

出乎人们的意料，周的死敌、曾经几次差点儿抓到周、并且悬赏8万大洋要周的头的蒋介石居然落到了周的手中。这一不寻常的捉拿上司蒋委员长的兵变是中国东北军在少帅张学良的领导下执行的。由于得到张学良的信任，周实际上成了蒋介石的主宰者，掌握着他的命运。

13　谈判专家（1940～1943）/233

周在谈判方面的才能要胜过党内其他同事，不论是同国民党谈判，还是同外国人谈判，都是如此。他深谙国际事务，和政府官员关系较好，英语流利，性格又特别适合这类工作。许多共产党人是带着一种要争吵的架势来到谈判桌的，但周却保持着一种适当的理智。

14　赢得胜利（1943～1949）/247

周和他的伙伴将到北京去宣布一种全新的主义。它包括这样一个目标，要把中国社会从迷信精英统治转变为真正的社会民主。经过一生的革命，周在51岁时开始正式执政。

☆ 第三部……开国总理/275

15 蓝色睡衣（1949～1952）/277

周就任中华人民共和国总理兼外交部长后，于1950年前往莫斯科，他带去一飞机的专家和一套新的蓝方格法兰绒睡衣。尽管它渐渐褪了色并打满补丁，但他一直穿着这套睡衣，甚至后来出国访问时也带着它，直到他去世那一天。

16 国际舞台（1953～1955）/301

周恩来成为国际舞台上的一位新人物。人们到处询问，这位在共产主义世界中执掌如此大权的不知名的中国总理是谁？随后周在日内瓦会议上的显著成就接连震撼了世界各国的外交使节，加深了外部世界要更好地了解他的印象。

17 百花齐放（1956～1958）/327

周一直由于讲话太诚实而受到国内反对者的抵制，在党内的地位骤然下降。到1957年年底，他由于反"冒进"而不得不做检讨。至此，在"整风运动"和"百花齐放"运动中及在经济上，他都是属于失势的那一方。

18 拨乱反正（1959～1961）/347

周选择了强调中国政治生活民主化的必要性的做法。他所做的关于"大跃进"的报告，很清楚地反映了他准备做出的判断。这一报告具有决定性的意义。它是专家治国论者们对一个迅速实现共产主义的试验的评价，这一试验可能引起全世界的关注，最终也给中国带来了一点进步。

19 非洲之行（1962～1965）/363

周与外交部部长陈毅于1963年率团访问了13个第三世界的亚非国家。这次出访的目的是使第三世界的舆论同苏联脱钩，并说服这些国家投向中国一边。周还希望推销一个新奇的概念，即中国的援助比西方的援助更为可取，因为中国专家愿意按第三世界的生活标准生活。

20 "文革"之初（1966～1967）/379

"文化大革命"开始以来，周恩来被置于这样一种境地，他或是选择当一个殉道者，或是做一个跟不上步伐的合作者。很明显，这个运动越过了此前毛泽东与其他人共同商定的界限。在周看来，现在正在发生的事是错误的，是与社会主义的概念相对立的。

21 "文革"受困（1967～1968）/409

"文化大革命"造成的其中一个损失是它拖垮了周恩来。周恩来再也没能恢复他往日的活力。在生命的最后7年，他本可以在国际舞台上大获成功，但他却过得相当平凡，主要忙于补救"文革"造成的损失，同时还要为自己在"文革"中造成的政治地位变动争得一席之地。

22 握手言和（1969～1976）/427

1972年，理查德·尼克松成为第一个访问中国的美国总统。使一个世界上最有权力的政治领导人，同时也是一个长期以来对中国共产主义怀有深深偏见的国家的元首来中国进行官方访问，并与中国领导人就悬而未决的双边问题进行谈判，这是周恩来长期外交生涯中最辉煌的成就。甚至周自己也用同样夸张的语言把它称为国际关系中令人高兴的一个突破。

尾　声 /463

结束语 /471

作者序

"哎哟，天哪，你还在这里等呀！记者招待会的地点已经变了，我们已在内阁大楼举行过了。很抱歉，非常抱歉未能通知你。不过，我可以肯定，总理将会与你单独会晤，以此来进行弥补……"

尼泊尔礼宾官身着宽松的白衣裤，头戴高高的白色帽，把我引向一簇刚刚来到拉那宫的人群旁。渐渐地，人群闪开了，从中显出了一个令人感到惊讶的瘦弱的身躯——中华人民共和国总理周恩来。

真是一个令人难以捉摸的情形。按照原计划，周1960年对尼泊尔的这次访问将在他的下榻处会见来自世界各地的记者。他下榻在古老的拉那宫，距尼泊尔王国首都加德满都3英里开外。我到尼泊尔去的原因之一，就是为了采访来访的中国人。不巧的是，在他们访问的最后一天，我要替我的杂志干些其他事情，所以没接到记者招待会变更地点的通知。

因此，按照约定的午夜时间，我单独前往拉那宫参加记者招待会，结果发现那里空空荡荡、寂静无人，只有两个持枪却熟睡了的哨兵。我战战兢兢地从他们中间跨过去，谷仓般的大厅里见不到一个人，出现在眼前的只是地毯上布满的烟蒂和鸡骨。没有中国的采访者，没有尼泊尔的官员。

而此时此刻，我却面对着62岁的中国总理。尽管是由于尼泊尔人的过错而不是周的过错使我失去了参加记者招待会的机会，但周却欣然接受了单独会见我以示补偿的建议。当时已过午夜许久，中国方面的随行人员已到各地访问了几个星期，计划第二天清晨黎明时分起飞回国。他们人人都感到疲倦了，然而周的随行人员中的十几名官员，其中包括外交部部长陈毅，却站在那里等待着这个未被列入计划的会晤的结束，然后他们才能去睡觉并为他们的起程做准备。他们中的一些人眼睛盯着我，带着一种不露声色的不满。

但是，周却不是这样。他跟我谈了40分钟，却显得谦恭耐心。我感到有点尴尬，便把提问限制在一些重要的问题上，如周的这次访问如何改善了中国与该地区国家的关系，并希望得到简单的回答。但是，周却进行了极为详尽的阐述，一个一个地讲到了他这次所访问的国家。这又持续了大约半小时，其中包括翻译占用的时间。实际上，正如我后来发现的那样，他所讲的话与记者招待会上发布的内容都是一样的，因此，我的单独会晤并没有获得很大的价值。

如果只是周一个人在场的话，我将借他这次邀请的机会多提些问题。但是，由于陈毅不停地交换着左右腿来支撑他那相对而言较为壮硕的身体，再加上有的年轻些的随行人员斜着眼睛望着我，所以我便决定到此结束。然而，周却还没讲完。他继续往下讲，好像时间还很多似的。他问我是否去过中国，是否知道蒙哥马利将访问中国，以及我是否也愿意去中国，等等。

我的心情激动起来了。一年多来，我一直在设法去中国，却未获成功。

"欢迎你！"总理突然用学生式的英语说道，并扬起他的双臂

作者序

做了个表示欢迎的姿势。

中国官员们互相看了看对方，好像在说："终于结束了！"我激动地走出拉那宫，闯入了喜马拉雅山那寒冷的夜空之中。这简直是一场梦。周善于使事情看起来像梦一般，有时却不大善于把这些梦变为现实。我后来给他写了几封信，却未收到有关邀请方面的信函。过了数年，在蒙哥马利访问了中国之后，我才第一次来到中国访问。但是，周给我留下的第一印象却依然历历在目。他注意尽可能全面地满足我的要求，毫无傲气和任何架子。他的行为非常谦逊，但他的助手们对他的恭敬态度却反映了他所具有的政治权力的强烈影响力。

在那个特殊的岁月里，相当多的中国人在挨饿，苏联从中国撤走了他们的经济专家，中国领导层两个权力大于周的人物之间难以缓和的矛盾似乎在加剧发展，中国又感到自己正被敌对的美国军事力量所包围，并且尼赫鲁在中印边界争论问题上不愿进行妥协。然而，40分钟的时间内，在繁忙地工作了一天后即将结束时，周却令人觉得他好像什么都不在乎似的，只注意倾听并回答我的提问。而这些问题是别的记者曾向他多次提出过的。这一天是他们离开舒适的家庭，在外面连续工作了许多天后的最后一天。

在我的记者生涯中，这种感觉偶尔也因像尼赫鲁、肯尼迪等权势人物的影响而出现过，却从来没有如此强烈。周几乎给每个见到过他的人都留下了同样的印象。周体现了旧时中国那些文雅、礼貌和谦逊的品质，然而他也用这些品质来为某种政治意识形态服务，而这种政治意识形态把暴力作为自己政纲的一个必要组成部分。正是因为这些，才使人们都对这位温文尔雅的总理感到困惑不解。他的言行举止温柔和蔼，然而，为了使他的国家能迅速在一代人的时间内从封建主义进入现代社会，他的一些所作所为却显得冷酷、好斗，甚至是不可理解。这个在1954年的日内瓦会议和1955年的万隆会议上曾表现出良好理智的人，为了杀一儆百，也曾下令处决过叛徒，也曾在20世纪50年代共产党人革命的第一次浪潮中容忍了对反革命分子的镇压。

周了解不同国家的不同文化。大陆欧洲对他的才华和智慧有着一致的印象。《世界报》《革命者》等报刊均用大标题把这些表面印象归纳成文。亨利·基辛格发现周是他所见到过的"给人留下最深刻印象的两三个人物之一"，称他"文雅、非常富有忍耐性，极为聪慧、机敏"。哈马舍尔德说周是"目前为止我在对外政治领域中所见过的最优秀的人物"。在法国外交部长E·马纳克看来，这位中国总理是"一个完人"。

盎格鲁撒克逊人的心理表现虽然略显不同，但他们却都有同样的感受。白修德发现周是他遇见过的三个伟人之一，"在他们面前，我的不信任感几乎完全没有了"。但后来，白修德却改变了他的看法，把周与1949年后共产党机构所实施的统治等同起来。因此，在白修德的脑子里便出现了另一种看法。用丹尼斯·布拉德沃里的话来讲，周"或许是他们当中最好的共产主义者"，"一个比毛主席本人更具备适应能力的革命者，以及一个对资本主义世界来讲更为危险的长期的敌人"。

这种人最初是如何获得了改造自己的祖国并使之民主化的动力的呢？这是有关周恩来的第一个大问题；而他如何渐渐地选择了马克思主义作为这种改造的载体则是第二个大问题；第三个大问题是为什么在半个多世纪的对中国共产党的领导过程中，他始终坚持使他人身居最高的位置，而自己却拒绝这种地位；第四个大问题则是，他为什么继续支持自己过去的对手毛泽东并跟随其后参加狂热的、毁灭性的1958年的"大跃进"及1966年的"文化大革命"。

作者序

与毛及其他中国共产党领导人相比，周显得更为开明，更加信任人民，对世界历史了解得更广泛，出访过更多的国家并会见过更多的访问者。但是，在这个面带笑容的领导人和颇具魅力的外交官形象背后，一个真正的周却有待于人们进一步深刻认识。

在加德满都的那个4月之夜，当我离开拉那宫时，内心怀有一种良好的感受，即周恩来令我感到更加具体一些了。我羡慕他的魅力与技巧，后来我继而对他的机智、敏捷和远见感到惊讶。这种好奇心导致了20年后我对这个人及其一生工作的刻画与描写。

第一部

求索

志在四方

翔宇贈

願相會於中華騰飛世界時

第九十歲引筆下

1 多次被收养
（1898～1913）

周恩来传
A BIOGRAPHY OF ZHOU EN-LAI

在东北奉天求学时的周恩来

在淮安，坐落着一栋雅致的上流社会的住宅。对一个注定要成为世界上最大的共产党领袖的人来说，这里似乎不可能是一个起步的地方。然而，没落的周氏家族的绅士们，尽管在中国东部海岸那繁荣的城镇里挣扎着来维持自己的官吏阶级利益，当他们听到1898年3月5日

1898年3月5日，周恩来诞生在淮安城内驸马巷的这所住宅。

出生的那个孩子成了中国最著名的总理的消息时，却根本不感到惊奇。他们觉得这是丝毫没有什么值得奇怪的事。

今天，如果你到江苏省淮安去的话，人们会带着你穿过一条两壁洁白的通道，进入那老式的却又具有新的传奇色彩的房子里去。房子上面写着："周恩来故居"①。这栋房子并不算大，仅仅一层，但那砖砌的墙壁却厚厚实实，那支撑着房檐的木柱雕刻得精致华丽，那传统的灰色中国瓦片昂首翘望着天空。

①周的故居是在他逝世后经过翻修的。

周恩来故居。正门上的"周恩来同志故居"是邓小平题写的。

在这栋房子里,你可以看到周降临人世的房间、他祖父的居室以及他父母的卧室。屋外的院子里,有一小块菜地和一口古井。整个故居显得古老陈旧,在一个国家目前正忙于现代化的进程中,它却俨然像座静静的小岛。按照当地的水平来讲,这栋房子已经算是很不错的了。

淮安县城坐落在大运河畔。这条大运河是过去皇帝们修建的一项了不起的人造工程,它连接了中国的两大河流——长江与黄河,通过许多沼泽地、湖泊及水路,使江苏中部变得犹如中国的荷兰。这就是周恩来的家乡所处的位置。长江流域大量的稻田,使这里变成了一块非常富饶的土地。

在填写大学入校表格中出生日期一栏时,周恩来写道:那是在"民国成立之前的第十三年"①——一个令勤劳的中国人民渴望已久的共和国,周为了巩固这个共和国曾贡献了自己的力量。周恩来出生时,一个旧的世纪正在走向死亡,因此,他的童年经历了犯有时代错误的清朝皇帝统治下的最后几年,而这个清朝皇帝则是一系列统治中国的皇帝中的最后一位②。

周的家庭长辈们是一些有修养的、遭受了艰难时世磨炼的绅士。他的国家竭力让人们知道,在无能政府的统治下和来自海外的帝国主义的压迫下,一个自豪的文明的国家走向了衰落是多么令人感到屈辱。欧洲列强正在欺凌中国,侵吞它的领土,强迫它接受带有掠夺条件的贸易,可软弱无能的王朝统治者们却对此一无所措。

①指孙中山先生1911年创立的中华民国。

②指末代皇帝爱新觉罗·溥仪。

第一部 求索

周的父亲——贻能（1874~1942），有着落拓不羁的特点。他一生没有什么成就，却是个开朗的人。不过，他对长期在中国实行的崩溃中的官吏制度感到不满。他从来没有得到过县官职位，而这是他受的教育所提出的要求。他那著名的儿子出生时，他才不过24岁。孩子取名为恩来，意为"恩惠到来"，是用以对孩子的来到表示感恩和期望。但是，贻能徒劳地期待着，得到的只是外省的一个很不重要的小职位。当周恩来几十年后成为总理时，他常常十分严肃地这样回忆他的父亲"一个地方小吏，月收入不足30元"。那时相当于30美元①。

周恩来的父亲周贻能

① 在周恩来的大半生中，中国的"元"大约与美国的"元"价值同等。

这位父亲温文尔雅，与世无争。在几个更富有成就的兄弟面前，他便显得相形见绌了。他置生活的压力于不顾，对那微薄薪俸甘之如饴，以喝米酒和吟诵一本诗集来打发自己的日子。在淮安的故居里，墙上有一张已经发黄了的相片。从这张相片中可以看出，他身着老式大袖衫，神态落拓不羁，容貌粗糙，却流露出安宁的成熟老练。

如果周的父亲当初"成功"了的话，周或许获得的会是一种完全的上流社会阶层的观点。正如事实所示，周生活在像他后来所描绘的那样一个"破产的官吏家庭"里；或用他的中文传记之一的话说，生活在"没落的封建官僚"之中，他逐步懂得了财产意味着什么，并且也更进一步感到了什么是不公平。在中国的属相中，周生于狗年，因此，一个算命先生认为他是个具有潜力的正义的斗士——谨慎、具有超凡的魅力，但却固执，是个爱挑剔错误的人。

周恩来的母亲万冬儿（1877~1907），是个有才干的女人，出身于一个杰出的地方官宦家庭，娴熟于中国传统的交往礼仪。家中房间里的照片显示出她的热情和漂亮的容貌及几乎容易感觉出的聪明，而这种聪明并不是通过受教育发展而来

周恩来的母亲万冬儿

周恩来的祖父周攀龙

的。不幸的是,她的父亲在她生下周恩来的第二天便去世了,而她的悲伤或许使她失去了对孩子的兴趣。这样一来,周氏家族特别是周恩来的两个了不起的叔伯便承担起照料这个孩子的责任。

富有传奇色彩的周攀龙——周的祖父,有着杰出的宦途经历,这曾使他于19世纪70年代在其哥哥的陪同下到过淮安。在故乡绍兴,攀龙与当地一个鲁氏女子结下了婚姻并养育了4个儿子。迁到淮安后,鲁氏曾经回到老家绍兴做客。绍兴处于浙江省,距淮安南边有300英里,它因生产米酒、充满书卷气和拥有许多图书馆而闻名于中国。周恩来曾随鲁氏回过绍兴,但不久又回到了淮安同万氏家庭一块儿生活。

按照中国过去的常规,人们往往以父亲的原籍作为自己的祖籍。周恩来常说,尽管他出生于淮安,但"我的老家是绍兴"。后来,他曾经在1939年回到祖父攀龙的祖先家绍兴,向祖先的牌位表示他们的敬意并参观百岁堂。这是周氏家族六代人曾经一块儿生活过的地方。

如果周恩来的确如此关心绍兴的那些墓碑的话,那么这可能反映了他从小就对他的3个叔伯父所怀有的感恩图报之情。这个家庭通常把同一代的4个堂兄弟——祖父攀龙的兄和弟所生的7个孩子——与他们合拢在一起。这样,总共有10个叔伯父,他们中有的是很不平凡的人物,其中有3个中了举人——中国科举制度中的第二等级,一个成了地方高级官吏和地主,另一个成了商人,有一个曾经担任袁世凯大帅府的秘书,在当时国内分裂的情况下,他主张南北议和。

周恩来的养父周贻淦

周的童年并不具有典型的上层社会的中国孩子所过

第一部　求索

的平静的田园诗般的生活。当他还是个几个月的孩子的时候，便被过继给了叔父贻淦，因为贻淦病得很厉害，唯恐无嗣。这种收养并不意味着要搬迁远去，他的许多叔伯都与周的父母同在一个院落内一起生活。周的生父的愿望常常可以用来解释周氏大家庭这种集体精神的非凡表现，即保证他那日益衰弱的弟弟在家族牌位中的位置能通过男性后代继续传下去。这一点在中国的传统中是非常重要的。周的生父的另一个动机是为了治好恩来叔父的疾病，而这一说法是最近才对去淮安参观的人们透露出来的。如果真是出于这一动机的话，那么此举是未奏效的。

一位中国作者评论了这一情节是如何表明"中国的传统具有一种解除无能为力的父母所肩负的重担的办法"。人们不禁要怀疑这位生父的不负责任。此外，生母因自己父亲的去世而产生的悲痛，使她变得不能与自己的丈夫一起共同对孩子加以照料。这些表明，周从小就离开了亲生父母，其生身父母后来又生了两个儿子并把他们留养在家中。

根据一种说法，童年的周屡遭不幸。他被收养后不久，其继父便死了。他当时还只有1岁，由守寡的养母带大。养母是淮安陈氏家族中最了不起的妇女，她有自信心，具有高度的智慧和社会良知。周深受这位妇女的影响，以至于在其后来的生活中，他完全把她当成了自己的"母亲"，正如他曾用此来称呼他的生母。他承认自己有两个母亲，而这使一些传记作者感到迷惑不解。

养母陈氏没有受过教育[①]，据说这主要是因为她的暴烈脾气，使她不可能让人来教她。她没有读过书，因此她的一些才艺仅局限于普通女性的料理家务，诸如做饭和刺绣等。但是，她却强有力地行使着自己的权威，通常以严格的家教来对孩子们进行约束。当她站起来时，没有任何人甚至包括周胆敢坐着

周恩来的养母陈三姑

[①] 养母陈氏受过教育，生母万氏是理家的能手，作者将陈氏的情况与万氏的情况弄颠倒了。——译者注。

不动；当她发脾气时，没有谁敢插嘴多言，除非周有可能面带微笑提些谨慎的建议或尽力使她消气。她肯定对恩来有着偏爱，她思维敏捷，据说她能在与当地佛教法师的辩论中坚持自己的观点。

她喜欢讲故事，尤其是讲那些抗暴起义的古代传说。在她的身边，听着这些故事，周受到了这方面的影响，而这可能使他反抗家长专制的梦想得以正式形成。他的同事们在后来的生活中都对他了解这些故事的程度及这些故事仍能够使他激动不已而感到惊奇。"我感激我母亲的指导，"他这样说，"没有她的关心照顾，那我就不能够在事业追求方面培养任何兴趣。"

然而，在周的性格发展过程中，起过作用的另一位妇女，则是那个家庭的奶妈。她非常喜爱他，常常告诉他有关周家大门外农民们过着的艰苦生活。她详细给他讲述50年前太平军起义、惩处贪官污吏、劫富济贫的故事。

当周6岁的时候，他的生母时来运转，她和她的弟弟合中了1张彩票，得了1万元的奖。他们有了这笔钱，就住到了周恩来的外祖母的家中。这里离大运河约有10英里路远。在这个地方，她厮守着一个古怪的家庭。这个家庭包括她的丈夫贻能（周的生父）、周恩来、周的两个弟弟恩溥、恩寿，以及周的养母。尽管周的那些亲属关系不断地从一个社会关系中的小家庭转变到另一个小家庭里，但他始终是生活在同一个家庭里。

在淮阴，周进入了他外祖父①留下来的大藏书室。在这3年间，他培养了对唐诗的兴趣（他对古诗的深刻记忆，后来使他的朋友们均感到惊讶）。

这是他这段生活中较为轻松愉快的一面。然而不幸的是，其生母中奖的钱不久就花光了。她的身体状况也随着命运的衰败而不断下降。当时，中国的这一部分土地正遭受饥荒和经济萧条

周恩来的大弟弟周恩溥

周恩来的小弟弟周恩寿

①周的外祖父家在清江浦（今淮安市淮阴区）。周6岁时曾随生父母、养母迁到外祖父家居住。

的严重破坏。周此时才9岁，却不得不经常往当铺里跑，并到亲朋家借债，然后从药店里买些药回来给他那痛苦的母亲治病。但是，她的病已经到了无法医治的地步，于1907年离开了人世。

正像周恩来仅仅不到1岁时就"失去"了

周恩来童年读书处。周恩来到清江浦祖父处读书，曾住于此。

养父一样，当他才10岁时又失去了两个母亲，因为他的养母在他的生母去世后不久也离开了人间。他分别从两个母亲那里继承了很多"东西"。他从生母那儿继承的是身体方面的东西，而从养母那里继承的则是文化修养方面的东西。但是，他却清楚地知道自己在两个母亲中的位置。"我婶子，"他后来解释道，"当我还是个婴儿的时候，便成了我真正的母亲。在10岁之前，我一直跟着她，甚至一天也未离开过她，直到她和我的生母两人都去世为止。"

在周仍未跨出童年之前，无疑这是他生活中最艰难的时刻。他和他的那些逐步衰落的亲属①伤感地回到了他们原来在淮安的家中，生活变得更为贫穷了。只有诚实厚道的老奶奶继续留下来照料周和弟弟们。他再度开始往当铺里跑，被迫负责在院子里种点菜以养活家人。

但是，中国家庭制度的好的一面是，它能为有抱负的年轻人开辟一些途径。此刻，周的其他几个叔伯开始对周产生了兴趣。据说其中有一个在回淮安探亲期间同周进行了一次谈话，并让他到北方去。根据另一种说法，是周主动给他的两个叔伯

①指周的两个弟弟。此时周的父亲已外出谋生。

写信的，而这种说法听起来更像其他人后来回忆的那样，即周说过"以后便出走了并一直走自己的路"。

12岁那年，即1910年春天，周离开了他那绿色遍布的家乡，来到了遥远而干燥的北方。这里是中国的一部分——满洲，日本对它长期投以贪婪的目光。这两个当时在满洲工作的伯父都在现在的辽宁省①。周首先住在铁岭，恰好这时他父亲也在铁岭，他同父亲住在一起。贻谦在一个税务所工作，他乐于给侄子讲清楚国家究竟是如何四分五裂的、需要如何改变这种状况以恢复国家的权威和效率。周开始阅读有关历史上维新派的书籍和小册子，如梁启超——他的革新思想曾遭到宫廷的镇压。

"在我年轻的时候，曾扎过辫子。我满脑子旧思想、旧东西，甚至连资本主义都不接受（后来接受了一些）。经过很长一段时间以后，我才发现了马克思列宁主义。"

几个月后，周进入了附近的一所第一流的小学读书。他的伯父贻赓没有孩子，所以不久便把他领走，让他在奉天（今沈阳）进了一所更好一点的东关模范学校。这所学校靠近沈阳老城的东门，作为传教士赞助创办的学校，与其他学校相比，要显得更加进步些。在此校3年间，周的书法和国文两门功课均属全班第一。他的一篇作文被指定为全区的范文，还有一篇被选入一本集子中而发表并参加了评展。

他采用一些办法来对付学校中那些恃强凌弱的学生，而他在后来的政治生涯中反复使用了这一战术，与那些受欺负的人结

① 周的堂伯父周贻谦在铁岭，伯父周贻赓在奉天（今沈阳市）。周先入铁岭银岗书院，后进奉天第六两等（初等加高等，是完全小学的意思）小学。

周恩来在沈阳东关模范学校读书的教室

成朋友，把他们组织起来形成一条联合战线，以反对那些横行霸道的家伙。然而，同样的一个朋友却把他描绘成"害羞"，特别是当他被点名站起来朗读课文的时候。

跟别的男孩子不一样的是，他似乎确定知道自己想学点什么以及为什么而学。他在家坚持广泛阅读历史和政治学方面的书籍。一次，校长问学生们为什么要学习，得到的都是些很平常的回答，"为发财致富而读书"或"为了找份好工作"。只有周回答说："为中华之崛起而读书。"

东关模范学校成立2周年时师生合影（局部）。前排中为周恩来。

十几岁的青少年周，现在已离开了女人的世界，开始与其终生的世界观相接触。他的身边现在都是一些具有新思想的男性长辈。在家接触的是他过去远离的伯父，在学校则是他的新老师。历史老师高①给他介绍了一份激进的刊物，其中充满了激动人心的政治见解和令人兴奋的民族主义语句。周开始了解到达尔文、米勒、卢梭及宪法保障下的人权概念。通过阅读有关康有为的文章，他脑子里产生了乌托邦式的自由世界的梦幻，追寻共产和理想的共产主义。在他的同代中国人中，人们可以发现许多这方面的热心者，包括湖南省的另一位颇有头脑的十几岁的年轻人——毛泽东。

①指历史教员高戈吾。

这些年轻的革新者——包括周，他们的靶子是当时的政府对大众愿望的置若罔闻、中国施政者的专断蛮横、当政者对欧洲几个世纪来都已公认的甚至是基本的社会和政治改革的冷淡漠视、妇女的低下地位、痛苦落后的女人裹足陋习，以及对智力活动与教育的极为严格的束缚。

少年毛泽东

周恩来在沈阳东关模范学校时的图书室

周的老师通过向他介绍著名的《新民丛报》，给他指出了革命的方向。在这个杂志中，梁启超以激昂的情绪抨击了当时的那些非正义、不平等的现象。这两个老师为周恩来指明了前进的道路。他们一起谈论早期革命者的殉难事迹，这在某种程度上使周和他的同学们潸然泪下。

周在东关模范学校就读的第一年，一个偶然到来的机会使周的一些理想得以付诸实践。1911年，革命党人最终推翻了清王朝，取而代之的是中国历史上的第一个共和国。当革命的浪潮冲击到沈阳的大门时，历史老师高毅然剪去了他自己的辫子，或者叫"猪尾巴"，蔑视那古老可笑的人人都得扎辫子的满族制度。周也剪去了他的小辫子，加入那些从异己的清王朝习惯中解放了自己的中国人的行列中。然而，不久他便感到迷惑不解，因为革命党人分裂成了一些集团和派别，各自追逐着他们自己的利益。

唯一的一个有前途的政治团体（其中包括孙逸仙）是1912年创建的国民党，其政纲是使共和国实行议会制。周后来在这一阵营内度过了几年正式的政治生涯。

由于周来自鱼米之乡，那里风景秀丽，四季如春，因此，他发现中国北方显得萧瑟奇异。学校的其他同学都比他个子高，体格也比他壮，所以他们称他为"小南方佬"，也含有"小蛮子"的意思。他们以高粱、小米为食，这里见不到他曾常吃过的大米。"我1910年来到沈阳，"他后来回忆说，"在那里生活了3年。当我刚到时，我扎着一条小辫。我的身体

东关模范学校成立2周年时师生的合影

之所以现在还这么好,应该感谢沈阳的高粱米和从黄土地上刮起的劲风。"

"在满洲的生活是有好处的,"周回忆说,"当我还在上小学的时候,无论是冬夏,我们都要做室外体育锻炼,把文弱的身体锻炼强健了。再一个好处是吃高粱米,这改变了我的生活习惯,我的骨骼长得更大了。也锻炼了我的肠胃,这就使我的身体能够适应以后的战争年代和繁忙的工作。"

一个敬仰周的人格的人把此归因于一种"中国的南方人独特的灵活性与北方的勇猛相融合的保持平衡的混合物"。或许,他在某种程度上确实从中国的这两个"世界"中得到了最大的受益,从而更能够理解并敢于领导这个幅员辽阔并且变化万千的国家。

1911年,有个朋友带他去参观仅在6年前发生的日俄战争的一个战场遗址。他这个朋友的祖父气愤地讲述了这场发生在中国国土上的两个外国之间的战争,还讲到了那些被屠杀的及遭受侵略之痛苦的中国人。据说,周当场悄悄地发誓,要报

1913年周恩来从东关模范学校毕业时给同学郭思宁的留言

① 题词的原文是："愿相会于中华腾飞世界时。"写于1917年赴日本前夕回沈阳母校时。

1917年8月30日，周恩来赴日本前到沈阳与师友话别时，给好友郭思宁的留言。

仇雪耻。在13岁那年，他已经是一个爱国主义者了。

周于1913年即他15岁那年，毕业于在沈阳念书的那所学校，沉浸在一片鲜花的告别之中。周给一个朋友题写了如下激动人心的话："无论走到哪里都要记住：当中华在全世界腾飞之日，希望我们能再度相会。"①这个特别的男同学很幸运地在40年后，拿着已经破烂的字条到北京去找周总理，以证明周总理敏锐的判断力。作为一个中年的掌权人，周重新读了他青少年时所写的似乎具有崇高境界的字条。他可能对他在1913年写的带有沙文主义急躁情绪的这种纪念物并不完全感到舒服，因此，据说他很快把这个字条藏到一个没人能够发现的地方。

20世纪60年代，在一个很少公开的有关他的家庭的参考资料中，周恩来总理解释了他为什么有半个世纪没有回去访问过他的家乡，尽管周已经"把我家的房子捐给了政府"。他的婶母曾不太合适地指出了"我出生时的地方，事实上她并非真正知道"。江苏省委坚持要保留一间房子作为纪念……"介绍这种封建的思想会有什么好处呢？这难道不是一件不好的事情吗？再说这还牵涉一些祖坟，尽是些没必要的东西，请采用深葬法了之。"作为共产党的领导人，周想不引人注目地从淮安这一景象中消失，但是人们理所当然要纪念这位当地英雄。

他的童年始终在不寻常地变换着——身躯从中国的沃土中心移到了冰天雪地的北方，情感上当他还是个婴儿时便从他的生身父母那里送给了他的养父母。接着，作为一个10岁的孩子，他便开始痛苦地料理两个母亲的丧事。但是，这一切过去以后，他又愉快地投入了500英里之外的伯父家中。每当他谈到家庭的早年破产与应酬及自己在中年时对老父亲在经济上的保守行为时，总会流露出一种控制不住的痛苦感。由于生父没有尽责任来照料他，养父在他还没有来得及认识之前就去世了，而几个叔伯又只是部分地对他起了作用，所以周从未有过一个令人满意的父辈形象，也没有一个成年男子的行为举止可以作为榜样来效仿。

江苏淮安周恩来纪念馆

　　周把这些经历作为从事革命事业的基本磨炼。他的父辈们终生悔恨那已消失的过去，但对日益逼近的未来却永远是那么的困惑。他们怎样才能使自己的孩子对他们再也不能认识到的易于变化的世界做好充分的准备呢？周抑制着从小以来就怀藏的怒气，心中燃烧着已经成熟了的改造社会的激情，并认为如果必要的话还可通过暴力来改变它。

2 就学津门
（1913~1917）

周恩来传
A BIOGRAPHY OF ZHOU EN-LAI

在南开学校读书时的周恩来

周15岁时，便开始自己操心上学的事。在沈阳时，他住在四伯父周贻赓家中。1913年，周贻赓工作变动，调到天津，在长芦盐运司榷运科当科员。周恩来随伯父母一起迁到天津。周贻赓没有子女，周恩来同四伯父、四伯母生活在一起，住在天津河北区的三间平房中。由于天津的学校中有英语课，周恩来先进大泽英文算学补习学校补习功课，然后考入天津的南开中学。

周的志愿是南开中学①，这是一个由美国资助的学校，以不墨守成规著称，而这却引起了他的叔伯们和他父亲的担心。但是，由于已通过了入学考试，周不顾长辈们的意见而注册入学。

天津，一个旧工业城市和商业港口城市，从中国的未来完整来讲，它充满了教训。这些教训包括大量外国人住在不受中国司法管辖的地区内，叫作"租界"，另外还有残暴的军阀统治。南开可以为促进周的天才和理想得以发挥和实现提供一块合适的阵地。他所经历的封建家庭生活的衰落，使他有条件接近激进主义。现在他的那些想法有了实践的机会。

1913年夏末，周到南开中学报了到。此前教过他文学

周恩来的四伯父周贻赓

周恩来的四伯母杨氏

①南开学校是严修创办的私立学校，后改称南开中学，张伯苓任校长。

南开学校东楼

的老师为庆贺这件事,写了五首诗赠给周恩来重返南方①。

南开在对待学生及其观点方面,采取的是自由甚至是民主的做法。然而,该校的学术标准是很高的,考试往往是很难对付的。校长认为应该鼓励学生根据自己的见解来发展他们自己。他同情周希望在经济上独立的想法,因为直到这时周还在依靠自己的伯父给予经济援助②。但是,伯父的收入后来也花光了,学校的学费又高,周在天津不得不利用业余时间干点活,如抄写点东西、为学校刻刻蜡纸等,以便挣点钱。

周的一个同学回忆说,周当时只有一件蓝色棉上衣,他每个星期天把它洗洗,晚上把它晾干,然后星期一又穿着去上学。

根据周入学考试的成绩,他被分到五班③。但是,由于他的良好背景及他给人的印象,学校允许他直接进入了四班。当他进入四班的教室时,唯一空余的位置是挨着一个叫吴大个的非常高的学生,周不得不与他同桌上课。南开的学生们和中国其他学校的学生一样,常常根据他们所来的地区形成一些小团体。吴是一个摔跤冠军,是东北小团体的领袖,这个小团体比起其他小团体来,显得大而热闹。

吴后来讲道,当下课时,周向他的邻座介绍了自己。

"喂,吴,你在哪认识了这么一个英俊的男孩?"一个东北学生说。

---

①这里把天津比作南方是相对沈阳而言。

②周的学习优秀,这时学校给予他免收学费待遇。

③周一年级编在己三班,后改为丁二班。

第一部 求索

"还穿着一双非常好看的袜子。"另一个补充说。

周恩来在课堂上

当时周的确穿着一双红蓝相间的袜子,对此那些东北学生明显觉得挺好笑,这使周感到不好意思而脸红了起来。姓吴的那个同学带着自己的新同桌到处转。在那以后的几天里,那些东北同学总是逗弄周,说他穿花袜子,还说他穿衣整洁。但后来他们犯了个错误。有一次周和吴一起去上课,当他们再次逗弄周时,没想到他身边的新保护人吴把他们训斥了一顿。从此以后,那帮学生再也不敢开此类玩笑了。但是,周在宿舍里还是受到欺侮。"他们奚落他衣着讲究。"一个与周年龄相同的人记得当时的这一情况。

周渐渐地与吴形成了牢固的友谊,他们一起吸收了6个结拜兄弟。周的另一个伙伴是学校最好的学生之一,叫马骏,是个穆斯林。他后来在天津作为共产党的早期成员之一与周在一起亲密工作。

然而,在南开中学上学期间,对周的进步起主要作用的并不是任何一个学生,而是校长张伯苓博士。这位杰出的现代教育家几乎从一开始就对周产生了兴趣。当他几次看到周在一小时内完成了要求两小时做完的作文后,他发现了这个男孩的才能。一种相互爱戴和尊敬之情在他们之间逐步产生,这种感情模糊了政治界限,因为张是一个基督教徒,从未成为一个共产主义者。在跟着几个不尽满意的父辈人度过了他的童年后,周

张伯苓(1876～1951),南开学校校长,中国教育家。原名寿春,天津人。

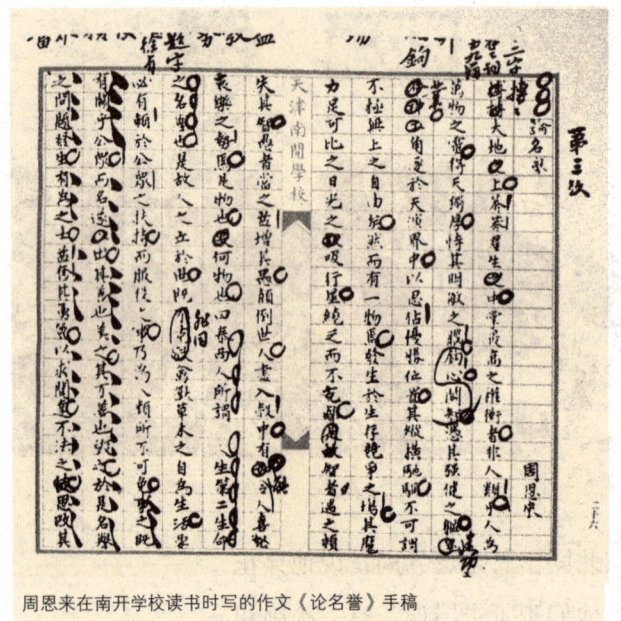

周恩来在南开学校读书时写的作文《论名誉》手稿

把张校长当作一个可靠的权威和向导,以至于当他第一次离开学校时,他竟把学校管理作为自己选择的职业。

在南开中学的第一个学年里,周写了一篇文章,激励同学们尽可能地为国家而努力学习,肩负起中国未来的责任。这是一种保持了周恩来特点的信仰和爱国热情的混合物。他加入了讲演会,参加和其他学校的辩论。为了使所有的事业都获得成功,他通常在其他同学都入睡后,继续工作到深夜。

所有这些都减缓了他的经济问题,因为他的一个老师推荐,鉴于他家庭经济困难和他在学校的优秀成绩,他应该享受免费。第二年,他成为学校的免费学生。当时的学费是一年36元,另加24元的寄宿费,还有每月4元或5元的伙食费。周的生活作风是简朴的。"我在南开中学上学的最后两年期间,没有让家里给过帮助。我靠奖学金生活,而这奖学金是我作为班上学习成绩最好的学生获得的。"

作为校长的张伯苓还热心于戏剧。不久,他把周也拉入了学校的舞台演出活动。值得重视的是这些常常由男生演员创作的剧本,不仅是为了娱乐,同时也是为了教育。他们意欲使观众从中发现民主的真谛,科学的思想,妇女从传统的社会地位中获得解放及破除迷信等。在封建习俗中,他们试图打破——但是还不能打破——这样一种说法,即女人不能与男人一起同台演出。因为在莎士比亚的英国，男孩们不得不志愿扮演女性角色。由于周长得好看，声音尖细，以及他巨大的魅力和沉着冷静，他明显是这类角色的候选人。因为周志愿演了一次，以后便形成了一个习

周恩来（右一）在新剧《一元钱》中饰演女主角孙慧娟

惯：他总是扮演女角色，在《玩偶世家》中演娜拉，同样在《一元钱》《一念之差》里扮演了更朴实的女角色。

周的演出获得了高度的赞扬，并且值得自豪的是当《一元钱》这场戏1915年从南开转到北京演出时，引起了巨大的轰动。他甚至因扮演女角色而收到了表示崇拜的信件。他长得如此潇洒，以至于他可能成为电影明星，用他的表演技巧和兴趣使他向那方面发展。

他的家庭显然认为让他们的孩子降低身份去扮演女角色是件伤风败俗的事情。或许，这是因为他们瞧不起表演这一职业。演员终究没有资格参加行政公务的考试，而行政公务却是通向社会名望之门。

在后来作为政治家的生涯中，他运用这些舞台技术取得了巨大的效果。"他开展辩论的艺术是绝妙的，"周的一个同事观察到，"包括不时故意装出的语句不连贯和不流畅——却能说服每个人。他是我所见过的最伟大的演员。他演剧时，一会儿笑，一会儿又哭，使他的观众也都跟着他笑，跟着他哭。这才是在演戏！"

①可能指抗战期间，张伯苓在重庆创办的南开中学。

周约在30年后曾回母校①看了一场男女共同表演的戏剧，他低声对他的老校长张博士说："老师，时代真是变了。现在男生和女生可自由地加入同一场戏进行表演。我记得我们在南开演出时女生是不能登台的。"

老师的反应是上下打量了一下他从前的学生，咧嘴笑着说："你知道，你仍然能够化装上去进行表演。我敢肯定，你比现在台上演出的那个姑娘演得要好。"

当周成为中国的总理时，他能够通过一种合理的方式来尽情地表现自己对穿着的喜爱。他在访问国内的少数民族和一些邻国时，总是穿上当地的服装，而且有一些他穿着纱笼和其他服装的照片。另外还有一张他试着戴上华丽的巴基斯坦头巾的快照，他在这张快照中富有表情，他因此能够获得许多镜头。

1914年年初，周和两个朋友建立了一个课外学习的新社团，取名为"敬业乐群会"。这一想法是为了使大家互相传阅书籍，组织讲座和研讨会，鼓励同学们进行交流、结识朋友（而在这一点上，对周本人来讲还是很害羞的），以弥补课程表安排的不足。在乐群会的支持下，周帮助了那些比他自己更体弱、更害羞的同学，也提高了他自己的社交自信心。

乐群会创办了会刊，取名为《敬业》，共出了6期，周用"恩

周恩来和南开学校敬业乐群会同学张瑞峰、常策欧合影。

来""翔宇"①（小时候的常用名）及"飞飞"（意为飞翔）等名字为会刊写了大量文章。在周担任主编的后几期刊物上，他开辟了"飞飞漫墨"专栏。其中，他抨击了中国腐朽的封建社会的精神支柱——孔孟思想，表现了他的进步观点。1914年，他在该刊上开始了他的诗作生涯。

春日偶成

一

极目青郊外，烟霾布正浓。
中原方逐鹿，博浪②踵相踪。

二

樱花红陌上，柳叶绿池边。
燕子声声里，相思又一年。

这两首诗的古典喻义是如此浓厚，以至于只有具有文学修养的中国人才能理解其中的含义。逐鹿总是引起朝廷之战或个人最高权力之争，而博浪正是历史上一个爱国者试图谋杀一个异族皇帝的地方。周的诗采取的是隐喻手法，表达了对封建的军阀政府和袁世凯的独裁统治的痛恨。袁世凯是一个野心勃勃的将军，他接管了共和国的革命，在北京作为总统统治着中国。

在所有这些脑力劳动过程中，周没有忽视自己的身体，他常常一大早就起来跑步，下课后做些体育锻炼。根据记录，他曾在跳高项目中得过第三名，是班上篮球队的队长，还代表班上参加过排球比赛。但是，他却从来不能胜任5英里的长跑。

①周恩来的字。

②博浪：博浪沙，在今河南原阳县城东南。历史事实是，公元前218年，张良遣力士行刺秦始皇的地方。

周恩来（后排左二）同国文老师张皞如（中坐者）及优秀作文获奖者合影

他继续赢得了作文比赛的名次，其中包括在第三学年里参加的全校比赛。在这次比赛中，他与高年级的同学们竞争，在800多名学生中获得了第一。使老师们印象深刻的是，他的作文是一气呵成的，从来不为打草稿所烦恼。

同时，他利用课外时间阅读了许多革命书籍，了解一些激进的革命观点。他欣赏一家激进的上海报纸和非常民主的天津《大公报》。他已经很熟悉孟德斯鸠的著作并阅读了一些英国作家的作品。

所有这些都是他在晚上和周末进行的。由于当时没有图书馆可供借书，他不得不节省吃穿来买他需要的书籍。一次，他看见书店里有一本司马迁的《史记》，便立即用下一顿饭的钱把它买下来。回到学生宿舍后，他爱不释手，向其他学生讲述书中的一些故事，使他们也产生了兴趣。

《新青年》封面

① 《新青年》是1915年在上海创刊的，时刊名为《青年杂志》。

另一个记述表明，他广读博览了大量关于中国历史的书籍，同时还阅读了亚当·斯密的著作。他曾经阅读过1915年第一期的北京《新青年》①。他开始为学生报刊撰写新文化、民主与科学方面的文章，并强烈呼吁振兴中华。

他和他的朋友们不断地谈论着发生在中国的重大事件，从中嗅出革命的气息。周在这些情况下常常发表激昂的演说。当总统袁世凯在1915年不得不接受军事强国日本提出的赤裸裸的带有侵略性质的"二十一条"时，周在当地公园发表演说，强烈抗议这一对中华民族的侮辱行为。接着，当袁第二年自封皇帝时，更遭到了周的愤怒讽刺。

作为仍然在中国横行的旧武装唯一严肃认真的现代对手，孙逸仙（孙中山）为青年一代反对旧政权提供了斗争的焦点。周和成千上万的其他年轻人一样，备受孙博士的国民党的影响。

为了掌握演讲艺术，周在自己创建的乐群会里进行练习，后来他被选为南开中学辩论队的头头，这个队在与天津其他中学的辩论中获得了胜利。

1916年5月，周再次代表班上参加了作文竞赛。他写了一篇痛骂反动军阀政府的文章①，其中列举了中外历史上的许多事例，从唯物主义的立场观点出发进行了强有力的论辩。他在该文结束时说道："一人之智慧有限，万民之督察綦严。其以一手欲掩天下睹，实不啻作法自毙。"他的文章获了奖，评判者在他的证书上写道："识见高超，理境澄彻。而通篇章法，复极完整合作也。""所读过和学过的东西，能加以理解并掌握其实质。"

在这一年里，他克服了早期对自然科学的反感情绪，文学这门功课获得了最好的成绩，几何、数学也名列前茅。他的中文书法再次被评为最佳。

下面是一首周与好朋友张蓬仙分别时所作的诗篇。张与周一个班，是敬业乐群会的共同缔造者之一。周在这首诗里表现了与朋友分别时可贵的个人情感和热情。当张1916年离开南开中学，经由东北故里去日本时，周提笔惜别写下了几段诗。

① 指《诚能动物论》一文，曾作为南开《校风》第三十期"代论"发表。

送蓬仙兄返里有感

一

相逢萍水亦前缘,
负笈津门岂偶然。
扣虱倾谈惊四座,
持螯下酒话当年。
险夷不变应尝胆,
道义争担敢息肩。
待得归农功满日,
他年预卜买邻钱。

二

东风催异客,
南浦唱骊歌。
转眼人千里,
消魂梦一柯。
星离成恨事,
云散奈愁何。
欣喜前尘影,
因缘文字多。

三

同侪争疾走,
群独著先鞭。
作嫁怜侬拙,
急流让尔贤。

群鸦恋晚树,

孤雁人寥天。

惟有交游旧,

临岐意怅然。

在这首诗中,革命思想居于友谊之后,但事实上诗文提到了他们共同为之奋斗的事业,也提到了他们的责任。但是,周的愿望非常富有人情味,他觉得一旦责任尽到了,两人便应该在田园处找个宁静的地方去分享幸福。

周看来也认识到自己的弱点,与自己的笨拙相比,他羡慕朋友们的轻捷。我们可以断定周认为自己正处于一群筑巢在繁茂的枝叶下栖息的"乌鸦"之中,而令人嫉妒的"孤雁"此时却在空中飞掠。更有可能的是,尽管表面上在考试和竞赛中取得了成功,并赢得了老师们的赞扬,周在18岁那年仍然感到自己还不那么成熟,总是想得多而做得少,缺乏拼冲和抓住他人的想象力的勇气。

1916年9月,袁世凯死去了,这样军阀们便开始商讨如何进行割据的事宜。周在南开最尊敬的老师中有一个写了一首诗,痛惜民族的生存正断送在少数人手中。周写了一首政治评论诗:

茫茫大陆起风云,

举国昏沉岂足云;

最是伤心秋又到,

虫声唧唧不堪闻。

在1917年的毕业生评语中,周被举为全校

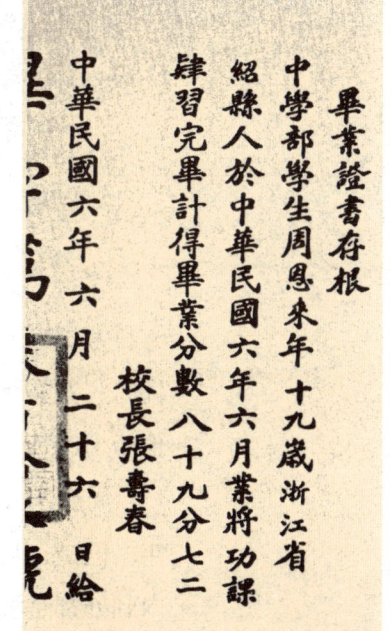

天津南开学校保存的周恩来毕业证书存根

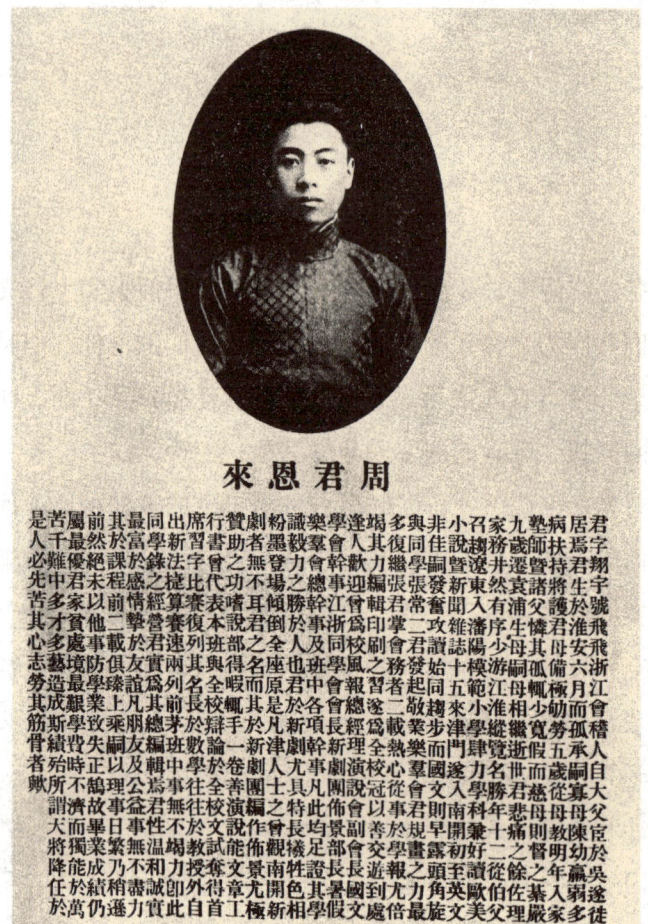

南开学校《第十次毕业同学录》上刊载的周恩来小传

文科考试第一名,甚至在理科方面成绩也名列前茅,数学成绩优秀,并在课外能形成自己的见解。他的书法也得到了表扬。他于1917年6月26日毕业,平均成绩为89.72分。

周在南开中学度过了幸福愉快、激动人心、颇有意义的4年。但是,自从清王朝逊位之后,政府仍然是越来越腐败。国内到处都是混乱,而外面又充满了外国的威胁。周抓住一切机会来加深了解这些事情的原因,并在必要的情况下运用西方理

第一部　求　索

论家们新的、陌生的方法论来加以分析。他对一些地方事件和即发事件进行政治和社会评论的技巧首先是在南开培养出来的。他对同学们及其他人大讲中国需要搞工业化、实现统一，唤醒民众沉睡已久的爱国之心和使社会关系现代化，甚至讲到了不经父母允诺的自由婚姻。

尽管周拥有学校辉煌的评语和优秀的毕业成绩，但周本身却并不是一个中国意义上的真正学者。埃德加·斯诺后来把他描绘为"学者转变型的造反者"，但是许多同胞称他为"半知识分子"。尽管他喜欢辩论，但他对理想的态度却是功利主义的，把它们看作是社会改良行为的工具。他在南开的4年奠定了他后来所坚持的学术风纪的方向，而他又充分地加以开拓，用来指责那些后来成了学者的人。但是，他自己仅仅是个实施者，而不是这些思想的发明者。南开使他明白了自己该做些什么，而正是这一缘故，加之他与许多人结下并持续了多年的友谊，周总是带着怀旧的情感来回顾南开中学的往事。这种怀旧感流露在他的《送蓬仙兄返里有感》一诗中。

30多年以后，周回到母校向南开师生发表讲话①。作为一个新的共产党政府的总理，他向这所中学做了《我的母校》的演讲："要知道我们所受的是资本主义的教育。但是，我却获得了一些知识，锻炼了组织才干。"在另一个场合周总理略带礼貌地谈到了他的感激之情："我仍然感谢南开中学所给予的带启发性的基础教育，这一教育使我能够进一步追求知识。"已经成熟了的周几乎不可能对与资产阶级和美国有联系的南开有厌恶之感。在20世纪20年代至30年代期间，他不断提及自己对许多南开伙伴和老师们的笃实情感。毕业3年后，他在法国碰到其他南开校友并向他们保证退休后用全部时间来写传记。在共产主义革命的许多艰难时刻甚至当中国同志被迫转入

① 指的可能是1951年2月24日周到南开中学时对师生的讲话。

地下工作时，只要周与他尊敬的校长张伯苓在一个城市里，他就给他打电话。同样，他有一个在往东北去的铁路上当火车站站长的同学，只要周路过那里就给他挂电话，而不顾被发现的危险。

随着岁月的流逝，周和张博士在意识形态方面的分歧越来越大，然而周却继续尊敬这位他十分感激的老师。1949年后，在新的人民共和国里，周在国家教育部门给了张一个高级职务①。但是，张的正直诚实也不亚于他的学生。他拒绝了。

周年轻时在南开的感情生活鲜为人知。有个流传的故事说，他爱上了一个很漂亮的来自东北的同班同学，但是，这个传说一直未被证实。尽管周把时间都花在学习、体育锻炼及政治活动上，但难以相信像周这样精力充沛、感情丰富、英俊潇洒的青年人能够回避女人的友谊。我们可以肯定，正如周的同学所坚持认为的那样，他在中学时代对具有浪漫色彩的感情是很害羞的，或者他当时在这方面是最谨慎的。总之，他是个具有判断力、具有主见的人。他那不稳定的童年生活不仅使他在处理与别人的关系时显得能力薄弱，而且一旦和别人相处了，他很善于克制自己的感情。

① 原文如此。新中国成立后，张致电周，表示祝贺。不久张定居天津，1951年3月病逝后，周曾去张家吊唁。

3 东渡日本
（1917～1919）

周恩来传
A BIOGRAPHY OF ZHOU EN-LAI

在日本留学时的周恩来

周恩来年轻时在南开中学发誓结下的那些同学好友,现在都成了他的救星。由于周恩来早年想进入美国学校的愿望遭受了挫折,在19岁那年他便转而考虑进一所日本大学。日本是亚洲地区唯一深受中国传统影响而现在却已完全实现了西方式的工业化和现代化的国家。由于在国内受到抑制和挫折,中国的年轻人均把日本看成变革的温床,在那里可以学到现代自然科学和社会科学方面的知识。像往常一样,周恩来感到力不从心,据说他的老朋友吴——那个曾经在中学保护过他的大个子东北人又出现在他的面前来帮助他。吴已成婚,此刻已享受中国政府的奖学金在日本留学。充满热烈情感的吴劝说其他3个在日本留学的好友和另一个学生,与他一起每个月为周捐助10美元——占他们每个人奖学金收入的五分之一。

周在起程前写了一首表达自己坚定信念的诗:

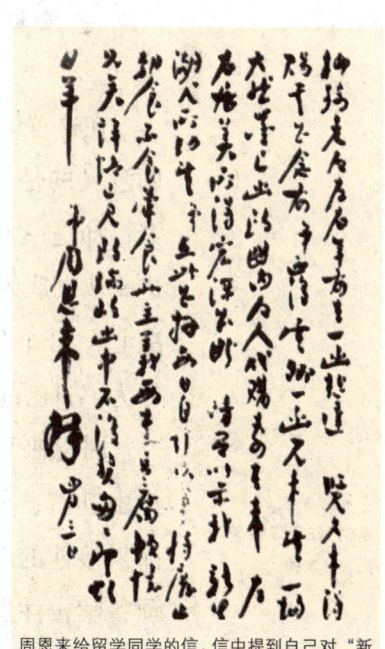

周恩来给留学同学的信,信中提到自己对"新思潮尤所切望"。

1917年9月周恩来东渡日本时创作的诗《大江歌罢掉头东》

大江歌罢掉头东，
邃密群科济世穷。
面壁十年图破壁，
难酬蹈海亦英雄。

在这首诗里，周恩来决心终生与帝国主义做斗争。具有讽刺意义的是，周恩来此刻正准备向它学习现代化新事物的国家，却是一个曾经比欧洲人更为跋扈地羞辱过中国并很快就要进一步彻底入侵中国的国家。周严肃地对待自己在诗中所下的决心，18个月后他把这首诗抄给他在日本的朋友作为警钟并作为"自己的警言"。

周恩来可能是向北旅行，路过他从前待过的地方沈阳，经由朝鲜，并于1917年9月到达日本[①]。他在神户港见到了前来接他的老朋友吴，然后很快赶往东京并首先到东亚高等预备学校注册。在这所学校，他可以学习日语并复习准备师范学院的入学考试，因为他打算今后当名教师。学校共有350个学生，都是中国人。只要学完高等预备学校的课程，

① 周恩来是1917年9月在天津乘轮船去日本的。

那么周恩来就可获得中国政府的资助。但是，他从未完成这一学业。显然，尽管他在早稻田大学并可能还在其他一些大学非正式地听过一些课，但也不能够被日本大学正式录取。他可能还在日本法律学校上过学，因为很久以后他曾经说过他在那里待过一年。

周恩来曾经就读的日本东京神田区东亚高等预备学校旧址

尽管周恩来成功地从朋友们那里得到了经济上的援助，但他在日本的生活仍然是很拮据的，同时膳宿仍然是个问题。4000名在日本的中国学生已经住满了为他们准备的住处。但是，周恩来仍得到了一个许多中国学生称之为教母的日本妇女的帮助。她为中国学生解决各种问题，帮他们洗衣服，甚至为他们的恋爱、婚姻当参谋。在这个善良的妇女的帮助下，周恩来解决了住宿问题，和两个中国学生一起住在一个木工家的楼上。这里挨着一家影院，离学校也不远。

周恩来深深地被日本乡村那美丽的景色所感染，尤其是富士山和中国式的寺庙。但是，他亲眼见到日本工人在封建资本主义的压迫下所受的那种苦难，这在他的心中留下了深刻的烙印。

不幸的是，在他到达日本时，日本对中国的态度已变得傲慢无理。日本现在是亚洲地区武装最强大、装备最精良的国家。日本在第一次世界大战中获利巨大，把不平等的"二十一条"强加给了一个软弱贫困四分五裂的中国。然后，广泛地干涉中国的内政，入侵中国的国土。日本人把中国看成一个没有获得真正独立的古老、软弱、无能的国家，因此把它当作一个

周恩来和留日同学在东京合影

合法的掠夺物。周恩来和居住在东京市内中国小社区的同胞们一样,对日本的军国主义行径及他们对周的祖国和民族的残酷暴行非常愤怒。周在日本逗留期间早就感到他在日本对现代化的探寻,从根本上受到了日本沙文主义气氛的阻碍。其他中国学生,包括对周进行赞助的那些弟兄(有一个例外),由于受到同样的挫折和苦楚,都卷起铺盖,整好行装,不待学业结束便乘船离开日本返回国内。

周本人也受到影响,决定弃学回国。周来到日本时,已是日本为争取经济发展,在外交上获得西方承认它的平等地位的努力奏效的时刻。日本在第一次大战期间得到了西方盟国的支持并被看作一个平等的伙伴,而日本的爱国者现在意识到日本与欧洲和美国的最终平等也正在得到承认,他们为此而得意扬扬。但是,在他们的野心范围内,唯一能够成为其直接目标的是中国——日本在远东的对手。待在日本继续学习的那些中国青年被自己的一些同胞认为是懦弱胆小、自私自利,不打算回去挽救民族的命运。

日本的敌对,促使中国学生组成了一个新中学会,他们研讨有关日本帝国主义、中国封建主义和把中国从这两者中挽救出来的办法。周参加了这个学会并为该学会撰写宣传稿件。1918年5月,中国学生在神户一家中国餐馆秘密集会,抗议日本让中国政府派军队去西伯利亚的要求。集会被警察驱散了，而中国学生中的"返乡"运动却从这一事件中获得了力量。此外，他们还取得了其他方面的成功。一次，当地警察署长在讲话中使用了侮辱中国的语言，为此中国学生宣读了一篇由周起草的抗议书，使该警察头头不得不赔礼道歉。周作为集会的3个组织者之一，亲自做了反对日本军国主义和中国军阀主义的演讲。当中国的知识分子处于低潮的时候，1917年发生的俄国十月革命的消息传遍了亚洲，受到了激进的社会主义者们的欢迎。周和大家一样，无比喜悦，受到了极大的鼓舞。他如饥似渴地大量阅读日本的杂志和报纸上关于列宁及他的同志们的消息。

正如周的同事们所说的那样，周很少去上课，而把时间主要花在政治会议上和附近的一家革命杂志的编辑室里。

艰难困苦现在又一次缠绕着周。吴此刻在京都学习，他仍然从那里给周寄钱，但周却不得不勒紧裤腰带。他放弃了吃肉，停止了试图获得正规学生资格的努力，把所有的时间均用在阅读和帮助其他学生组织会议上面。

1918年，当秋日来临之际，周感到丝丝凉意。这时，吴邀请周到他那里去和他住在一块儿。吴由于获得了两份生活津贴，再加上有一个聪慧的妻子，他能够继续生活下去，并且按照学生的生活标准，吴过得非常舒服。"你和我们待在一起，"他在信中写道，"这样我们可以抽时间商量一下你上京都大学的事情。京都大学的社会科学系师资力量很强，你会喜欢那里的。我已经问了你好几次，但每次你都说不愿意靠朋友过日子。然而，即使你不考虑我们在南开的友谊，可我们现在都是处于异国他乡的外国人，难道我们不该互相帮助吗？"吴的其他信都未能说服周，但这最后一封信感动了周。他整好行装，乘上火车，奔向京都。在京都车站，他热泪盈眶地扑进了他中学时的老朋友吴的怀抱。

吴和他的妻子与其他两个中国学生共同住在一栋租借的房子里。周现在也跟他们住在一起了。他每天早早起床，把整理房间、打扫卫生作为自己的任务。有时，当吴氏夫妇回家太晚时，周便给他们做晚饭。吴不时带回来一瓶酒，他们便一起欣赏周的烹饪手艺。正如在舞台上演戏一样，周不介意他的伙伴们把这称为"女人的事情"。吴给周讲他听过的课，而周给吴讲他读过的书。

和在东京一样，周在这里实际上没有进入大学。他填过一份申请书，选修政治学和经济学课程，并仍把自己的地址写为东京菏田。不过，这份表格事实上是否交上去了都不清楚。

但是，周的确从先进的马克思主义者、京都帝国大学经济学教授河上肇博士那儿受益匪浅，因为从1919年起周便成为河上肇博士的半月刊《社会问题研究》的热心读者。这是一份第一次真正影响周接受社会主义思想意识的杂志。令人惊奇的是，他却从未见过这位学者。周让吴介绍一下这位学者，但吴却不愿意这样做，或许是因为他怕自己与他的南开老朋友在意识形态上的不同会因此而变得更大。吴已经后悔把自己的《资本论》一书借给了周。吴正寻求一种对中国的俾斯麦式的领导，吴认为俾斯麦是权威的政治家，这样的人能领导国家强大并使之向着现代化迈进；而周却相信只有对中国人的头脑进行意识形态的改造，才能使中国发生必要的变化。一个实行"铁血政策"的强人在一个没有普通人民参与的革命中是不可能使中国加以改变的。

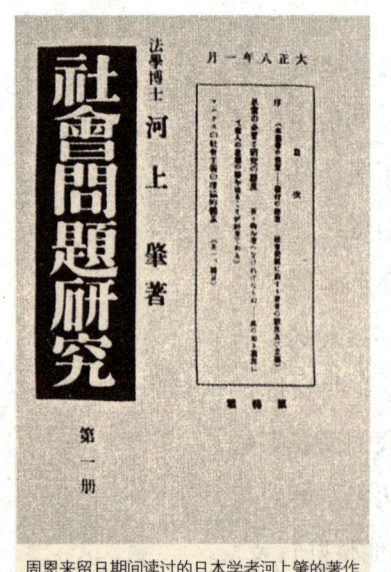

周恩来留日期间读过的日本学者河上肇的著作

吴的妻子经常在这两个老朋友的争论之间进行调停。有一次，争论发生在吃饭后，争论的主要内容是如何拯救中国。由于争论得比较厉害，周不停地往自己的杯子里倒酒喝，在争论的高潮中竟有点失态。"光靠强硬的领导，"他断言说，"是不可能挽救局势的，必须拥有坚定的追随者来支持领导，必须逐步地对年青一代和老一代进行

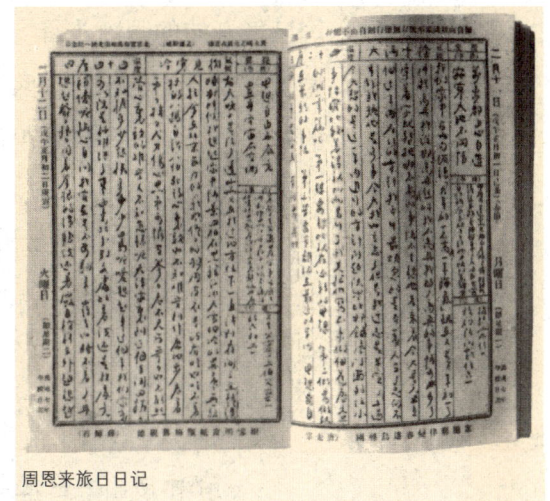

周恩来旅日日记

彻底的再教育，如果可能的话，应该包括学生、工人，甚至农民；在革命成功之前，必须使这些人站在自己一边。不进行革命，中国便得不到拯救！"

这时，吴倾过身来从他的朋友手中夺走了酒瓶，把它扔在地上。"如果你坚持这种观点的话，那你就不可能拯救中国！"他叫道。

就连吴的妻子也插话提醒周说："恩来，你必须关心自己的身体，不要喝得太多。在你来这里之前，吴十分担心你一人孤独地待在东京。他说，甚至在南开时你就爱喝酒。"

据吴说，周当时的反应只是静静地转过身去找来一把扫帚，把乱东西清理了一下。第二天，他给他的主人们带回一束鲜花，尽管他当时实际上已是身无分文。"你怎么能真的和一个像我这样的人生气呢？"吴后来说道。还有一次，当吴从喝醉了的周手里把酒瓶夺走时，周冲回自己的卧室并把自己闩在屋里面。吴发现周为自己没有其他朋友而感到痛苦。他的日语还不是太好，影响了他大量外出，而使他的活动显得单调孤独。

1919年春天，周已做好回国的准备，希望加入自己的祖

国已经开始的国内斗争。在樱花第一次盛开的节日般的季节开始的时候，周前往京都两个著名的公园，写下了4首充满感情的非凡诗篇。这些诗是用自由体写成的，而不是周早年曾用过的古诗体。他从来没有如此开怀地表露过自己的感情，以后也再没有写过如此外向的诗篇。诗的主题是马克思主义的出现，给世界革命带来了光芒，抒发了自己发现马克思主义后的喜悦心情。这就是第一首诗中所写到的"一线阳光"穿云出。

雨中岚山——日本京都

雨中二次游岚山，
两岸苍松，夹着几株樱。
到尽处突见一山高，
流出泉水绿如许，绕石照人。
潇潇雨，雾蒙浓；
一线阳光穿云出，愈见姣妍。
人间的万象真理，愈求愈模糊；
——模糊中偶然见到一点光明，真愈觉姣妍。

雨后岚山

山中雨过云愈暗，
渐近黄昏。
万绿中拥出一丛樱，
淡红娇嫩，惹得人心醉。
自然美，不假人工，不受人拘束。
想起那宗教、礼法、旧文艺……粉饰的东西，还在那讲什么信仰、情感、美观……的制人学说。

登高远望，
青山渺渺，
被遮掩的白云如带，
十数电光，射出那渺茫黑暗的城市。
此刻岛民心理，仿佛从情景中呼出；
元老，军阀，党阀，资本家……
从此后"将何所恃？"

游日本京都圆山公园

满园樱花灿烂，
灯光四照，
人声嘈杂。
小池边杨柳依依，
孤单单站着一个女子。
樱花杨柳，哪个可爱？
冷清清不言不语，
可没有人来问他。

周当时愿意谈及这个神秘的女士吗？如果愿意的话，又是什么阻止了他呢？在他的所有诗当中，《圆山公园》一诗表现了一种纯浪漫主义的风格。以上3首诗均写于4月5日。第四首诗写于4天以后：

日本京都岚山山麓龟山公园内周恩来《雨中岚山－日本京都》纪念碑

日本创价学会种植的纪念周恩来的樱花树:"周樱"

四次游圆山公园

四次来游,
满山满谷的"落英缤纷";
树上只剩得青松与绿叶,
更何处寻那"淡红娇嫩"的"樱"!

灯火熄,游人渐渐稀,
我九天西京炎凉饱看;
想人世成败繁枯,都是客观的现象,
何曾开芳草春花,自然的美,无碍着的心。

令人瞩目的是，在这期间，周承认他被马克思主义所吸引也具有某种偶然性，即"模糊中偶然见到了一点光明"。但是，这些诗的实质是写日本政治的反动，写大自然的纯净与肮脏的人类制度之间的对比。"繁枯"是大自然的规律，而在周的诗中，它指的是马克思主义正在繁荣发展，封建主义正在走向枯败。

导致周恩来回国的直接原因是1919年签订的《凡尔赛条约》所引起的一系列抗议活动。当时，北京爆发了示威游行，东京的中国学生也反对该条约对中国的虐待。这就是著名的"五四"运动，它体现了中国人民反对老牌帝国主义外交的爱国热情①。比周晚毕业两年的南开中学的另一个好朋友马骏给自己在日本的朋友写信说："如果当我们的国家就要走向灭亡时，学习还有什么用处？"

这一问题在吴的家中引起了一场激烈的争论。吴自己决定留下来，但也打算加速完成学业。周什么也听不进去，只想立即回国。"五四"运动召唤着他，使周不顾吴和他妻子为自己留在日本完成学业而做的一切努力。吴太太不得不到市中心把自己珍贵的戒指卖掉，用来作为周的盘缠。当天下午，她把急于回国的周恩来送上驶往东京的火车，然后周再从那里回中国。

周旅居在亚洲当时唯一的认真进行现代化建设的国家里，然而令人惊奇的却是他什么都没有学到。1971年，他对日本访问者说："尽管我有机会到过日本，我根本什么东西都没学。日本语言给我造成了很多麻烦。我通过阅读报纸和对中国文字的理解来自学日语，但最后我却没能掌握它。我的阅读能力还可以，但我的口语却非常差，甚至现在我仍不懂日语。"1955年，当周会见一位日本政治家时，他唯一能说的日本话是

① 周回国是在1919年4月中旬，"五四"运动尚未爆发。

Konnichiwa，即"午安"。

还有一次，他对一个日本代表团说，虽然他在日本待了差不多两年的时间，但"我对日本的记忆甚少……我真正记得的事情是，日本的豆腐比中国的更有味"。

吴自己回忆道，他完全"敬畏"日本，包括它的现代性、它的成熟性，它的职业道德及它的爱国主义。对此，在他家住的人也有同样的反应。但是，没有什么东西能够表明周曾把日本奉为一个使古老的社会实现现代化的模型或榜样。因此，在日本旅居了18个月之后，周于1919年5月离开了日本[①]。在那里他没有经过正规的大学教育，所以也没有什么值得表现的东西。他不得不把书卖掉，积蓄了30美元作为回国的路费。他能带走的东西是他对所读过的书的记忆和在河上肇博士创办的杂志中所了解到的对他有决定性意义的社会主义理论。

---

① 周于4月中旬由神户离开日本，在大连上岸，先到沈阳看望伯父，约在5月中旬到达天津。

4 身陷囹圄
（1919~1920）

周 恩 来 传
A BIOGRAPHY OF ZHOU EN-LAI

"五四"运动时期的周恩来

"五四"运动在中国政治中占据了数年的支配地位。成千上万的学生反对政府和驻京各大国的示威运动受到士兵和警察所规定的线路的限制。他们所受到的虐待在全国范围内引起了更强烈的抗议，几乎使学生第一次有组织地聚集起来，迫切要求进行政治改革。

在天津的抗议运动领导人中，有一个是位年轻的姑娘，她的名字叫邓颖超，当时年仅15岁。另一个是马骏。马和他的其他南开朋友对21岁的周于1919年春天重新出现在过去在天津待过的地方而感到非常高兴。在一个大型的茶话会上，周向大家讲述了自己在日本的经历。当马向他简述学生们正在从事的事业时，他才知道他的老校长张伯苓博士已成为新的南开大学①的校长。此刻周与张之间的友谊已变得很不正常，因为张是中国基督教青年会的一个领导人，他试图把自己的学生从街头政治中引开，目的在于使自己成为他所希望的、不久将在中国实现的一个民主国家的胜任的公务人员，而革命者周却拒绝接受这种渐进主义。不过，他们仍然互相尊重。

数年后，周坚持说："南开大学没有把我当成它的学生，因为我的名字没有被列入校友册内。"然而，根据记载，他于

邓颖超

①周1919年4月离开日本回国的主要原因之一，就是为了要进入新创办的天津南开大学。

1919年9月25日进入了该大学。最近发现的新生表格证明，包括了他的名字。可以肯定的是，像从前一样，他在天津时很少学习功课，只是把大学当作一个临时寓所。

经济问题仍是一个需要解决的老问题。他的那个已败落的家庭无法支付他的全部经费。张博士前来解救他，给他找了一个当秘书的活干。周后来解释说："我在南开大学成了《天津学生联合会报》的编辑[①]，这帮助我解决了部分费用问题。"依靠这两个费用来源，他能够仅仅维持一年的生活。

学生日报的报头上有条显著的英语标语："民主：一个民有民治民享的政府——我们的箴言。"不久以后，周说服了编委会把报纸的主要内容所使用的语言由文言文改为现代白话文，为此编委会成员当即把他选为主编。该报纸的日发行量为两万份，这需要非常强的责任心。周把大量的时间花在位于荣恩街的印刷厂里，了解技术操作过程，向工人们传送革命思想。他亲自读校样，有时读到深夜，以此来节省点经费。但是，他把更多的时间花在撰写稿件上，因为报纸的大部分文字都是由他亲自编写的。他使用各种不同的笔名，目的在于使自己的作者身份的程度不至于太明显。

在这个阶段，尽管他们是自由的社会主义者和乌托邦式的人物，但他的思想仍然还不是共产主义的。他特别尖刻地反对孔子、孟子和军阀，但他的社论也攻击兰开夏和大阪的纺织巨头，揭露他们利用资本来剥削廉价的中国劳动力，抨击毫无用处的老式的中国家庭制度，并报道工人们贫困的生活。用西方的话说，他的态度最接近托尔斯泰。

当一个北京大学的学生用"列宁第二"的笔名写了一篇欢迎俄国十月革命的文章时，周或许略受张伯苓博士的影响而对此产生了疑虑。但不管怎么说，苏联这一榜样是不能完全被蔑

[①] 周任《天津学生联合会报》主编。

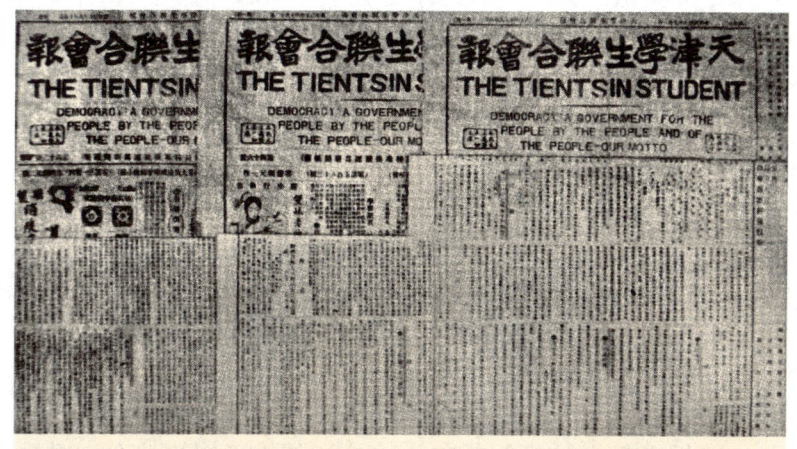

周恩来主编的《天津学生联合会报》。在该报上,周恩来以"飞飞"为笔名发表了大量文章。

视的,他带着一批学生到法租界,拜访在北京大学任教并为共产国际工作的一个俄国教师谢尔盖·包列伏依。这是他个人第一次接触国际共产主义。

正如邓颖超后来回忆的那样,那批学生(其中"我年龄最小")谈论"社会主义、无政府主义、基尔特社会主义,大家都还没有一定的信仰,也不懂得共产主义,只听说最理想的社会是各尽所能、各取所需"。

由于周住在天津城南部的河北第三大街,他养成了一个固定的习惯。他每天早上在一个路边的小吃店里以豆浆和炸油条为早餐。然后,他到盥洗室去,并利用这个时间构思每日社论。

一个同事回忆了自己是如何逐渐尊敬周的。那时,在"学生联合会"里有一些爱出风头的人,周却不像他们那样。他不介入权力之争,平等待人、热情善良,他善于迅速处理各种事情,如立刻看完交给他审阅的稿件而不是把它们搁置一边。30年以后,在中华人民共和国里,人们正是这样评价他的。

在 1919 年 7 月 21 日的一篇著名的社论中,周坚定地认为要进行社会改造，传播新思想，昂首阔步前进以反对流行的悲观情绪。8月份，报纸的新主题是日本无耻地利用凡尔赛和会，通过吞并山东省的部分领土来占中国的便宜。支持日本人的山东军阀加速了他们对学生的镇压，解散了他们的组织，杀害了一个爱国协会的一些领导人。"国民啊！"周8月6日写道，"黑暗势力，越来越多了……我们应当怎样防御啊？要有预备！要有办法！要有牺牲！"他繁忙地组织天津学生团体的一些特别会议以举行抗议，并与其他城市的学生组织进行配合。他们把自己的组织集中为一体以便准备得更充分，并派代表到北京去参加全国性的抗议活动。当这些年轻人被逮捕时，周便努力解除仍然在家的同志们的疑虑："这正是继续加强爱国运动的时机，用不着惊慌紧张，依照计划进行就是了。只要经得起考验，就没什么！营救他们是我们的责任。"他在学生报纸上写道："我们必须团结起来进行战斗。我们必须营救被捕的代表！"

此后48小时内，数百名天津学生赶到北京，聚集在中国的总统府外进行抗议。他们在那里等了整整三天三夜。后来，军警开始用枪托殴打他们，并逮捕了学生领袖。最后，周与其他学生领袖一起来到北京，组织了数千名学生包围北京和天津的警察署。8月底，政府做出让步并释放了被关押的学生。9月初，周和其他人率领大家凯旋，并开始计划下一步的反政府行动。

周想把各自分开的男女爱国组织结合起来，而这一举动是如此具有现代意识，以至于在当时的中国被认为是有伤风化的。经过4天详尽的谈判后，一个新的联合组织于9月16日举行了首次会议。

"我们今天到会的人，"周说道，"都是受了20世纪新思潮的启发，觉悟到中国社会要从根本上改革，就要把那些不合现代进化的军国主义、资产阶级、党阀、官僚、男女不平等界限、顽固思想、旧道德、旧伦常等，全部加以铲除、改革。"他明确地建议创办一份取名为《觉悟》的白话文杂志，并成立觉悟社①来主办该杂志。这个成立的新机构与其他城市相类似的学会一样具有同样的目标。这些学会包括毛泽东在长沙建立的新民学会。它的成员都是一些激进分子，尽管他们并未成为共产主义者。后来有些人成了无政府主义者，还有一些人加入了国民党。

觉悟社刊物《觉悟》封面

当周用发颤的声音让女士们在首次举行的男女生混合会议上介绍自己时，其中站起来的一个人就是当时在第一女子师范学校上学的标致、能干的邓颖超。她敢想敢干，被选为天津女子爱国学会的负责人。她写的关于"五四"运动的文章已成为一篇杰作。她像周及周的朋友那样，坚持组织各种讲座和各种会议，不断提高政治觉悟。然而，用周值得骄傲的话说，"她才15岁！"

① 觉悟社正式成立于1919年9月16日。

但是，周的爱情道路却不那么顺利。当周在南开中学上学时，天津有个最受人追求的姑娘，她是一个富翁的女儿，长得极为漂亮。周早就认识她。她的父亲和兄长喜爱周恩来的才干，主张把女儿（妹妹）嫁给周恩来。他们把这一意思透露给周恩来，周恩来没有同意。他的考虑是对方既富有，家中又有权势，自己家中贫穷，将来会受制于人。

周不得不承认他曾受到这一小插曲的影响。于是，他在学校中宣布自己抱独身主义，以避免来自婚姻方面的干扰。周埋头于学习和追求革命思想之中。

天津的觉悟社开始工作后不几天，周便邀请中国的马克思主义先驱李大钊从北京来与觉悟社的成员们交谈。从这时起，他便开始接受了马克思主义的启示。他后来回忆说，在天津的这一年，"我阅读了《共产党宣言》中译本，考茨基的《阶级斗争》和《十月革命》"。所有这些书是在陈独秀主编的革命杂志《新青年》上发表的。

觉悟社旧址——今天津市河北区宙纬路三戒里4号

周用于学习的时间总是不多。日本人的行为继续激怒着中国学生。天津新近被任命的警察厅长是一个专横跋扈的家伙，周公开与他展开唇枪舌剑的辩论。学生们利用10月10日共和国周年纪念日——著名的"双十节"为借口召开会议和举行示威游行。天津学生们计划聚集的地方——南开运动场此刻被警察严实地包围了起来。邓颖超带领女学生指责警察，她们高喊："警察也要爱国！""你们不能打爱国学生！"被包围的学生用棍子打掉警察头上戴的盔帽，使他们狼狈不堪。最后，学生们冲破了包围圈，反过来包围了警察厅。

李大钊（1889～1927），字守常，河北乐亭人。"五四"运动主要领导人之一。1920年3月发起组织马克思学说研究会，同年夏建立北京共产主义小组。1921年中国共产党成立后，任北方区党的负责人，中国劳动组合书记部北方分部主任。1924年1月出席国民党一大，帮助孙中山改组国民党，实现国共合作。1927年4月被张作霖逮捕，4月28日在北京就义。

政府于9月22日禁止了周恩来主办的《天津学生联合会报》出版，但两个星期后周又使该报出现在街头，它是学生们在工人的帮助下自行印刷的。他成功地脱险而未被捕，但他的朋友马骏却被警察抓走了。几天之内，周奔波于天津与北京之间，动员有影响的人出面干预释放马的问题。周对警察粗暴残酷地对待自己的年轻伙伴而感到愤怒。他写的东西不再是平静的说服规劝，而是认为需要废除中国的匪警、匪兵。愤怒的语调渐渐地充满了他的文章。

1919年年末，他写了一首揭露黑暗社会的短诗，名为

《死人的享福》：

> 西北风呼呼响，
> 冬天到了。
> 出门雇辆人力车，
> 车夫身上穿件棉袍。
> 我穿着嫌冷，
> 他穿着却嫌累赘；
> 脱下来放在我的脚上，
> 我感谢他爱我，
> 他谢谢我助他便他。
> 共同生活？
> 活人的劳动！
> 死人的享福！

此诗通过与人力车夫的偶然相遇和两件不同外衣，谴责了旧的制度和剥削，显露了周的马克思主义思想观。

这首诗发表在1920年1月20日出版的《觉悟》杂志创刊号上。所有的投稿人都用抽签的方式来取笔名。邓颖超抽到"一号"签，用"逸豪"做笔名，意为"一号"；周的笔名是"伍豪"，因为他抽到了"五号"签。这个化名周后来用了好多年。

从觉悟社的一张成员照中可以看出，邓坐在前排，打扮整洁，庄重自尊，而周站在第二排的一端，显得不那么整洁，身体略为斜倾一点。

铁窗生活对周来说即将来临。那些从日本货物中源源获利的商人殴打了抵制购买他们货物的人们，为此，1920年1月

觉悟社部分成员合影。后排右一为周恩来，右五为马骏，前排右三为邓颖超。

学生们再度进行抗议，而这一示威却成了当局大批逮捕学生的借口。1月29日，天津的学生们举行群众大会，决定进行报复。他们向省长请愿，要求省长支持他们的抵制运动。这次请愿是由周和一个男生、两个女学生领导的。邓颖超被留下来协助守卫学生总部。

寒冷的北风卷着残雪，扑打着人们的面颊，他们等待着，只要一声令下他们便马上出发。周身着一件单薄的短上衣，长长的头发随风飘拂，他一步跃上台阶，提醒人们要记住大家一致同意的请愿要求。

当他们到达省长办公所在地时，通向省长办公室的大门却紧紧地关闭着。"我们是天津的学生代表，"周对一个从侧门出来探视学生们想干什么的官员说，"我们要见省长，要陈述我们的爱国意见。"

这个官员缩了回去，遭到的却是周身后成千上万双愤怒的眼睛投去的谴责的目光。大约20分钟以后，他出来传话说，省长可以召见学生代表，但其他学生必须后退。学生们拒绝后退，结果形成了僵局。

突然，周发现正门底部有一个空当，卫兵们忘了关上，他们正好可以爬上门槛，从空隙处闪身而进。周对自己的同志们说："打破僵局开展斗争的唯一办法是通过门槛空隙进去。"

学生中有人反对说那样太危险，但是，周反驳说："不入虎穴，焉得虎子。"

他和其他3个同志钻了进去，其中两个是女的，在里面与军警发生了扭打。当他们被带到卫兵室等候省长的决定时，周发现大门旁的墙上靠着一个梯子。他迅速登上去，从墙头上向同学们大声喊道："如果我们一点钟之后仍不见归来，就是失败了。大家要再接再厉，另寻办法，决不让步。"

不久，士兵和警察们闯到学生中间，用警棍抽打这一老办法来解决问题。这是一场浴血奋战，而此刻在里面的周和其他3个伙伴还未受到任何损伤。警察厅决定不经审问而无限期地拘留这4位学生领袖，并把他们隔离开来。但周发现可以在厕所里进行联系，随后他们均同意在4月初开始绝食。

这帮助了在外面的其他学生及他们的家人把这一事件和逮捕学生的真相公之于世。他们通过报纸和其他公共出版物，很快便了解到外面仍在继续抗议。邓颖超带领一批学生到警察厅，自愿前来替换绝食的代表。

当局为开庭审理周感到烦恼，而此时周已经从单人牢房转移，和其他犯人关押在一起。他抓住这一机会，给同狱的人们灌输激进思想。他和其他3个学生即席给大家讲授经

1920年1月，天津学生调查私商私藏日货问题时，遭日本浪人殴打，并被反动军警逮捕。周恩来与各校学生五六千人前往直隶省公署请愿时，被反动当局逮捕。这是被捕前的周恩来。

济、法律、马克思主义甚至心理学方面的知识。周后来还把在狱中写的东西编成《警厅拘留记》,在狱中每日坚持写《检厅日录》。

在"五四"运动爆发一周年纪念日那天,他们在狱中举办了一个文艺晚会。他们因陋就简,用三块门板拼到一块儿做舞台,用被子做帷幕,用人的模仿声做交响乐。周演了几出小戏,在扮演地主压迫农民以及法帝国主义的行为时,演得也很好。当他表演最后一个节目——他曾在南开中学演过的《一元

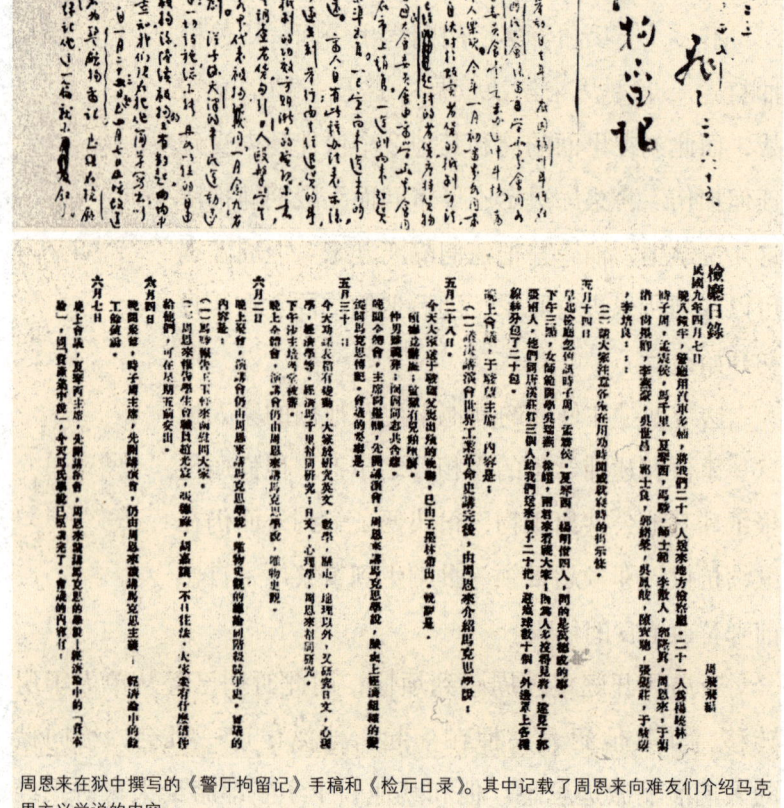

周恩来在狱中撰写的《警厅拘留记》手稿和《检厅日录》。其中记载了周恩来向难友们介绍马克思主义学说的内容。

钱》时，感动得狱卒们都流下了眼泪，使他们都保证今后一定要爱国。

最后一次审讯在8月份开庭①。周坐在"被告席"上，几个月的监狱生活使他明显地消瘦了许多。数百名朋友和同学的目光都集中到他身上。当周被问到他非法闯入省政府办公处是否属实时，周轻蔑地一笑，然后接二连三地向法官发出质问："学生们出于爱国之心，抵制日货，维护民族利益，究竟犯了什么罪？"

① 1920年7月6日至8日天津地方审判厅公开审理此案，周等被捕学生于7月17日被释放。

"学生们到省府请愿，推举我们当代表，求见省长，这又犯了哪一条王法？"

"当局派军警用刀枪棍棒打散请愿学生，造成流血惨案，又是哪条法律有此种规定？"

"既不审讯，又不释放，无理拘留各界请愿代表达半年之久，又依据法律的哪一条文？"

……

这一连串的质问，像排炮一样，打得法官招架不住。他恼羞成怒地喝道：

"究竟是你审问我，还是我审问你？"

法官的裁决原来是准备宣判学生重刑，但他只好从违法的技术性上给予学生轻判，包括学生们事实上已在押的日子。这样大家的面子都挽回了。周的祝贺者们认为这是一个巨大的胜利，把他簇拥到汽车上，汽车上插着彩旗和鲜花。在人们的夹道欢呼声中，周随汽车一起离去了。

周恩来等人出狱后和天津各界人士的合影。四排右二为周恩来。

欢迎周恩来等被捕代表出狱的车队,周恩来乘坐的是第二辆汽车。

严范孙(1860~1929),南开学校创办人之一。

周对自己在监狱期间邓给他的帮助深为感动。他也突然发现有两个出乎预料的人前来欢迎他,一个是他受审中的辩护律师,另一个是南开中学的创办者之一。这两个人都是周的崇拜者,他们都对周的行为和品质产生了深刻的印象。南开大学的校董严范孙过去曾愿把自己的女儿许配给周。周婉言谢绝了。这时他仍拿出500美元,资助周到国外深造,因为当时周把个人私情看得很淡,他正在积极考虑留学法国一事。送中国青年学生到欧洲勤工俭学是觉悟社关心的主要事务之一。1920年6月8日,周在狱中写的一首诗中,表达了自己展望前程的满怀激情。

这是一首写给李愚如的送别诗。李是邓颖超的同学和好朋友,她在远渡重洋赴法勤工俭学之前前往狱中看望周。在一张便条中,周对愚如姑娘解释说:"你走了,不能送你,我作首诗送给你吧!今天我从下午4点半作起,作到6点半,居然成功了。这首诗的成绩,在我的诗集里,要算是'中上'了。"

周在回忆了愚如姑娘早期的事业和抱负之后写道：

三个月没见你，
进步的这般快了。
前些日子念强来说，
你要往英，
我以为不过说说。
过几天丹文又来说，
你要往法，
我也以为不过说说。
哪知不几天，
你来别我，
当面告诉我，
你能去了。
你竟去了。

述弟①来信告诉我，
说你给他去的信道：
"……况且我是个人，
可以做工自给的；
无论如何，
总不至饿死他乡！
你要知道：
幸福是要自己去找；
株守相等，
是没有得到一日的……"
你别时也同我说：

① 指李的男朋友、周在南开的同学。

"……买四等票,

坐三等舱……

……勤工俭学去;

念一年书后,

工读自助。

……研究实用理化;

本我的志趣,

辟我们女子的生计独立、精神独立的自由径路;

保我们女子的人权天赋……"

念你的精神,

你的决心,

你的勇敢,

兴勃勃的向上;

全凭你的奋斗壮胆。

出国去,

走东海、南海、红海、地中海;

一处处的浪卷涛涌,

奔腾浩瀚,

送你到那自由故乡的法兰西海岸。

到那里,

举起工具,

出你的劳动汗;

造你的成绩灿烂。

磨炼你的才干;

保你天真烂漫。

他日归来，
扯开自由旗；
唱起独立歌。
争女权，
求平等，
来到社会实验。
推翻旧伦理，
全凭你这心头一念。
过南京，
见着述弟；
想象中下关车站，
黄浦江畔，
一刹那的别离难。
同在世界上，
说什么分散。
何况情意绵绵，
"藕断丝不断"。
两月后，
新大陆又见了述弟的足迹。
大西洋的波澜，
流不断你们的书翰；
两个无线电杆，
矗立在东西两岸，
气通霄汉。

三月后，
马赛海岸，

巴黎郊外,

我或者能把你看。

行行珍重!

你竟去了。

你能去了。

三个月没见你,

进步的这般快了。

——九、六、八下午恩来作于
天津地方检察厅看守所①

① 原书中只引用了此诗片段,译者根据原诗作了增补。

在诗中,周预期了自己几周后的重大旅游,"走东海、南海、红海、地中海……"送他到那"自由故乡的法兰西海岸"。然而,他给他的女合作者提出了具体的希望:"勤奋刻苦……造你的成绩灿烂。磨炼你的才干;保你天真烂漫。"这个有现代思想的人仍对女性的贞操抱着传统守旧的观念。

1920年秋,在觉悟社举行的年会上,周建议李大钊指导

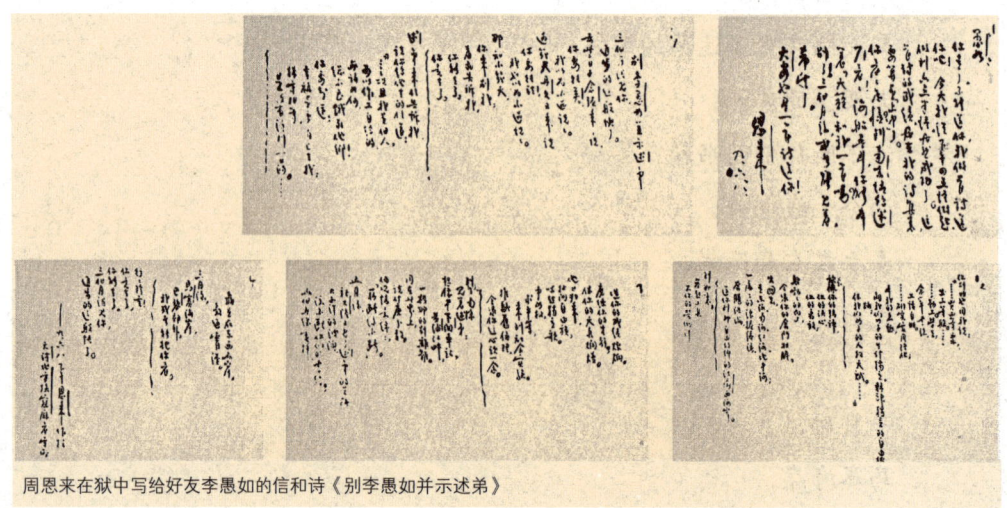

周恩来在狱中写给好友李愚如的信和诗《别李愚如并示述弟》

召开一个由北京和天津各组织参加的联合会议。他说:"大家一致认为,今后的救国道路,只有深入劳工群众,依靠劳动阶级,并把'五四'运动后在全国各地产生的大小进步团体联合起来,采取共同行动,才能挽救中国的危亡,改造旧的中国。"

1920年8月16日,觉悟社邀请少年中国学会等4个团体在北京陶然亭集会,李大钊应邀出席了这次大会。这是当时开会的情景,前向镜头最近的是周恩来。

这是他和觉悟社的许多成员乘船赴法之前开展的最后一项政治活动。

在李愚如给周的信中,她写道:"你应该出国,在这得到欢乐,坐在大树下面等待将会一事无成。"周当然没有坐在大树下等待。他几乎难以抑制自己的急切之心情,像中国的学者们所说的那样——"去喝洋墨水"。

5

留学法国
（1920～1924）

周 恩 来 传
A BIOGRAPHY OF ZHOU EN-LAI

在法国留学时的周恩来

渴求现代化的中国爱国青年抓住每个去欧洲的机会,特别是到法国去。他们认为法国是所有欧洲国家中最自由和最繁荣的国家,而法郎又正值疲软时期。1919年至1920年,1600多名中国学生来到法国,其中很多人后来成为中国共产党的领导人,如邓小平、李富春、李立三和陈毅等。

周恩来同其他人一样,热心留法勤工俭学。而且,要是他没有被关进监狱的话,他也许会成为较早的那批赴法留学中的一员。法国离苏联很近,又是欧洲革命的中心,身居法国,周恩来不仅可以了解和研究欧洲革命,而且还可以了解和研究苏联革命。

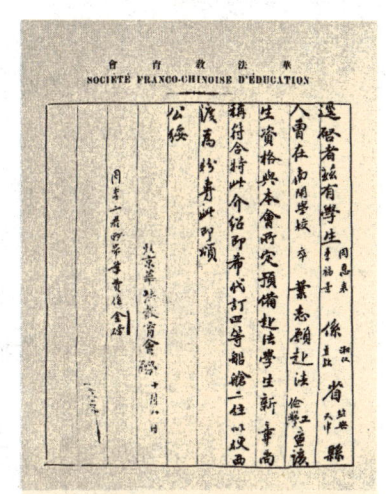

1920年10月8日,北京华法教育会为周恩来、李福景赴法国勤工俭学购买船票开具的介绍信。

这样,1920年11月7日,一位羞涩、说话有点慢条斯理的青年学生周恩来乘坐法国邮船"波尔多斯号",从上海出发,前往法国马赛。当时他22岁。当他依依不舍地望着渐渐消失在远方的祖国时,最后掠过眼帘的是飘扬在西方国家商业机构楼顶上及游弋于黄浦江中外国军舰上的大英帝国、美国、法国及其

法国邮船"波尔多斯号"

他国家的国旗——这是外国奴役中国的一个活生生的表现。一位同船乘客回忆道,一路上学生们热烈地谈论着个人的志向——有位同学说他"极想到英国学建筑",还有的想学采矿,而周恩来则说他想改变中国社会。

邮轮在香港停了一夜,又在西贡待了3天,然后经过新加坡和科伦坡,驶过苏伊士运河,于12月13日前后抵达马赛。途中每经过一个地方,周和他的新相识的朋友都可以看到更多的帝国主义的印记。他在从西贡寄给国内朋友的信中这样写道:当地的华侨挥舞着旗帜像欢迎亲人一样欢迎他们。在科伦坡,他看到劳动人民栖身路旁,而成群的蚊子苍蝇叮附在他们的食物上。这一切与富有的外国人的高楼大厦形成了鲜明的对照。一位同学后来回忆说:"我们经过的许多地方不是英国就是法国的殖民地。"他和周恩来及另外一个同学"都感到越远离中国,就越感到中国人被人瞧不起。中国的国际地位太低了,令我们感到十分愤慨"。周恩来提醒他们注意这一切后面的历史背景。他一直追溯到19世纪40年代的鸦片战争。最后,他说:"国家兴亡,匹夫有责。我们绝不能袖手旁观。"

经过5个星期的海上航行之后,周恩来从马赛转乘火车,赶往巴黎。到那儿后,他在蒂耶里宫地区的一所学校学习法语。他后来对同事们说有一位私人教师给他上了一年的法语课。然而,同在日本一样,周恩来从未像别人那样到一所大学去注过册。到巴黎后的最初几个月里,他读了一本比尔用英文写的《卡尔·马克思的生平与学说》。他在书上写满了旁注。一个中国人在法国阅读被翻译成英文的德国人写的著作——这的确让人感到战后的世界是令人振奋的!

虽然他在巴黎南郊的比杨古找到了住处,但由于他只懂很少或者说根本不懂法语,因此而感到焦虑不安,也许还有一种与世隔绝之感。几天后,他还去过英国,考察那里的情况[①]。在离开天津之前,他已经托人安排(也许是在比利时神父樊尚·勒贝的帮助下)担任了天津一家天主教报纸《益世报》驻欧的记者。他在2月1日发表的第一篇稿件中反映了他的兴趣所在。令他激动不已的是英国的劳工状况。

由于第一次世界大战给欧洲带来了许多的变化,使欧洲的劳工运动得到了发展、壮大。劳工问题对政治具有极大的影响力。一些欧洲工人要求不加拖延地采纳苏联的制度,另一些则倾向通过渐进的途径。周解释说:"我不能置身于这场辩论之外。"他还写道:高度严密组织起来的英国煤矿工人大罢工"对我们的国家关系重大"。在中国,罢工通常是为了获得更多的铜板,而工人们就像机器一样被人使用着,一点也没意识到社会的其他成员实际上已在全力以赴地帮助他们这些"迟钝的大众"。英国工人领取的工资相当于中国工人工资的30倍。

关于周在伦敦所从事的活动,目前还缺少史料记载,也许他和李福景(译音)在一起待了一段时间。李是周恩来相当崇拜的南开校友,还是学校舞台上的同台演员。他们是一起乘"波尔多斯号"邮船来到法国的。李渴望到英国学习建筑。周恩来在英国曾给朋友们寄过一张明信片,上面写的时间是

周恩来在欧洲读过的英文版《卡尔·马克思的生平与学说》

[①]周此次旅欧的目的地是英国,抵巴黎后因病延至次年1月5日抵达伦敦,准备入爱丁堡大学,但因英国生活费用昂贵,2月中旬回到巴黎。

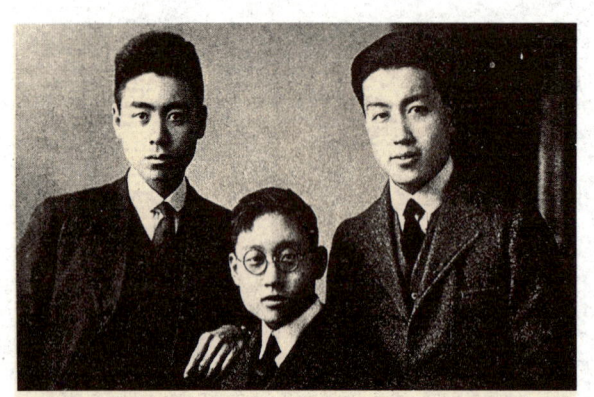

周恩来（左）在英国期间与天津南开学友李福景（中）、常策欧（右）的合影。

1921年1月30日，地址为布卢姆斯伯里大学区拉塞尔广场贝纳德大街36号。除此之外，他在伦敦的行踪无人知晓。

返回巴黎后，周恩来过着极为简朴的生活。他从中国随身带来一个木质的蘑菇状的东西，用来自己补袜子。他还带着一个气炉子，用来烧点开水，泡点面包，就着卷心菜或其他蔬菜当饭吃。几十年后，当中国共产党人在巴黎建立了大使馆时，周曾不嫌麻烦地为他在奥罗里咖啡馆赊账喝过的100杯咖啡还了账，还送给拉丁区一家咖啡馆300盒中国香烟，还还上了另一笔赊账。

由于一直帮助中国留法学生的华法教育会的破产，使周恩来本来就很棘手的个人费用问题日趋严重起来。但他得到了一些有钱的中国人的捐助，并以此来维持生活。他承认："许多爱国老人以私人身份资助我们留学生，但他们不带有任何政治目的。"严范荪先生就是曾帮助过周恩来的老人之一，他是南开大学的创始人。周又说："后来，当朋友们说起我用严老先生的钱变成了共产党人时，严先生引用了一句中国谚语：'仁者见仁，智者见智嘛！'"周也许还有其他经济来源。大约在周恩来到法国一年以后，一位老校友拜访了他。他很欣赏周恩来那身剪裁合体的服装以及那间收拾得整洁的居室。周还承认他既从中国朋友那儿，也从天津和上海的报刊发行人那儿得到一些资助。

天主教报纸《益世报》对社会福利问题特别感兴趣，周便为该报撰写一些有关欧洲政治、经济方面的短文，也报道一些有关工人运动和民族解放斗争的情况，但更多的则是报道关于半工半读的留学生的事情。1921年2月至1922年3月，在这一年多时间里，他撰写了一系列的署名文章，每周发表一次（有时他将自己的名字简写成"恩来"，有时干脆调皮地署上自己孩提时的笔名"翔宇"，其含义是"在宇宙中翱翔"。另外，1922年年初，在从伦敦发回的最后一篇稿件上，他曾署名"周翔"）。这些文章报道涉及协约国的对德态度、德国的战争赔款问题、欧洲对苏联外交问题、中东问题、希腊问题、英法分歧问题、西里西亚问题、华盛顿会议和日本的地位、苏联的旱灾，等等。另外，他的文章还经常谈论劳工的处境、各种大罢工的进展情况及中国留法学生的艰难遭遇等。他写的文章生动活泼、文笔流畅，笔锋辛辣尖锐。例如，他把劳合·乔治在英帝国议会上的一些讲话，描绘为一个狡诈而顽固的家伙所做的冗长而乏味的讲话。

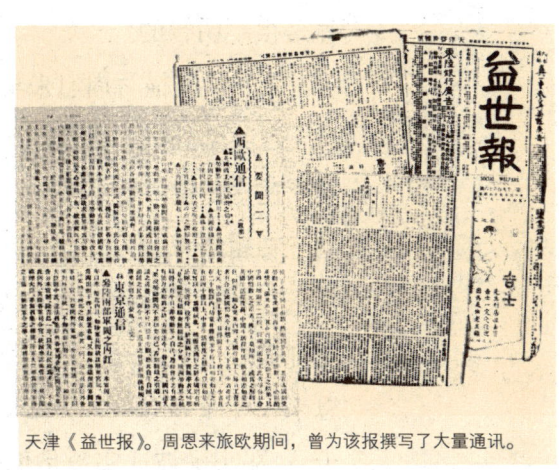

天津《益世报》。周恩来旅欧期间，曾为该报撰写了大量通讯。

周恩来旅欧期间寄回的印有欧洲名画的明信片

尽管周恩来正在坚定地向着马克思主义转变，但他还是表现出许多资产阶级的思想观念。一次，他穿上他（或是一位朋友的）最好的衣服，外出划船游玩，还拍了一张照片。这张照片未经他要求就被加洗成彩色照片，但他相当喜欢加彩的效果，并把这张照片印到明信片上，马上寄给了世界各地的朋友。其中一张寄给了在京都的老朋友吴，上面写道："巴黎是美丽的，巴黎的妇女也是美丽的！"在背面还写着："这儿有如此众多的朋友，有如此怡人的风景，难道你不向往吗？"但他很快意识到作为一名革命者，广泛散发自己的照片是很不明智的。

几乎所有描写周恩来早年生活的中外作家都提到了他曾在位于巴黎郊外的雷诺汽车厂短暂工作过的情况。可靠的细节证实了这些传说。有一个传说说他曾和另一位中国共产党领袖李立三在雷诺汽车厂干过一天工作13个小时的活。他们和普通工人一样，搬运沉重的铁块来制造供铸造用的铁模具。根据这种描写，李立三比出身资产阶级家庭的周恩来要强得多。周恩来仅干了3周就离开了。他还说过："这简直不是人过的日子。"邓小平被证实曾是他的一位工友。然而，许多年后，当一位驻巴黎记者告诉周恩来，雷诺汽车厂行政管理当局声称掌握了有关他当年的记录，并说他是一个危险的煽动者时，周却反驳说他从来没有在那儿干过活，他还说或许那是一个和他同名的人吧。另外一位在法国的同志回忆道，当周恩来得知法国报纸说他在雷诺汽车厂挑动骚乱的消息时，他放声大笑起来。

看来，雷诺汽车厂确实被列在周恩来要去考察劳动状况的著名工厂的名单之中了，而这曾激怒了一些管理者。然而，周事实上并没有经常在那儿工作。他还曾在靠近里昂的钢城圣查蒙德和许多中国工人暂时生活过。50年后，他的一位房东老太太仍记得每逢圣诞节周都要给她送来鲜花。另一位法国居民回忆说他曾和周打过网球。1972年周恩来告诉尼克松总统，他曾在里尔的一座煤矿上干过"几个月"。

周还和在法国的一些湖南籍学生一起生活过一段时间。他们中许多人都是由毛泽东组织，由蔡和森和蔡畅兄妹俩负责经办来法的。不久，他们便一同出外观光，如攀登巴黎圣母院等。周还把这次郊游写信告诉了邓颖超。攀登了数百个石头台阶后，他们终于气喘吁吁地来到了顶峰。"我们一帮人就像中国神话故事中的精灵似的蹲在那儿，凝视着在雾霭之中渐渐沉睡的巴黎。风景太迷人了！塞纳河水碧波荡漾，缓缓而流。晚霞辉映着远处的枫丹白露大森林，光彩夺目。我们都情不自禁地用法语高喊着'太好了，太美了'。"

然而，蔡严肃地提醒说："恩来，景色固然很美。"意思是他们不应该陶醉于此。一个革命者的目光应该看到生活在社会底层的人民的痛苦。"看，即使法国也充满了残酷的压迫，资产阶级的剥削，以及人民反抗剥削与压迫的正义斗争。尽管这儿的一切并不像中国的状况那么可怕（这是中国人公开对法国的进步所进行的罕见的承认），但阶级矛盾和阶级剥削也相当普遍。如果我们想在祖国发动一场革命，我认为首先应在法国建立一个革命组织，并和法国工人阶级联合起来，共同战斗。"

这番话给周恩来留下了深刻的印象。周补充说："为了邓颖超，我到法国后，从没有交过异性朋友。而且，今后我也不打算那样做。相反，我认为对我来说收获最大的是同蔡和森的友谊。"怪不得有位同学开玩笑说周恩来是个厌恶女人的人。

蔡后来在蒙塔尔吉郊外一块林间空地举行的仪式上，介绍周加入了新民学会。这使周有机会参加由左翼作家亨利·巴比塞组织的有关时局问题的周讨论会。巴比塞很明显是代表共产国际的。周恩来很快就成为巴斯科咖啡馆和帕迪昂附近的另一家咖啡馆的常客了。他还加入了以蔡为首的半工半读互助会。该会很快就成为留法中国学生聚集在一起发泄不满的场所。

在记载周恩来留法期间参与的众多事件的史料中，第一个便是中国学生向中国驻巴黎公使馆的请愿事件。当时，留法的中国学生陷入困境，许多人找不到工作，甚至没有地方学习或聚会。因此，一帮中国学生代表要求中国公使解决这些问题。但是，公使只是把学生的要求转达给中国政府，而中国政府却回话说不再给这些学生提供资金了,那些既没有钱又没有工作的留学生应该被遣送回国。这下激怒了广大学生,由此导致了1921年2月28日学生向公使馆的请愿事件。公使本人默不表态。后来,法国警察冲出来,驱散了请愿队伍。在这个事件中,总共有4位领导人,其中两位就是周恩来和蔡和森①。

第二个事件影响也很大。7月,中国政府派了一个代表团向法国政府借款。名义上是为了救灾,但实际上则是要购买军火。为此,大多数留法学生和工人都反对借款。夏季,他们召开了拒款大会,以示抗议。就在即将达成借款协议之际,学生和工人包围了公使馆,警告中国代表团:"如果你们签了字,就立即打死你们。"周恩来发回国内的文章有意地报道了借款详情并发动国内也起来反对。最后,法国政府只好让步。

但是,令人瞩目的是1921年9月21日占领里昂大学的事件。那里有1000名中国学生既不能注册,也不能工作。

本来中法两国政府均同意在里昂再设立一所新的中法大学。但据透露,这所新设立的学校主要招收刚从国内送来的中产阶级家庭出身的学生,却拒收那些当时正在法国的这批"捣乱分子"。当得知对已在法国的中国学生的经费拨款即将停止时,愤怒的留学生们便决定采取行动。周恩来写道:"途穷了,终须改换方向;势单了,力薄了,更须联合起来。"他在巴黎召开学生代表大会,坚决要求在9月中旬"无条件地开放里昂大学",并在里昂组织了示威游行。

据说,周恩来身穿雷诺汽车厂的工作服,老练地和法国工人们协商。他坐在巴黎一家旅馆的房间里筹划着最后一刻的行动方案。一位一直注视他的朋友情不自禁地说:"除了那个大公文包之外,你真很像一个汽车工人。因为在雷诺汽车厂,还从没有一名工人提着这样的公文包到处走动呢!"

① 以上原文如此。

周抬头看了看,手里却还在不停地写着。

"给,带上它,"他边说边把这个包递给了那位朋友,"等到了里昂,我们也许需要用它来消磨时间呢!"

果然不出所料,他们真的出事了。在里昂,他们被捕了,并被扣押在一座兵营里。他们进行绝食,以示抗议。在巴黎的周恩来得知后,立即和聂荣臻、王若飞等进行营救。

法国政府做出了驱逐学生的决定。100多名学生被押上驶往马赛的火车,随后又被赶上开往中国的轮船。李立三就在这些人之列。他们发觉自己被过早地遣送回国了。李立三比周恩来大两岁,湖南人,出身于贫苦家庭。他比周早来法国一年,一直是半工半读。他还组织了一个自己的社会主义研究小组,并在此后加入了周及其他人组织的中国共产主义青年团①,负责宣传工作,而周恩来负责组织工作(这和几年后他们俩在中国共产党内担任的职务几乎一致)。擅长讲演、激进而又顽强的李立三主持党的工作时,周恩来是他忠实的支持者。

①周恩来和赵世炎等组织旅欧中国少年共产党是在1922年6月,这时李立三已回国。

1921年春,天津觉悟社部分成员在法国巴黎合影。

与此同时，中国共产党于1921年7月在上海成立。这个消息过了一段时间才传到巴黎，周恩来向国内的朋友通报了在法国的大多数觉悟社成员的情况，并说经过长期的探索和讨论，他最后也选择了共产主义。他还补充说："1921年10月刚过，我们就做出了正式决定。"在写给天津觉悟社朋友的信中，他也谈到了自己到欧洲一年来的思想变化。他写道："觉悟社的信条自然是不够用，欠明瞭……我方到欧洲后对于一切主义开始推求比较……而现在我得有坚决的信心了。"在猛烈地抨击了国家主义和无政府工团主义之后，他又写道："政权在资产阶级手中握着，生死的命运既由他们操着，工人哪有成功的希望呢？……我们当信共产主义的原理和阶级革命与无产阶级专政两大原则。"

周估计当时在留法的中国学生中，三分之二的人是潜在的共产主义者，其他人中无政府主义者和国民党的民族主义分子各占一半。

1921年春，周成了正式的共产主义5人小组的一名成员。这标志着他转而信仰共产主义运动的第一步。1921年年末，他开始筹备旅欧中国少年共产党。大部分政治上积极的留法学生都加入了这个组织。

1922年年初，周恩来又来到伦敦，进行了近两个半月的考察。后来，他曾对一位美国记者承认说，他"不喜欢那儿"。1月15日，他向《益世报》报道了英国军队在爱尔兰和埃及的暴行，并预言这些麻烦将导致英军在中东的更残酷的行动。周恩来在伦敦时，发生了一件后来被证实对其政治发展影响极为重大的事情。曾在天津加入了周恩来的觉悟社的黄爱，在长沙的一次纺织工人大罢工中被枪杀。黄因此成了早期共产主义烈士之一。周怀着强烈的悲痛感，撰文悼念牺牲的同志，这充分显示了他们之间特殊的友谊。

周恩来对是否加入正逐步成为中国激进政治主流的共产党,一直是在反复思考的。对这个新的哲学,周显然在思想上有所疑虑,而且他一定为接受这样一种极其自信的人生处世哲学而冥思苦想了一番。朋友之死,加上每个人都力促周投身这个事业,这也许成了至关重要的因素。这为周恩来提供了能消除残存的思想疑虑所必需的情感动力。在新的青年团成立的几个月期间,他撰文的方式都是启发式的。他在团组织的刊物《少年》第二期上发表文章说,"共产主义是彻底的改造良方"。文章还论述道:

> 一旦革命告成,政权落到劳动阶级手里,那时乃得言共产主义发达实业的方法……依着中国的时势,一切缓和修正的办法都无所施……
> 我们虽是中国人,我们的眼光须放到全世界上来。我们不必想取捷径,也不必畏难苟安,全世界无产阶级为创造新社会所共负的艰难责任,我们也应当分担起来。

从这两段话中,人们可以感觉到,中国也许是不得不接受这个可怜的办法,并想最充分地利用它。因为,世界其他地方都在接受这个主义。

这种乐观主义情绪的短暂的宣泄,成了第一次世界大战后的时代特点。在周的同志中,很少有人去问无产阶级是否能在新的权力结构中发挥作用,也很少有人对共产党人夺取政权和改变社会的纲领的可行性产生疑问。当时,马克思主义颇为盛行,要想抵御其魅力诱惑,需要有相当坚定的决心。正如周恩来指出的那样，马克思主义是值得信奉的科学，这如同人们"信奉爱因斯坦定律一样"。

对一个以现代化为主要目标，立志使祖国赶上欧洲水平的中国人来说，要想抵御那些由西方马克思主义巧妙地提出来的建议的诱惑，真是难上加难！因为这一建议暗示中国可以跨越资本主义，直奔共产主义。这样可以节省大量时间，并能免受走进西方式社会这一必然阶段的痛苦。说得好听点，甚至像中国这样的国家，也许还会超过欧洲。

周恩来是个反叛者，他激烈地反抗中国统治阶级众多的利益、特权及其愚昧。作为一个家庭贫困的人，他深深地同情和他同病相怜的其他社会阶层的人们。在欧洲，他本能地倾向当地的反叛者们对其政府的反抗。这些反叛者很多都是马克思主义者。留学欧洲的大部分年轻的中国人都想摆脱资本主义和帝国主义，但他们并没有深入考察马克思主义的经济学和科学社会主义。周恩来也不例外。

另外还有一个因素，即周没到法国之前，在脑海中把这个国家理想化了。这主要是由于读了陈独秀的文章的结果，使他产生了法国的一切都是现代化的印象。但是，20世纪20年代的法国无论如何也不可能承受这么高的期待。

周恩来欣赏并喜欢巴黎的许多东西。几十年后，他对法国驻中国大使说："你们是热爱自由的人民。我在法国时，曾高兴地注意到，在所有的大街小巷，你们国家的每个人都尊重种族平等。"但是，并不是所有的法国警察、政府官员、大学教师、女房东及其他一些中国学生与之打过交道的法国人，对年轻的中国访问者都特别友好或能给予特别的帮助。

在周恩来的思想转变过程中，他的言论流露出一种缺乏信心的痛苦之感。似乎他对在国内和欧洲的朋友说过："好吧！

1921年周恩来自法国巴黎寄回家中的玩具——风景小照片匣。内嵌有巴黎风景小照片八幅。

如果你们开始信奉共产主义，我将加入你们的行列，并尽力使之步入正轨，至少是向正确的方向发展。虽然它可能不是中国目前之所需，但只要是能使中国投身于社会变革的任何东西都行。"这种对马克思主义所持的半保留的思想隐约出现在1922年3月他为悼念亡友黄爱而作的一首诗中：

> 壮烈的死，
> 苟且的生。
> 贪生怕死，
> 何如重死轻生！
>
> 生别死离，
> 最是难堪事。
> 别了，牵肠挂肚；
> 死了，毫无轻重，
> 何如作个感人的永别！
>
> 没有耕耘，
> 哪有收获？
> 没播革命的种子，
> 却盼共产花开！
> 梦想那赤色的旗儿飞扬，
> 却不用血来染它，
> 天下哪有这类便宜事？
>
> 坐着谈，
> 何如起来行！

贪生的人，
也悲伤别离，
也随着死生。
只是他们却识不透这感人的永别，
永别的感人。

不用希望人家了！
生死的路，
已放在各人前边。
飞向光明，
尽由着你！
举起那黑铁的锄儿，
开辟那未耕耘的土地；
种子撒在人间，
血儿滴在地上。

本是别离的，
以后更会永别！
生死参透了，
努力为生，
还要努力为死，
便永别了又算什么？

这首诗包含三个主题。第一个是牺牲，即如果是英勇壮烈的死，就不必怜惜生命；第二个是努力，即革命者要竭尽全力；第三个主题是耐心。他指责那些想收获共产主义果实的人忘却了要播种革命的种子。

第一部　求　索

周恩来在写给国内朋友的一封信中把这首诗介绍给他们。他还说这是一首表示内心志向的诗。他写道："得到正品这个死耗,更使我的意志十分坚决。""我认的主义一定是不变了,并且很坚决地要为他宣传奔走。"

不论当初周恩来有什么顾虑,现在他却毫无保留地投身到为共产主义而奋斗终生的事业中去。亲密战友的死消除了疑惑的迷雾。他咬紧牙关,接受了一个外国的信条。其理由是这个主义至少在精神上是进步的,在内容上是人道的。在以后的50年里,尽管有时也有挫折,但他确实把一生都献给了这项事业,从未动摇过。

周恩来现在成为旅欧中国学生共产主义小组很有影响的组织者了。他经常为此而四处奔波。1922年3月初,他第一次来到马克思的故乡——德国。他在柏林住了将近一年。有人说他住在坎特街,但另外有人说他在威廉斯特拉斯有一处漂亮的住所,月租金为12美元。

周恩来发觉旅德中国学生分裂成各种各样的政治小派别。为此,他乐于把他们联合起来。有位同学描述了在中国学生聚居的地方,周恩来是如何"喜欢坐在客厅门口的沙发上,看同学们打乒乓球"的情景。

1922年,周恩来在柏林留影。周恩来将这帧照片赠给同学张蓬仙,照片上有周恩来的英文签名。

1922年夏季,周回到巴黎,参加了两个重要的会议。6月或7月,代表们集会3天,成立了旅欧中国少年共产党组织。周恩来作为柏林代表出席了会议。不仅如此,他还尽力促使更多的朋友心甘情愿地加入党组织。他以小字体书写了许多材料,在年轻的合作者邓小平的帮助下油印出来,还寄给在京都的朋友吴。在没有得到回信后,他又寄去了一份,并附上一张

1922年，周恩来和张申府（右一）、刘清扬（右二）、赵光宸（左一）在柏林万赛湖。

卡片，上面写着："我已给你寄了两次油印材料，不知是否收到？请回复。小弟恩来。"而此时的吴，正因收到材料而遇到警察盘问的麻烦。他回信说："我们的思想不可能一致。让我们以各自的方式来发展自己的思想吧！但我们永远是朋友！大哥吴。"这就是两位朋友间的最后一次通信。由于他们之间存在一些政治分歧，他们的友谊中断了。为此，周恩来一定感到十分沮丧。

与此同时，他经常同非共产党的旅欧学生发生争执。一个同学回忆道："在周六下午或周日，周恩来同学总是到大学区、工厂区及学生住地，在学生聚集的咖啡馆发表演说。"几周后，旅法、旅德、旅比的学生代表成立了中国共产党旅欧组织，设在巴黎意大利广场附近的戈德弗卢瓦街17号，戈德弗卢瓦旅馆[①]。周还在旅馆外面照了张相。他那瘦弱的身体被很小的衣服裹着，袖子缩到了手腕上面，裤腿高高地吊在鞋子上面——真是一张清贫生活的写照。

还有个传说谈道，比周大12岁、阅历极为丰富并在后来

[①] 令在九泉之下的周恩来感到欣慰的是，60年后近千名中国和法国的周恩来的崇拜者，在中国总理华国锋、法国总统吉斯卡尔·德斯坦、巴黎市长雅克·希拉克的率领下，在这家旅馆的门口召开了纪念性的聚会，并为周恩来的一座半身塑像举行了揭幕仪式。

还成了著名将军的朱德，于 1922 年 10 月来到柏林，希望周恩来介绍他加入中国共产党①。朱德是一位经历了各种反政府造反的资历很深的旧军人。他的入党要求曾遭到党的总书记陈独秀的拒绝。当周的房门打开时，朱德看到了"一个身材挺直，相貌俊美的文静的年轻人。他那张脸严肃而又透出聪颖，富有男子汉气概……周是个举止文雅，善于思索的青年，甚至还有点腼腆"。

朱德挪开周拉过来的椅子，向周讲述了自己的经历：如何同统治中国的军阀和国民党决裂的，如何戒掉吸鸦片的习惯，同孙中山的会晤等。周恩来注意地听着，习惯地侧着头，并提出帮他找住处。在入党申请书寄往国内而尚未被批准之前，暂时吸收朱德为候补党员。

最后，朱德实现了自己的理想，但他的党籍将对和他仍有联系的国民党保密。周的小心谨慎后来被证明是十分必要和有益的。

1922 年 10 月，周恩来离开德国，途中可能取道比利时，返回巴黎。他还要求当时尚未选择共产主义但倾向科学的朋友聂荣臻从比利时的沙洛瓦赶来会见朱德。结果聂本人也参加了共产党②。不久，周还以聂的客人的身份参观了比利时沙洛瓦劳动大学。聂本人后来成为中国核工程的组织者。人们记得周在沙洛瓦时，是个"漂亮的小伙子"，非常沉静，还经常陷入沉思。据说他和末代皇帝溥仪的密友——马将军的侄儿关系很

上图为周恩来在巴黎的工作地和住处门前的留影。
下图为周恩来在照片背后写给同学潘世纶的信。

① 1922 年 11 月在柏林，经周和张申府介绍，朱德、孙炳文加入中国共产党。
② 聂 1922 年 8 月参加旅欧中国少年共产党，1923 年年初经赵世炎、刘伯坚介绍加入中国共产党。

好，以后他们交往甚为密切。

周及时赶回巴黎出席共青团的一个会议。会上他当选为书记。在他旅欧的最后 15 个月期间，他利用团组织的刊物《少年》①宣传革命主张，反击诋毁者们对马克思主义的诽谤，献身于党和团组织的工作。在这期间，他仍旧过着很简朴的生活，经常身穿满是油渍的工作服，还自己用水泡面包充饥。

① 《少年》1922年8月1日创刊，《赤光》1924年2月1日创刊。

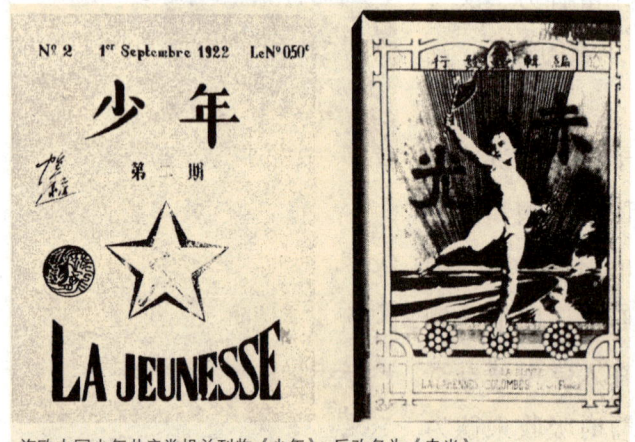

旅欧中国少年共产党机关刊物《少年》，后改名为《赤光》。

然而，他有时也脱掉工作服，炫耀般地穿上漂亮上衣，和一些富裕的同学在巴黎郊外的索斯玩一晚上。如果他去得早的话，他还要下厨房，做几个他十分拿手的中国北方的美味佳肴。

那年春天，他开始了一项新奇而有趣的工作，即定期选派旅欧中国学生到莫斯科东方劳动大学学习，而且他每次都把这些有成就的代表送到柏林。赴苏的一些学生在基层党组织的地位有的比周高，他们的离去使得周恩来逐渐赢得了旅欧中国共产党更高的职位。没人怀疑周恩来在解决中国人的争执甚至派性问题时表现出的灵活性，也没有人怀疑他那永恒的吸引力和精湛的处世技巧。

一位同学后来回忆道："周恩来对理论的掌握相当薄弱，但他能概括我的思想，然后能比我更好地把它们表述出来。我们多次依靠他准备口头或笔头的公开声明，因为一旦他领悟了组织的思想，经过重新表述后，这种思想就能被所有的派别共同接受。"

第一部　求索

1923年3月13日，周恩来自巴黎给团中央的第一号报告，详细汇报了旅欧青年团的工作。

准确地说，在周恩来旅欧的最后几个月里，人们要求他运用这种卓越的技巧，把所有争执不休的中国学生帮派统一在一个爱国的政治纲领之下。在要求把中国重新统一在共和旗帜下的具有进步思想的大部分学生的支持下，孙中山的国民党成为中国共和革命公认的领导党。只有国民党才能提出似乎可行的方案来推翻那些趁清帝国崩溃之机，为了自身的利益而控制各个省份的封建军阀。孙中山请求西方大国帮助他完成这一艰巨的任务，但这些国家却借口没时间而没有理睬他。他别无选择，只好转向新成立的苏维埃以求得他所需要的物质帮助，而苏联人则一请即允。这反过来意味着，通过共产国际发挥影响的克里姆林宫要求中国共产党停止同国民党的争吵，双方合作来制订一个有利于中国统一的民族方案。

在巴黎，两个中国政党组织①的年轻的成员们服从了这些命令，但另一个倾向无政府主义的学生帮派却不肯屈服。与此同时，周恩来不厌其烦地修改着那份政纲草稿，它将被提交在克吕尼博物馆附近的大会议厅召开的400名学生出席的

① 1923年6月，周同孙中山派到法国筹建国民党巴黎分部的代表王京岐商谈两党合作问题。双方达成协议，旅欧中国共青团员80余人均以个人身份加入国民党。周被国民党总部先后委任为国民党巴黎分部筹备员、驻欧支部特派员、代理执行部长等。

大会上讨论。

辩论进行得相当激烈,以至于会议最后竟恶化成拳脚交锋的局面。在这一事件中,两名学生被送进医院,许多椅子均遭损坏(其中有把椅子摔在周的身上)。

这时,周恩来离开祖国已两年半了,一些朋友对他没有异性相伴的事实感到震惊。在社交场合上,他显示了对"留在国内的姑娘"——邓颖超的忠诚。他把这些情感都突出地反映在写给她的信中。当一位老校友来拜访周并问周最近是否有什么"新发现"时,周回答道:"你是指……姑娘?不,没有。"

"我不信,像你这么有魅力的青年,加上你在这儿的影响,难道会没有?"

"我不想涉足于此。最好还是独身一人,这样更方便。"

"邓颖超怎么样?你还是每隔一周给她写一次信吗?"

"你怎么知道的?"

"她告诉我的。你知道,我偶尔也接到她的来信。"

1923年至1924年整个冬天,周都在试图和倾向无政府主义的学生们对苏联要给中国援助这件事所持的保留意见进行辩论。他们认为中国将失去独立,并处于花言巧语的沙皇继承人的控制之下。他们怀疑国民党具有抵御马克思主义和极权主义逐渐渗透到中国的能力。

中国共产党的领导人们不仅要求周恩来和同志们与国民党保持一致,而且还要他们加入国民党。这样,周恩来在

周恩来在巴黎故居外墙上的纪念牌,上面刻有"周恩来,1922年~1924年在法国期间曾居住在此"。

旅欧的最后几个月里,同时为两个党工作。国民党还把他选进中央执行委员会中①。这时期两党的相互关系十分密切。

①原文如此。

1924年7月,周恩来接到党的命令:他在欧洲的任务特别是作为组织者的任务已经没有必要了。在异邦的土地上,他被一帮比在天津见到的还难对付的学生拥立为领袖,他们相处融洽。他领导解决了各种问题,例如学生承认双边政府的合理的贷款,充分利用欧洲教育机构,协调国共两党的关系,促进欧洲政府对中国侨民的理解,等等。但现在他得返回中国南方的广东省,从事革命统一战线工作。青年时代留学欧洲并幸存下来的中国共产党的领导人,在周的政治生涯中,几乎人人都支持他,如陈毅、李富春、蔡畅等。即使在经历了60年代"文化大革命"的动荡之后,这些人虽然不像别的团伙那样来往密切,但所谓的"法国帮"仍然在中国共产党内发挥着影响作用。

1924年,中国社会主义青年团旅欧支部部分成员在巴黎合影。前排左四为周恩来,左六为李富春,左一为聂荣臻,后排右三为邓小平。

在法国，周恩来不仅遇到了李立三（李在几年后就成为周的有力的竞争者），而且还遇上了越共领导人胡志明。周后来谈道："在我加入共产党的时候，胡志明已经是个成熟的马克思主义者了。他是我的兄长。"

在欧洲度过的3年半时光，使周恩来得以信奉马克思主义，并使他本人完全同这个主义相融合了。所有这些，加上他在巴黎时在中国共产党内地位的逐渐提高，为他今后在国内的政治生涯做好了充分的准备。1924年7月下旬，他离开了巴黎。

6个月后，法国警察在一份缉获的中国共产党的信件中发现了周恩来的名字，因此决定调查他。他们除了知道周和共产主义运动有联系之外，其他的却什么都不知道了。但仅

1924年7月，国民党驻法总支部成员欢送周恩来归国时的合影。前排中坐者为周恩来。

凭这一点，他们就足以把他驱逐出境。然而他们的行动足足晚了6个月。

鸟儿已经飞走了。

第二部

奋斗

千古奇冤，
江南一叶，
同室操戈，
相煎何急？！
周恩来

6 革命婚姻
（1924~1925）

周 恩 来 传
A BIOGRAPHY OF ZHOU EN-LAI

黄埔军校时的周恩来

1924年9月，周恩来返回位于亚热带的广州。广州当时是中国革命的中心，也是孙中山共和运动的首府。据说，周恩来是经过莫斯科，乘横贯西伯利亚的火车回国的，当时中国共产党的一些成员常常经过苏联从西欧回国。周恩来在国外待了这么久，他自然很想看看在华北的朋友和眷属。他曾向埃德加·斯诺讲过自己的生活经历，而了解他的埃德加·斯诺则用肯定的语气说他"在莫斯科做了短暂的停留，旨在听取莫斯科的指示"。另一位日本作家断言，周不仅经过了莫斯科，并且在列宁大学同铁托、陶里亚蒂和胡志明一块儿学习过。然而，没有确切的事实可以表明周恩来经过了莫斯科，很有可能他是乘船回到中国的。

回国后，他的职务是担任极为重要的中共广东区委书记和军事部长。他的办公室设在文德路一幢小楼的二层，尽管没有什么标志，但每个人都知道这是干什么用的。事

广州文明路75—81号的中共广东区委旧址

实上，这是中国唯一公开的中共办事处，门前赤脚的农民与衣冠整齐的官员常常拥来挤去。

这位新书记充满热情地着手他的工作。他对党从1921年到1924年所取得的成绩赞不绝口。他曾这样写道："如果大家努力工作的话，那么很多事情便会在短时间内做完的。"他就像《卡拉马佐夫兄弟》中的阿廖沙，陀思妥耶夫斯基把阿廖沙描绘成"我们这个时代的年轻人，他笃信真理，探索真理，追求真理，愿为真理而献身，并渴求英雄主义的行为"。

不过，他的思想观点并不像他的一些同志那样保守。从法国回来不久，他写道：

> 仅仅在过去的五十年内才出现的帝国主义，是资本主义的最终发展阶段，或者是其最终产品……由于资本的垄断，世界市场衰落了，世界生存的空间已被分割完毕，资本主义国家不可避免地发展成为帝国主义并导致相互冲突。然而，这些冲突的暂时平静时期，帝国主义国家就会形成同盟来剥削被压迫民族。中国，一个被帝国主义列强联合控制的半殖民地民族，不可能逃脱这一现实。

另外，周恩来也常常引用儒学的词语，以使对非马克思主义者的演讲显得更生动。

> 大道之行也，天下为公。……既然一个人不愿看到善行被亵渎，那他就不会只为自己；既然一个人不愿使他的才华弃之不用，那他就不会只图私利……这样，抢劫和动乱就不会发生，门户也就不用上锁了，

第二部 奋斗

这就是大同社会。

周恩来试图把欧洲的马克思主义与中国的康有为、梁启超的乌托邦思想联系起来。这两位思想家对周的青年时代影响很大。

基于共产主义革命的利害关系，周也同时为国民党工作。国民党让他负责国民革命军事委员会的训练部①。这时是国共合作的黄金岁月，但后来兄弟反目成仇，给中国带来了灾难。周恩来在广州开始工作后不久，苏联红军的"沃罗斯夫基"船给孙中山提供了俄式来复枪和大量的军火。西方的忽视促使国民党为周进行革命活动开了绿灯，但这种活动是合法的，不再是地下的了。

在较短的时间内，这两个党便联合起来了，并在广东建立了它们的共和政府，而它们的长远目标是消灭北方的军阀和实现中国的统一。

在广州，两党都有苏联和第三国际的顾问，此地成了酝酿革命的温床。周恩来回国6个月前，孙中山召开了国民党第一次代表大会。会上提出了新的三民主义——民族主义、民权主义和民生主义，并在此基础上得到了共产党的支持。第三国际建议共产党注意"不失去自己革命身份的同时""与国民党一道工作，推翻军阀，然后才能走向社会主义，集中力量进行无产阶级运动"。国民党已经同意像周那样的共产党员以个人身份加入该党。

事实上，由于共产党的明智合作，国民党分化成了各种各样的派别。周恩来极力争取国民党的左翼，如财政部部长廖仲恺及孙中山比较开明的追随者。廖仲恺的儿子记得"有一天，一个目光敏锐、眉毛浓密、身着白亚麻西服的年轻人"，是如何拜访了他的父亲。

①应是广东黄埔军官学校政治部。

廖仲恺（1877～1925），原名恩煦，字仲恺。广东人，早年在美、日留学，一直追随孙中山。国民党改组后，被选为中执行常务委员，并先后担任工人部长、农民部长、黄埔军官学校党代表、广东省省长、财政部部长、军需总监等职，为国民党元老。

周恩来成了瓦西里·布留克尔将军的知己,瓦西里将军在中国被称为加伦,他是国民党的高级顾问。埃德加·斯诺称加伦为周的"真正老板",可是周在筹划革命时那令人兴奋的日子里,也受到了另外一个俄国人的指导。这个人就是有名的米·谢·鲍罗廷,他的人品与周恩来极其相似,个人经历也颇具传奇色彩,曾被沙皇驱逐出境,在芝加哥教过书,在苏格兰又蹲过监狱,为第三国际走私过珠宝。这个胡子黝黑而又浓密的犹太共产党人,是苏联驻中国的代表。1924年至1925年,胡志明也在广州,真可称为人才荟萃。

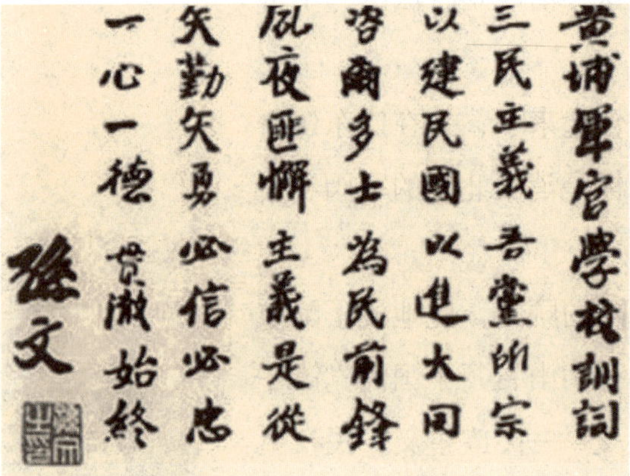

1924年6月,孙中山正式创办了黄埔军校,它是中国革命军队新的基地。校内的权力由孙中山的军事副手蒋介石掌管,正如我们现在所知道的那样,他对共产党并不钟爱。尽管如此,周恩来仍被任命为校政治部主任,由于他的国民党上司忙于其他事情,这样便使周在他的位置上进行了富有成效的工作。他发现自己的职务很有讽刺意味,作为中国的桑德赫斯特学院或西点军校的政治负责官员,他并没有受到过任何的军事训练。

孙中山为黄埔军校题字

黄埔军校旧址

许多胸怀大志、很有能力的年轻人都投奔了向现代化军队迈进的黄埔军校,人们寄希望于这支军队能使中国成为一个强国。他们当中的一些人成了周的追随者,其中像

| 第 二 部 | 奋 斗

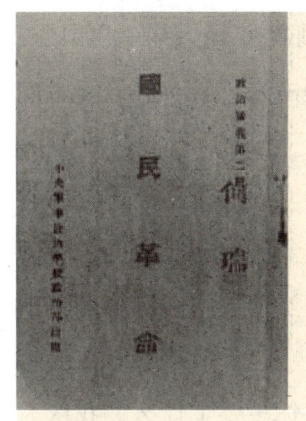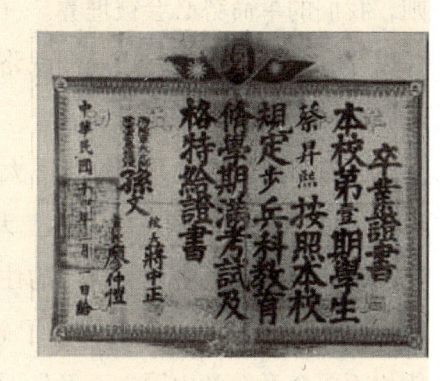

黄埔军校教材和毕业证书

林彪、罗瑞卿等后来成为中国红军有名的领导人。他们的存在为周恩来的政治生涯奠定了一种非正式的权力基础。第二届学员中有80多人加入了共产党，加上黄埔军校的新学员，他们为共产党后来的内战准备了一支重要的革命力量。

　　周恩来在学生中努力工作，建立政治组织，创办报纸传播马克思主义。每天清晨，他乘小汽船从广州城去黄埔讲课，而教室内常常是挤满了人。晚上，他返回广州城参加一个接一个的会议并进行会晤。不过，从一开始，他们就与以蒋介石为首的军校右翼分子的关系紧张。这些右翼分子成立与共产党作对的团体。周恩来曾同他原来的一个学生进行了几小时的争论，这个学生是一个右翼团体的负责人。周说："你刚从苏联回来。你曾与苏联的革命领导人一起战斗过，你知道他们是我们的朋友。在所有的大国当中，有谁肯给我们枪支弹药呢？只有苏联人，他们是用船运来的。你去年10月7日在那儿时，黄埔港上正卸着俄国人提供的物资呢。"

　　"英国人向广州商团提供枪炮打我们。法国人、德国人和美国人与北方的军阀勾结，攫取我们的钱财、权利和利益……你们这些人应该明白，国际形势要求我们与苏联联合起来，否则，我们的革命势必会被埋葬。"可是那个年轻人却一再申辩，并以苏联共产党拒绝归还满洲铁路为理由来反驳。周最终未能说服他。

他与周佛海的关系相处得不太顺利。周佛海是共产党的一名创始人之一，可后来想退党。一天晚上，周恩来知道了此事，他踏着朦胧的夜色赶到周佛海的住处。当他接到周佛海递上来的退党信时，随手就把它撕成了碎片，然后平淡地说："我希望你不要介意。党内同志已经告诉了我你想要干什么，我认为这没有必要。我可以坐下来跟你谈一会儿吗？"周恩来用了4个多小时的时间想劝说他的同志回心转意，可周佛海则辩解他此时如何如何相信中山先生平均地权的思想，而不需借助共产主义来满足中国人民的要求。周恩来则驳斥说，国民党的的确确继承了旧社会很多不好的东西，所以现在为了革命，需要一个更彻底的解决办法。

虽然周恩来的努力受到挫折，可他仍频繁地进行夜访，以使他的朋友留在党内，并争取新的同志加入，同时调和相互争吵的两个团体。当然有一些同志却不像周恩来那样有眼光，而认为终日辛辛苦苦地在两种条件下忙碌是很困难的事情，因为一方面要与国民党进行合作，另一方面又要秘密保留他们的权力，以便在第一次革命之后进行第二次革命。

1925年，周恩来已经开始向他的学生——将来的军官们灌输关于军队的作用之类的激进思想。他说道：

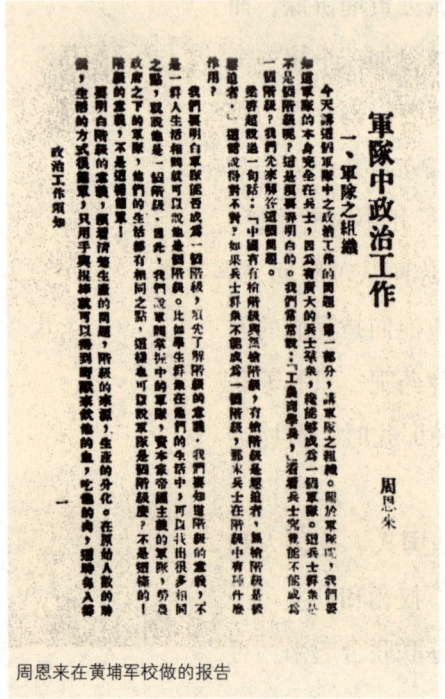

周恩来在黄埔军校做的报告

军队是一种工具，压迫者拿这工具去压迫人民，但被压迫阶级也可以利用这种工具去压迫他们的压迫者，并推翻压迫者的势力……西方是无产阶级革命，东方是国民革命，二者结合起来成为一个世界革命……而军队是实现我们理论的先锋。

在同一年里，周恩来得到了任何一位革命者都梦寐以求的去实现他的理想的机会。他表现出陀思妥耶夫斯基式的"英雄主义行为"。国民党终于开始向反对革命的军阀进攻了。

第一次称作"东征"的举动给周提供了大显身手的机会。陈炯明是广东的军阀，如果不征服他的话，广东就不能成为共和政体的安全基地。1925年，经过两次大的战斗，东征便宣告结束。黄埔军校的两个团参加

1925年3月中旬，东征军在棉湖与叛军林虎部进行决战，周恩来与政治部人员住在棉湖兴道书院。图为棉湖兴道书院旧址。

了第一次战斗，当时周恩来作为高级政治官员随军到了前线，他负责动员当地农民支持这次战斗。周恩来辅助领导的为数只有3000人的小部队，不到5月份便把陈炯明的势力赶出了广东省。

在这次重要的战斗中，周恩来取得了辉煌的功绩。他的宣传鼓动工作取得了成效，沿途农民为革命军送粮送酒，军队还未到前线，兵员就增加了一倍。他为农民成立自己的武装，分发武器，传授游击战术，在陈炯明的后方发动起义。

为了政治动机而参加战斗的黄埔军校学生的第一次亮相是

1925年4月,周恩来和梅县商会欢迎东征军的代表合影。

极为成功的,这说明周是那个时代杰出的人物。孙中山夫人回忆道,她第一次见到周时,他给她的印象是"一位年轻的,但很有头脑和才干的领导者,在革命活动中立场坚定、目标明确"。

蒋介石不得不提拔他的具有共产党员身份的下级。周被委派负责军法处并兼管国民革命军第一军政治部的工作。

1925年3月孙中山逝世后,国民政府中的左翼和右翼之间的摩擦加剧了,右翼反共分子更加有恃无恐。

5月份,周恩来对一个来访的共产党同志说他对黄埔军校的未来是乐观的,他甚至在孙逝世后推荐蒋介石,使他的地位得以提高,以便迅速地发展黄埔的学生。不管怎么说,蒋介石开始时比较平等地对待共产党,并且明显地采取了支持共产党的立场,鲍罗廷同样也持有这样乐观的看法。

到了夏季,一些军阀开始在广东制造麻烦。在香港的英国人为这些军阀提供了资金。周恩来受命带领他的人马回到省府，在那里他赢得了农民和工人的支持，拯救了革命政府。

可是，游行的人群遭到了枪击，导致了一场持续一年多的罢工。周恩来用声讨帝国主义罪行的宣传来鼓动罢工者。这个时候，他整天为这个跟他联系在一起的党而奔波，穿梭于各个办公室之间，为了方便起见，他分别在广州和汕头包了两个房间。

此时，周恩来正式掌握了黄埔军校的政治部，在苏联顾问的协助下，政治训导被置于优先地位，这样周就能影响那些倾向于马克思主义的学员。在军校的领导层里，他的共产党同事有叶剑英。他曾经不顾很多朋友的劝说，在周的说服下加入了共产党，成了周最亲密的朋友①。

1925年7月1日，周恩来在黄埔军校第三期开学典礼上的讲演词。

在广东与国民党一起工作的中共领导人中还有一位是毛泽东。写周恩来的一个中国传记作家认为，从这时起周与毛便开始了他们之间的友谊，他们俩在同一个农民教育讲习所里讲过课，这个讲习所是国民党创建的。可是，他们在广东真正的合作事例却无人知晓。凭想象认为，他们由于在这儿偶然的接触而开始互相敬慕是不可能的，因为两人的思想迥然不同。例如，一方面，在军事方面毛泽东倾向于农民式的游击战争，后来的历史证明这样做是对的；另一方面，周恩来坚持中国一个有名的历史学家所说的："全力以赴使中国共产党的军队正规化、专业化，并使中国共产党军官形成一个专家团体。"毛泽东认为，这些目标是资产阶级的，并对此不感兴趣。

①叶剑英在黄埔军校时曾要求加入共产党，当时党组织因不在国民党高级将领中发展党员，而未接受。后来，1927年7月，经周恩来同意，叶剑英参加了共产党。

在共产党中另外一个争执的问题是如何对待农民的问题。蒋介石和他的大地主朋友违背了孙中山的第三条原则,正对农民进行压迫。一些马克思主义者认为农民应该接受资产阶级的领导,另一些人则坚信农民无足轻重,应该把注意力放在城市工人身上,像欧洲所进行的革命那样。毛泽东则写了《中国社会各阶级的分析》[①]一文,以反对这两种观点。他在文章里写道,农民本身就是一个革命阶级。周恩来看来未参与这样的争论,可能是为了保持共产党与国民党的团结。

周深得蒋的信任,所以在广东的同志就利用他作为向蒋进谏的渠道。可是他在国民党中的主要盟友、具有自由思想的廖仲恺却于1925年8月20日被暗杀了。

这时候,那个意志坚定的"小造反者"邓颖超闯进了周的生活,这是他们自4年多前周赴法分别以来的第一次相见。她作为国民党代表大会的代表从天津南下来此,邓在这次政治生活的分离中比周显得更出色。但是,他们的个人生活却不会出现分离。没几天工夫,他们便悄然无声地结婚了。当时,周27岁,邓21岁。对他们来说,难能可贵的是,在那个婚姻由父母包办的年代里,他们彼此做出了自己的选择——自愿的、充满热情的、不受他人支配的选择。他们抛弃了正规的礼仪,只是当着许多朋友的面,宣布了他们的"八互",即"互爱、互敬、互助、互勉、互商、互谅、互信、互识"。事实证明,他们是相互恪守了诺言的。他们的婚姻被证明是中国夫妻生活中最成功、最忠诚、最持久、最具有说服力的婚姻,是两个具有类似背景和思想的共产主义革命者之间的生命结合。

① 此文写于1926年3月。

1925年8月,周恩来和邓颖超在广州结婚时的合影。

第二部 | 奋斗

邓的父亲是广西人，而她自己则是在1903年或1904年在河南出生的。同周一样，她被中国一个传记作者描述成来自一个"破落的书香之家"。她父亲死于突发病。同周一样，没有了父亲，成年之后只有靠自己。邓是独生女，她母亲对她要求严格，立志把她培养成人。邓的母亲是一个受过良好教育的女性，她在一些显赫的家庭里做家庭教师，很有可能她也影响到后来的周。她们母女俩移居天津的法租界，在那里邓的母亲仍然当家庭教师，以此挣来的钱使女儿获得良好的教育。

1915年，邓颖超考入了天津第一女子师范学校。在班上，她的成绩常常中等偏上。她聪颖，但并非出类拔萃；她活跃，善于雄辩又具有直率开朗的性格。据说，这是中国中原人的特点。

她在12岁芳龄时，便参加了反对日本对中国侵略的学生爱国运动。她后来说："在两年内，我便完成了学校规定的整整8年的功课，可是由于过度疲劳，我患了肺结核。最使我感兴趣的是地理、历史、音乐、物理和汉语，我不喜欢针线活。"

在离校的前一年，她积极参加了1919年的"五四"运动。邓回忆道："我们分别组织男学生和女学生，因为让他们一块儿行动是困难的。我们是'女子爱国协会'，并与男同学进行合作，周恩来就是其中的一个。"可是后来在生活中邓承认，她们所做的一些行为是有些过激的。"在这种兴奋、刺激的环境下学习是不可能的。抗日的热情这么高涨，以至于我们把一个日语教师给赶走了，并撕毁了他的教科书。我现在认为这种做法是不正确的，因为为了反抗日本，我们必须学习日语。"

1919年秋，觉悟社成立了。这里正是两个未

在第一女师上学的邓颖超

来的情人初次相遇的地方。"周恩来是一个英俊的年轻人，"一位中国作家写道，"那时邓是一个引人注目的姑娘，她积极参加了所有的宣传和游行活动。在频繁的接触中，他们逐渐产生了爱慕之情。"

同年10月，在天津，这对情人再次站到了斗争的第一线。邓承认，他们利用书中所学到的一切来引起革命。"我们鼓动人民拯救祖国，推翻那些卖国贼。当我们演讲时，经常泣不成声，听者也为之感动。"邓带领一个演讲团，到处散发激进的学生报纸，包括周编辑的那份报纸。1920年夏，邓来到北京的一所私人学校任教。由于她母亲失去了工作，所以她必须赡养母亲而无法出国。

据说，是邓先爱上周恩来的。一个后来跟他们很熟悉的德国人安娜认为，邓相貌一般，所以周"很明显看中的是她内在的东西而并非其外表"——不过那是在长征之后的事了，长征使她变老了许多。

邓颖超后来回忆说："一方面我憎恨旧的婚姻形式，另一方面我也不赞同所谓的自由恋爱思想。"她觉得年轻人对这些事情不太了解，所以形成一种成功的现代婚姻是不容易的。"我没有爱上任何人，周恩来和我当时只是好朋友，那时我只有17岁。"

她的教师工作很辛劳，她希望在收入较高的银行谋一个职，为此便在晚上学习会计知识。正像3年前在天津上学一样，由于疲劳过度，她的身体再一次垮了下来。这样她不得不放弃学习，更谈不上在银行谋职了。在北京住了两年半之后，她又回到天津，在一所小学里任教。

到1923年[①]，她已经接受了共产主义思想，和周恩来一起成了天津学生领袖的核心人物。这些领袖定期聚会，讨论俄国

① 应为1920年。——译者注。

第二部 | 奋斗

革命，并受到北京的共产主义理论家李大钊的巨大影响。中国的年轻妇女处于社会的最底层，所以西方的政治理想对她们可能有着特殊的意义。这种大胆而又新颖的自由、平等思想可能对邓比对周更有意义。

邓同周一样，对国民党和共产党都感兴趣，并于1924年加入了国民党。她见过周所尊敬的同志蔡和森。1924年她又参加了共青团，几个月后转为共产党员，被任命为妇女部部长。1925年，国民党选代表参加在广东举行的第一次党代会①，她被选为天津的代表，正是这个机会，使她能与她所爱慕的人结合在一起。

后来，她常常对她的朋友们说，当周恩来在巴黎时，他们是通过书信来往而恋爱的。另一位作家写道，他们借鸿雁传书使爱情从1922年便建立起来了。这样，才有了他们在广东的相聚。

一位西方记者是这样描绘邓的，"她有着敏锐的政治头脑，在表达其思想时又不受感情所左右；她有礼貌、和蔼可亲；而周恩来从根本上讲是一个坦率的人，心里想什么就说什么。他的夫人在处理人际关系方面的长处，可以在这方面给他一些弥补"。

周恩来亲切地称邓为"小超"，这就成了她后来的别名。邓是周工作中的好助手，家庭中的好妻子。黄埔军校的学生和党的领导人常常到他们家里来探望，来客都无拘无

①原文如此。邓出席了1926年1月在广州召开的国民党第二次全国代表大会，并当选为中央执行委员。——译者注。

1926年周恩来任广东各属行政委员时和邓颖超在汕头合影

束。邓从不让她的客人知道她很忙或很累,她会使他们有宾至如归之感。然而,客人从用人那儿得知邓颖超总是亲自挑选购置家具,并特意指教厨师做菜。他们赞叹她不辞辛苦,既忙于政治,又忙于家务。一位传记作家这样写道:"结婚以后,他们是由邓来掌权当家。"

有人会说她没有摆脱小资产阶级习惯,无论如何,虽说他们出身于旧中国的小资产阶级家庭,但他们已经背叛了那个阶级的习气、价值观及生活方式。

7 占领上海
（1925~1927）

周恩来传
A BIOGRAPHY OF ZHOU EN-LAI

1925年,周恩来结婚期间留影

如果说周和他的新娘曾经度过蜜月的话,这个蜜月也是十分短暂的。结婚没几周,他就重返前线,参加了1925年10月开始的反对军阀陈炯明的第二次东征,并发挥着重要作用。

黄埔军校学员是第一军的主要成员,周是政治领导人。跟从前一样,在他的指导下,开展了声势浩大的政治宣传运动,吸引周围的农民参加革命。部队纪律严明,不许拉夫,不强占私房。由于周的影响,据说,该部5个师中有4个师的政治工作是由共产党掌握的。

周被提升为特派员[①]负责东江地区汕头一带的工作。汕头是这次战役中要占领的关键城市之一。有一位中国传记作家评论道:"27岁的周身穿漂亮的国民革命军服,系一条时髦的萨姆布朗武装带。他是蒋介石武装部队的政治领袖,也是国民党最大占领区的主要负责人。"东征中,周以共产党员为核心,组织了一个独立团。

①指东江各属行政委员。

1925年10月14日,国民革命军在第二次东征中攻克惠州城。

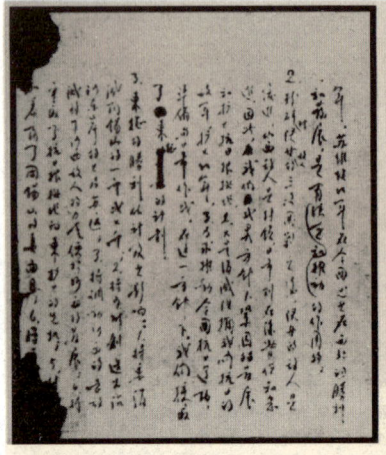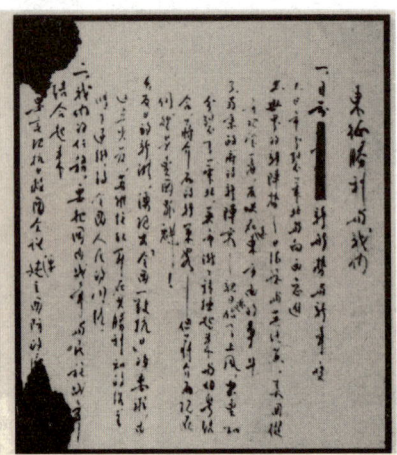

周恩来撰写的《东征胜利与我们》

他还第一次自诩,这是一支归属自己领导的精锐部队。在广东和汕头他下榻的旅馆里,门卫们都尊敬他,就连他的共产党同志们也对他敬佩不已。人们抱怨说,周在汕头的新工作把他"忙坏了,没空到广东去",而那里却需要他去解决同国民党右翼分子的争端问题。

这些右翼分子逮捕了周的秘书,因为他给共产党总部送了一封密信,报告了共产党在部队里作用的扩大。于是,他们急忙绑架了这个不幸的人,把他押送到蒋介石那里发落。

周急奔出事地点,耐心地解释了一小时,为其秘书的忠心作保。共产党可能表现得过于热切,但是这仅仅是为了革命的成功。当各地方部队发生反叛时,必须避免革命阵营内发生分裂,难道这不是必须优先考虑的事吗?蒋介石完全打消了顾虑,同意周保释他的秘书。但是,必须把他调到别的师去。后来,在向自己的部下发表讲话时,蒋命令左右两派敌对势力全体起立,互致敬礼。

周通过一次巧妙的演说,击败了自己的批评者。"我本人是共产党员,"他说,"但是,没接受过党的一分钱报酬,我现

第 二 部　奋 斗

在还在共产党内。共产党没有开除我嘛。"一场紧张局势就这样被他的笑语平息了。后来，周告诉共产国际的代表，如果国民党右翼坚持作为独立的右派联盟活动，他将以撤回苏联援助来相挟。

1926年年初，国民党代表大会召开，左派势力获胜。周的新娘邓颖超也是大会代表，并是中央委员。她同孙中山夫人在一起工作。

共产党领导对于自己在这次大会上应采取什么策略是有争议的。有报道说，周坚持共产党应保持自己的独立性。毛也出席了这次会议，并撰写了大量文章，抨击国民党右派分子。他和周不得不对国民党激进派中是否还保留着足够的左派力量值得合作做出明确的判断。

当蒋介石在所谓的"中山舰事件"中突然把枪口掉向左派力量时，所有这些疑团都解开了。共和国海军的实际统帅①——他的上司（一位苏联人）正巧休假——3月份收到了一封伪造令，命令他乘自己的中山舰驶向黄埔港。当蒋发现这一未经许可的行动时，便怀疑是反叛，于是撤了这位司令官和许多人的职，解除了苏联顾问和共产党政委们的职务，宣布了戒严令。周后来回忆说："他也禁闭了我一天。"

蒋的日益狂妄和法西斯苗头，震惊了共产党人。但是，更让人担忧的是自己人的无能。周后来承认："我对3月20日的事件很清楚。"他和毛泽

①指共产党员李之龙。

中山舰

东当时都在广州，他们都主张对蒋介石进行反击，但是陈独秀主持的中央和共产国际代表没有接受他们的意见。

蒋很好地展示了自己的实力，达到了目的。现在，他又向苏联顾问们道歉，并开始释放包括周在内的共产党员。由于蒋采用后来被周说成"背信弃义、冷酷无情的强盗方法"，右翼分子开始掌权了。

在蒋的办公室里，周和苏联顾问们同他展开了激烈的斗争，要求蒋对此事做出解释。尽管如此，蒋还是顽固不化，毫无悔改之意。他又指出，所有共产党员都必须从国民党队伍中被驱逐出去。4月11日，他解除了周第一军政治部主任的职务。接着，又解除了周的汕头特派员一职。

4月29日，鲍罗廷召集共产党负责人开会，讨论善后事宜。据说，会上在找不到一位合适的中国替罪羊的情况下，鲍罗廷应当承担罪责。他在中国的工作应被停止——这也意味着中止所有苏联援助。然而，周承担了这一过失，从而减少了整个共产主义事业的损失。正是用这种办法，知情人才用一种英雄主义的眼光来看待他。

下一步怎么办？共产党员们各抒己见。受一位共产国际代表支持的在上海的中共中央已准备同蒋握手言和，并且准备以蒋为掩护，继续进行革命斗争。然而，受鲍罗廷本人支持的激进的广东共产党员则对蒋的行为深恶痛绝，要求独自采取行动。

1926年3月18日，海军局值日官记下的蒋介石调中山舰开赴黄埔的电话记录。

第二部 | 奋斗

"中山舰事件"是蒋介石和其共产主义盟友的第一次公开决裂。但是，期待已久的北伐战争的准备工作仍在进行。中国革命中的两派力量都希望北伐胜利。因为，不击败势力强大的北方军阀，不论是左派还是右派统治南方共和政府，都是不可靠的。基于这个原因，周仍力图吸取"中山舰事件"的教训，共产党必须不惜一切代价，进行北伐战争。

与此同时，在1926年春毛接管农民运动讲习所后，周仍继续在这里讲授军事课程，包括《军事行动与农民运动》。

如果说共产党需要蒋介石把自己推向北方的话，那么，为了北伐的胜利，蒋也需要苏联的军事援助。所以，两党仍很不情愿地站在了一起。蒋同意周在黄埔军校恢复被清除的共产党人的职务。他的"宽宏大量"无疑是受到了周拼命撮合国共两党联合的感染。他不仅同意周给那些受过清洗的共产党分子以正规的训练，而且同意他给共产党和国民党同样的平等机会，均可提名为北伐军政委。对此，周深感满意。不过，投票时却出现了僵局，直到周把自己的一票投给了一位左派国民党军官时，僵局才被打破。正是这位军官，在他当选后准许周推荐参谋人员。于是，共产党又一次占了上风。

对周来说，这是一个令人沮丧的时期。他迫不得已地终日同那些对他失去敬意的两派人士打交道。有一位同志后来回忆，这是一种环境，它"第一次考验了周的忍耐力，也显示出了他应付局势的才能。他对所发生的一切从不解释或回答。根据我们的决定，他在黄埔若无其事地履行着教学职责，并对蒋介石更加尊敬"。

1926年7月，矛盾重重的中国人联盟加上他们的苏联顾问们发动了北伐战争，以使上海和北京也加入共和政府。周是第一军团的政治负责人[①]，在沿海一带开展活动，武装工人和

①周这时已没有国民革命军的职务。

农民，支援革命军。

这时，周的家里出了一点事。正是在这个时候，周的夫人在广东怀孕流产。这是他们的第一个孩子，是个女孩。这也是他俩最后一次有孩子的机会。由于革命的需要，在他们结合的时候，他们的命运便同中国革命紧密联系在一起了。他们的孩子是中国的下一代——包括他们收养的几个孩子。这一代人的自由与尊严将因他们的牺牲而得到显著扩大和提高。

1926年年末，共产国际代表发表了《中国问题之研究》，要求中国共产党留在国民党内，支持国民党左派的反右斗争。周响应莫斯科的号召，让同志们加入蒋介石的部队，壮大蒋的力量，在蒋的部队里英勇作战。

从某种意义上讲，现在是中国共产党领导上海的时候了。上海是全中国最大的工人集中地，而此时又处于北伐的共和部队的必经之地。10月份那里发动过一次不成熟的无产阶级起义，结果失败了。不久，他们又为占领上海做准备，制定了工会领导人政治条例，并偷运武器。

1927年2月底，上海工人举行第二次起义，30多万工人参加了大罢工。北洋军阀派出杀手，残杀人民。他们曾真诚地指望蒋介石命令他的北伐部队按时行动，保护上海工人免遭军阀镇压，但他们却大失所望。总之，工人们没受过武装夺取城市的充分训练，结果起义失败了。

周焦虑万分，为了准备第三次起义，他着手加强他的政治领导。他并没受过正规的军事训练，对工人阶级也不太了解，而且既无起义指南，又无苏联顾问的指点。这些武装起义完全是他自己智慧的结晶。周仍然低估了蒋的对抗性。在他的头脑中，他大概以为起义失败是运气不佳，或同蒋关系疏远所致。然而，他没有在自责上浪费时间，而是忙于第三次也是最后一次上海起义。在法租界的一所学校里,他重新训练工人,负责秘密准备袭击政府军和抢占更多的武器。

有人认为,在安德烈·马尔罗的小说《人的命运》中,那位名叫京吉索(Kyo Gisors)的主人公的原型就是周。这是一本关于上海革命的最著名的西方小说。不过,书里的京是位有一半日本血统的人,死在狱中。此外,两人还有许多不同之处。该书可能描述了这些事件的一些背景,但周后来对该书的评论是"事情并非如此"。

这一次,周的指挥部设在上海商务印书馆内。300名狙击手组成了"铁军",接受毛瑟枪的使用训练。这些枪支都是偷运到上海的。武汉的国民党左派政府,每月拨给经费3万元,由周和他在上海的共产党部属顾顺章共同分配。顾是一位受过苏联教育的机械师、魔术师及秘密社团的人物,他因能赤手空拳同敌手搏斗而不留下蛛丝马迹而知名(后来他成了周的一大包袱)。3月21日,他们采取行动,举行总罢工,关闭了上海

上海工人第三次武装起义时的指挥部——上海总工会

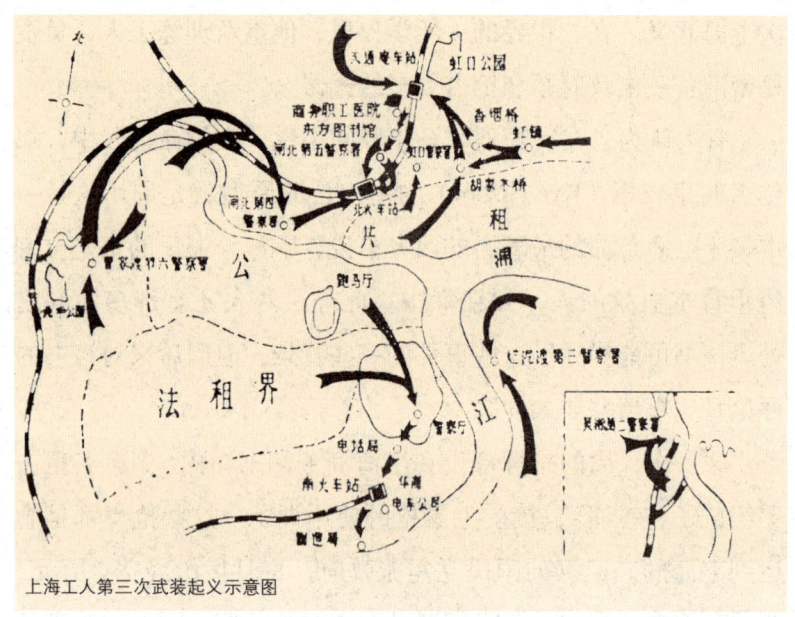

上海工人第三次武装起义示意图

的工厂。5000名武装工人第一次攻占了警察署。随后,又占领了上海警备区兵营。

周率领200人夺取了邮局、警察总部、军火库及火车站。一位外国记者在他的电讯中说,巷子外边和闸北那"令人讨厌"的旅馆外,周的5000名衣衫褴褛的武装工人汇成了一股人流,庆祝胜利。军阀的士兵纷纷败退,周宣布"平民政府成立"。周评论说:"两天内,除租界外,我们占领了所有地方。"

周焦急地等待蒋介石的部队给予增援,以巩固这一胜利果实。此间,工会控制上海达3周,红旗在城市上空高高飘扬。但是,没有国民党部队的援助,上海再度沦陷不过是轻而易举的事。

这时,共产党采取了一种政治行动,不断向蒋介石施加压力。汪精卫与陈独秀在国共两党联合宣言中重申了他们的联合,否认了两种自相矛盾的谣言。一是说共产党准备成立工人政府,打败国民党;一是说国民党准备向共产党宣战,镇压工会。

30 年后,他对 1927 年的上海起义做了如下评述:

"我负责领导武装起义,但是缺乏经验,对政治动力也理解不足。我是一位出自封建家庭的知识分子,同工农群众的联系很少,因为我没参加过生产劳动。我的革命生涯是在国外开始的。革命知识有限,仅仅是些书本知识。"

为了证实到底谁有经验、谁有力量,3 月 21 日,蒋介石把自己那装备有机枪武器的部队开至上海附近。4 月 12 日,部队呈扇形穿过工人住地。共产党纠察队员们遭到了袭击。国民党与秘密社团已订过协约。这些社团是一些流氓团伙,他们在很多方面真正控制着上海。这时,他们兴高采烈地攻击工会领袖。中午时分,工人武装仓促应战,并受到机枪火力的追击。蒋想一举全歼对他有威胁的共产党。于是,开始了血腥镇压。5000 名共产党员惨遭杀害。一位目击者说:"头颅滚动,犹如成熟的李子,充满沟渠。疲惫不堪的刽子手们挥动着大刀,拉布风扇的人在一旁一下一下地为他们扇风。"

蒋悬赏两万大洋捉拿或杀死周恩来。在这次袭击时,周正在商务印书馆的大楼里。国民党搜查的前几分钟,他溜掉了。共产党领导人一个接一个地被捕、遇难。有的在严刑拷打后,出卖了自己的同志。后来,陈独秀批评周没能说服工人解除武装,结果才使蒋的部队找到了残杀他们的借口。然而,周回答说,共产党不是要过早地放下武装,而是应该加强军事力量。这样,作为一个政党,他们才能确保自己的独立。

在共产党夺取最后胜利的平静的 20 世纪 50 年代,周对上海惨案做了这样的解释:

敢把皇帝拉下马

天不怕,
地不怕,
那管在铁链子下面滴血花。
拼着一个死,
敢把皇帝拉下马。
杀人不过头落地,
砍掉脑袋只有碗大个疤。
老虎凳,绞刑架,
我佴(们)咬紧钢牙。
阴沟里石头要翻身,
革命的种子发了芽。
拆下骨,
当武器,
不胜利,
不放下。

一九二七年
上海工人起义时的民歌

上海工人第三次武装起义时民歌

1927年4月,蒋介石发动"四一二"反革命政变,下令查封各种革命团队,大肆捕杀共产党人和革命者。

"我们的领导人缺乏经验。我们既不知道如何利用我们的胜利成果,也不懂退却的策略。上海工人和邻近乡村的农民们都有准备,可是,我们却没有准备好联盟组织。结果,蒋才能打垮我们。"

国民党来后,上海一片白色恐怖。对待共产党人,他们毫不留情,不问青红皂白,立即处决。同情共产党的嫌疑工人也格杀勿论。许多人被扔进了火车炉里。然而,共产党领袖们还在举棋不定。这个时候想逃跑是不可能的。当周被扣留时,他的运气不错。据说,黄埔军校一位可敬的军人——周救过他的一位兄弟的命——想报答周。当周被扣时,他佯装不认识。另有一种传说,这位师长的兄弟曾是周在黄埔时的学生,是他帮助周逃跑的。第三种说法是,周被判死刑后,"某人为周良好的品行作保",把他保释了。还有第四种说法,说周被捕后和其他人一起关押在市政府内,最后成功地越狱。当然,这些传说不可能都是真的。

不管怎么说，周逃脱了，离开了上海。据说，他"刮去浓密的眉毛，蓄着胡子，灰黄色的脸上贴着纱布"。他大胆地申请国民党通行证。他仍然是悬赏捉拿的对象，而且这时的悬赏金额增至 8 万元。在火车站，周躲开了那些张贴印有他照片的通缉布告的国民党警察，化装后的他乘车逃离了上海，加入武汉的共产党领导层中。

有趣的是周住在武汉一位老朋友家里，此人是国民党军官。然而，"蜜月"已逝，不仅国共两党之间的亲密合作宣告结束，国民党内部左右两派之间的友好关系也终结了。蒋介石在上海的暴行，使他的自由主义派分子难以容忍。当汪精卫在武汉领导着势单力薄的左派时，蒋则以南京为基地，留在那里统率着装备精良的右翼部队。最终，争夺中国的这场战争是在国民党左派与国民党右派这一复杂范围内左右摇摆。与此同时，中间是处境艰难的共产党和自由派民族主义政党，他们自称要联合起来，结果却渐渐分开了。

现在，周放弃了他的国民党员身份，一心致力于共产主义事业。战争中他曾表现得英勇无畏，如果说他对蒋的计划曾经有些天真的话，那么现在他在党内已经是一个经过风浪的无畏的战士了。

8 南昌起义
(1927)

周恩来参观南昌起义纪念馆时留影

上海既是资产阶级的乐园，又是工人运动和共产党的摇篮。然而，它却几乎轻而易举地被拉进了反动阵营的势力圈内。蒋介石何以能在中国的无产阶级中心赢得这场胜利呢？1927年，共产党领导人在武汉举行会议，分析了失败的原因。

最高领导人陈独秀主张，党应倾全力于政治工作，并认为国民党部队处于优势地位。另一些人则倾向于向蒋的军事挑战应战。浪漫诗人瞿秋白、敏感的农民毛泽东及其他人都提出了对未来的设想。周的态度如何呢？

中共五大开幕地点——武昌高等师范第一附属小学

在第五次党代会上，周首次提出了党内斗争的策略，他也因此而广为人知。他与瞿和毛对陈的批评观点是一致的，并被推举为政治局候补委员和秘书长。极不寻常的是他却把这一职务交给了他在巴黎时的朋友蔡和森，自己则集中全力于党的军事政策。这一举动本身就是对陈独秀的领导表示不赞成。

1927年4月中旬，周恩来同赵世炎、李立三等联合署名致信中共中央，建议"迅速出师讨伐蒋介石"。这是周恩来的手稿。

①周恩来没有参加中共五大，当时他在上海。在五大上他当选为中央委员。1927年5月他到武汉后，任中央政治局常委。

周并不拒绝政治局的职务，在以后的49年里他始终在这一最高决策机构工作。据说，直至他去世，他的同事中没有一人能够与他相匹敌。半个世纪以来，周一直是共产党的内阁成员，并逐渐树立了一种道德权威，这是除毛以外的任何人都无法动摇的①。

这时，周宣称，共产党应该不惜一切代价，采取果断行动，向蒋施加压力，以战斗代替退却，争取国民党左派。但是，并非所有人都赞成他的观点。长沙事件（马日事变）后不几天，一位左翼国民党军队指挥官就下令杀害了100多名共产党人。两党之间脆弱的联合失去了平衡。

当中国共产党内部还在争论不休的时候，斯大林和印度籍共产国际代表罗易加速了两党的最终决裂。6月1日，斯大林拍来一份电报，让中国共产党通过实行土地改革和武装共产党员、工人及农民而坚持攻势。由于到现在还弄不清楚的原因，罗易竟出格地向汪精卫透露了这份电报的内容。结果，受惊的左派国民党迅速同共产党决裂。

懊悔莫及的共产党人不知所措。没有国民党左派的庇护，他们就失去了军事实力，无论在哪儿采取任何政治行动，都很容易受到蒋介石之流的挫伤。共产党必须尊重共产国际的苏联顾问鲍罗廷的建议——共产党应当自愿地向左派国民党政府投降，以此重新获得从前的盟友。

由于同国民党关系的恶化，7月陈独秀被解除了职务，铁腕人物鲍罗廷任命了一个5人临时小组，负责党的工作。这个小组的成员包括周和他的老伙伴李立三、张国焘。张国焘的经

| 第二部 | 奋斗

中共五大中央政治局成员。上排左起：陈独秀、蔡和森、李维汉、瞿秋白；下排左起：张国焘、谭平山、李立三、周恩来。

历在以后的10年里同周息息相关。他出身于一个客家地主家庭，是中国共产党的缔造者之一，在党内有一定的势力。许多共产党人小心翼翼地来到长江以南的安全地方，特别是江西省会南昌。这里是国民党的薄弱环节。盛夏时节，当左派国民党开始逮捕共产党时，周恩来和张国焘等人留在武汉总部，主持工作。有一位同志对当时周的工作作风做了如下的生动描述：

"周恩来孜孜不倦地工作，不夸夸其谈。他夜以继日地冷静处理大量复杂事务，承担着大量的工作和责任，对种种非难漠然视之。他负责处理大部分与疏散同志有关的工作。这个时期也标志着他受到全体同志爱戴和尊敬的开始，以及其地位的上升。在一些圈子里，人们称他为'铁人'。"

鲍罗廷打算返回苏联，但是他的继任者还未到达武汉。在这一交接时期，中央和南方各地的共产党纷纷主张武装起义。一切都取决于武汉政治局的明确指导了。然而，左派国民党这时正在追踪周。最后，他在武汉英租界鲁茨主教那里找到了避难所。国民党警察是不能进入这里的。周后来承认，这位主教救了他的命。

通过在国民党内部进行政治宣传和直接从农村征兵，共产党现在可以获得1万名军人的忠诚了，尽管这些人缺乏训练，武器低劣。共产党自成立以来，短短7年间，人数已增至5万多人，而且每个共产党员的身上都燃烧着革命的烈火。南昌是红军最大的聚集地。李立三从那里来信，力主举行武装暴动①，联合江西和附近各省的工人农民。

周欣然接受了老朋友的建议，不过他把目标扩大了，包括在广东省仍然是共和运动的精神中枢的东江地区建立新的革命政府。两年前，周随同国民党东征军曾到过那里，对那儿的情况非常熟悉。那里的国民党部队不多，农民运动也开展得有声有色，而且苏联的援助通过广东省边缘的汕头港可以很方便地运到。他相信，苏联的援助将是战斗中一个生死攸关的因素，他还说服了共产国际保证使这些援助兑现。

7月26日，周动身前往南昌②去组织前敌委员会。关于这次起义计划，他连自己的妻子都没告诉。在他动身前夕，张国焘还向他简要叙述了新任共产国际代表的谨慎从事的观点。周只好解释了其他苏联顾问的态度，指出他们的南昌起义计划一点也不过激。

"你看着办吧。"张国焘说，并补充道，"小心即大勇。"

"到那儿后，我见机行事。"周保证道。但是，他似乎主意已定。1927年盛夏，乘船前往南昌的那些紧张日子是决定周恩来发展的命运关头。他的行动敏捷果断。当他发现李立三领导下的一群共产党领导人仍在为起义的目的而争论不休时，他立即打破了他们在是否没收大地主土地问题上的僵局，赞成没收土地。这就是埃德加·斯诺把他称为"暴动者"的时期。他

①南昌举行武装暴动，是7月中旬举行的中共临时中央常委会决定的。

②周7月27日到达南昌。

的意见和外表也颇为威严庄重。

几天后，他身着灰制服，手提黑皮包，抵达南昌。他隐姓埋名住在江西大旅社。在这里，他和朱德在柏林达成的谅解得到了报偿。朱加入了共产党，但他并未放弃国民党身份，也没向他的国民党上司暴露自己的新身份。此时，他是公安首领，左派国民党部队的代理指挥官，统辖南昌。他受命来帮助自己的同志。周立

南昌起义时江西大旅社内周恩来的办公室

即同他取得了联系，商议起义之事。附近还有叶挺和贺龙的部队。他们是两位对共产党友好的国民党将领。另外还有张发奎将军率领的以"铁军"闻名的第四军。这支部队里的许多军官都在黄埔受过周的教育，同情共产党。

眼下的困难是如何对付张将军本人。他既不参与国民党将领们的反共活动，也不偏向共产党。当这种势头上升时，周要求坚决举行起义，不惜冒着同张发奎将军发生冲突之危险。此刻，共产国际顾问们则让共产党同张将军加强合作，保护兵力；在进入国民党的这块根据地后，如果必要，再同他决裂。

但是，这将意味着要花去更多的时间，而据周估计，怂恿张将军脱离自己的部队大概是不可能的。

周同一群激动的年轻的共产党领导在南昌江西大旅社集会，决定不再等待。以周为首的中国共产党领导人这一次未等莫斯科同意，就自己做出了一项重大决定。

周与同志们一起确定下这个战斗方案后，接着就到第 20 军

军部拜访贺龙，向他表明整个行动计划。这一冒险行动是件好事情。贺将军——这位富有同情心的爱国人士——立即响应了周的号召。他同意照周说的干。周当即任命他为起义总指挥，起义时间定在7月31日夜。

一切准备就绪。然而，那天深夜，贺龙却打电话告诉周，一位下级军官已向武汉的国民党司令部泄露了起义计划，敌人正在派遣部队，准备镇压这个地区的共产党。周当机立断，下令起义时间提前几小时。

然而，另一个方面又出了麻烦。周的同事张国焘从武汉抵达南昌，带来了一份共产国际代表不切实际的电报，干涉行动计划，要求推迟起义。想当初，中国共产党人对这类玩意儿是畏惧三分的。

周采取纳尔逊①式的办法，打算违背这个命令。他坚持说："我们必须采取立即行动，起义决不能推迟。不要管它。"张国焘还是倾向于等把张发奎将军争取过来后再行动。但是，其他人则热切地要求起义。周对为什么要执行这个行动尽量做出了解释。他的理由是：有些部队已开始行动，如果撤回命令，就是对他们的欺骗，假如张将军开除他们，他部队里的共产党军官将采取必要行动。

"这与共产党领导派我到这儿来的目的不相符，"他说，对推迟计划十分生气，"我只好辞职……如果我们现在不行动的话。"张国焘把这一威胁视为"这次激烈会议的顶峰"。这些冒险者大多数都希望干到底。周像个任性的学生，已订好的请客计划突然受到了大人的破坏。

由于蒋在上海的背叛和罗易的愚蠢，周受到了深深的伤害。他似乎从离开武汉的时刻起就对这次军事行动拿定了主意，而且绞尽脑汁地考虑如何说服和劝导自己的同志来实施这

---

① 纳尔逊是曾在海上打败拿破仑舰队的英国名将，他以自主作战著称。

一决定。从这一点上来说，他应当是这次行动的设计师。张国焘是当时的参与者，他就这一激动人心的事件写下了详尽的回忆，赞扬了周处理事情的能力。不过，后来他受到了批判。他写道：

"周有管理政治事务的能力，但是，他没想这么做。他很少谈论政治，极少召开委员会议，会上也从不讨论大政方针。"

南昌起义总指挥部旧址——江西大旅社

"周的注意力集中在军事上，也许他认为军事胜利才是首要的，因为，它可以使起义部队在广东的东江地区扎下根来……包括李立三在内的多数共产党要人的看法都一样，他们强调起义的必要性，把所有怀疑和反对起义的人都视为不可靠的人或动摇分子。这种无视一切就是冒险主义的根源。"

然而，张国焘并没当即解决这一问题，而是拖到了第二天。翌日一早他就回到了前敌委员会，经过几小时的辩论，他向"冒险主义分子"们做了让步。他们决定当天深夜两点发起进攻。然而，天还未黑，他们又一次被迫行动。据悉，张发奎将军正向共产党逼来。听到这个消息，所有的人都大吃一惊。于是，8月1日凌晨1点，发出了决定命运的起义信号。

在松坡路一座教堂附近，一所满目弹痕的学校礼堂里，周正指挥作战。身旁是他的战友，他们都是留学欧洲的学生：陈毅、刘伯承、聂荣臻[①]，还有军事英雄朱德、贺龙、叶挺。有一幅著名的油画，描述的是他们正聚集在司令部门口。画上的周站在其他领导人之中，显然他是在向他们下达最后的命令。

①陈毅、聂荣臻当时不在，是起义军南下时赶到的。

《八一起义》油画

毫无疑问，20世纪50年代的官方画家们认为周是南昌起义的负责人。

城里的战斗进行得很有限。黎明前，城市又恢复了昔日的宁静。这时，周仍主张继续敞开大门，欢迎国民党联合。他的士兵仍佩戴着国民党徽章。当命令革命委员会掌管这座城市时，市里仍悬挂着国民党党旗（尽管被任命的国民党高级军官并未出席）。

刘宁，一位被任命为起义的宣传负责人，受命起草一份宣言，声明南昌的国民党革命委员会是国民党的正宗分支，是孙中山先生的合法继承人。刘对此不服地问："这里的人都是共产党，我们怎能声称是国民党的接班人呢？"

"我们不也是国民党党员吗？"停了一会儿，周解释说。

他十分珍惜从革命中获得的一切合法性的和有继承性的东西。于是，周让刘起草一份社会主义的土改政策，没收土地。

这是周最得势的时候。如果不是为了他的政治信仰，不足30岁的周此时肯定成了显赫的军阀或国民党要人。他的行动已经证明他是可以领导人民，有效地组织军事行动的。他甚至敢同共产国际作对，而这是绝大多数中国人绝对不敢的。如果南昌起义的结局好的话，周在中共高级领导层中的地位可能就得到了保证。

遗憾的是自己人中又出现了叛徒。张国焘回忆道，就在发出起义信号前夕，当他到司令部商讨军事计划时，第10师师长蔡廷锴将军已表现得非常"坐立不安"，指挥部却还让他担任了左翼革命武装的总指挥。

然而，在起义军南下中，蔡却带着自己的第10师站在了敌人一边。周向同志们汇报说：

"蔡假借要向军官们讲话，于是召集起军官，把他们抓了起来，并残杀了……第30团的团长和大约30名共产党员。其他我们的同志中只有一人侥幸逃了出来，安全返回，几十名同志则失踪了。我们在第10师的苦心经营全部毁掉了。这是我的过失，我应承担全部责任。"

张国焘火上浇油，指出："周应当自责才是，因为他没采取预防措施。"不过，据张说，他当时并没有乘机利用周的错误大做文章。他告诉周，这是"一个无法挽回的损失……在这件事上我们太大意了，应当引以为戒。如果这件事被人所知，它将影响我们的士气。我们最好还是保密。在这种关键时刻，不能气馁，不能说你要受到责备，想辞职。不管发生什么事情，你都必须正视它"。周答应尽力而为。

张发奎将军曾给共产党提供过部分物资援助，而现在他则开始反对共产党。迫于军事压力，共产党只好同他分道扬镳走自己的路。周和叶挺径直向南，朝沿海和周早已熟知的汕头地区挺进。他们不仅要同那里的国民党部队作战，而且农民们也不敢向他们提供粮食和水。疾病、开小差、叛变和敌人的进攻，使共产党伤亡惨重。

为什么会出现这些差错呢？周肯定对这次令人沮丧的南下进军进行过反复考虑。其中一个原因，起义太迟了，未能利用3个月前蒋介石在上海残杀共产党人时席卷全国的义愤。起义是在武汉政府结束同共产党的合作后才开始行动，所以，未能充分利用那一联盟。对此，共产国际应当承担一些责任，它的指示是错误的，无用的。共产党不费周折就向农民及自己的部队传达了起义的目的。托洛茨基本人在这一点上对周大加指责。他写道："周在其报告中，表明了党对部队的态度。他对党员们说：'加入这支国民革命军，壮大它的力量，提高它的战斗力，但是，不要采取任何独立行动……'担任政治顾问的我们的同志们则应专心致力于国民党的军事和政治工作。"

不能说周的同志们组成了一支士气高昂的队伍。领导革命委员会的那个人[①]不是一位优秀的政治家，也不受人爱戴。周的精力放在军事上，他坚信没有军事的胜利，政治就是空话。李立三同意这种观点。张国焘失去了同志们的信任。党内的意见分歧远远超出了共同的目标范围。

当然，也有值得高兴的事。从某种意义上说，共产党在南昌变得成熟了，因此8月1日被中共确定为人民军队诞辰日，并受到纪念。作为军队的缔造者，周受到了人们的拥护。也因他终于领导共产党摆脱了在国民党内的寄人篱下的生活走向独立而受到赞扬。8月7日，中央委员会举行会议，周缺席。不过，他还是保住了在政治局的职务。

---

① 指张国焘。

9月24日，周的部队抵达汕头港。时值鲁莽的南昌起义近两月，在这里周接到上海党总部的命令：放弃这座城市，同农民联合，开辟新的农村根据地。事到如今，他还是不让步，坚决要求到前线指挥战斗。但他未能如愿。在国民党陆军与海军向广东开拔之前，周被迫撤退，身体有病，发着高烧。

周命令张国焘和李立三回到共产党总部。他说："你们两位必须立刻离开部队，悄悄回到上海。我留在这儿，见机行事。""你的病好一点了吗？"张问。"你应当第一个离开这里，因为你有病。让我来代替你的工作吧。"

"我的病不要紧。我能够坚持住……我们别争了，咱们最好快点行动。前线局势吃紧，也不知能幸存下多少部队。"周轻声说。

1933年7月11日，中华苏维埃共和国中央政府人民委员会第四十次会议决定，以8月1日为中国工农红军纪念日。从此，"八一"就成为中国人民军队的建军节。这是刊载这一决议的《红色中华》报。

由于部队数量及实力受损，周下令向海陆丰撤退。这里是为数极少的共产党在香港东海岸的前哨。周的兵力此刻只有8周前的一半。国民党封锁了他的突围线。战斗中，他失去了几十筐银圆，这是他的储备。

担架员放下他，在这一关键时刻，只有叶挺、聂荣臻跟着他，半架半拖地带着他沿一条沟前进。他勉强答应乘船到香港接受治疗。

周乘一条租船来到了香港。据说，他身无分文，高烧得不省人事。西方人所管辖的城市又一次为他提供了避难所，使他免遭同胞的残害。在与朋友联系期间，有好几天他都是在路旁的小饭店里，吃着和黄包车夫一样的东西。中共广东省委召开紧急会议，一致认为周应当在香港停留，把病治好。

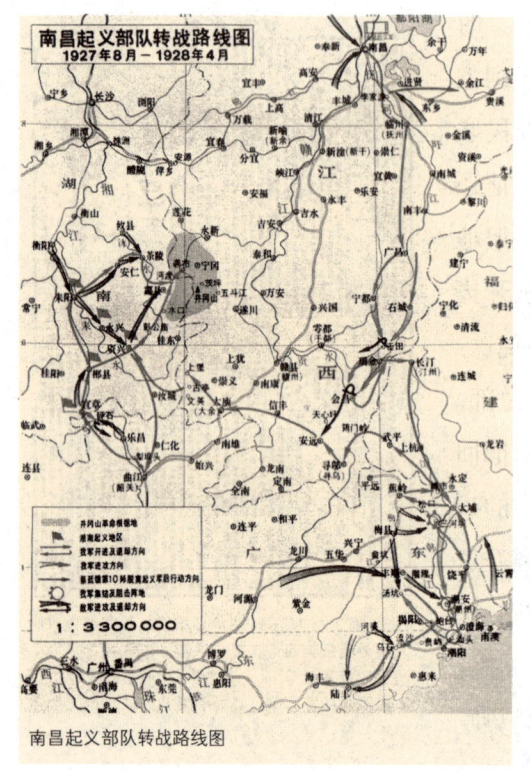

南昌起义部队转战路线图

这个时候，周的行动让人摸不着头脑。有报道说，他留在香港，做党的地下工作。埃德加·斯诺认为他逆水而上，到广东组建广东政府去了。而斯诺的同行，新闻记者艾格妮丝·史沫特莱则断定周到了莫斯科。

比较合乎情理的猜测是，周在香港停留了两周，身体恢复后大概于1927年11月上旬来到了上海，承担了党的重任，并受诗人瞿秋白的领导。负责党的工作的新同志们发现，要对南昌起义做出正确官方的评价是很困难的，它具有积极的与消极的两重性。10月，在周缺席的情况下，他们称赞起义是"中国革命史上的……一个伟大壮举"。而一个月后，有人又把这一事件斥责为"军事机会主义的不成功尝试"。

他大力支持中央的工作，对共产国际几乎言听计从。结果，中央没有因南昌失败而处分他①，甚至还同意他留在政治局，负责军事工作和保密工作。通过这些办法，他的结局比他的南昌起义合作者李立三与张国焘都强多了。不过，后来跟他俩不同的是，周强忍住没向中央提交南昌起义的辩解报告。他尽量表现得很冷漠，对那些争吵很超脱，也不向任何同志施加威胁。这使他在受挫后，得以轻而易举地重整旗鼓。最终，1928年夏天在莫斯科召开的党代会上，重新为南昌起义平了反。它被承认为反对国民党的一次正确军事行动。

在一般人眼里，周现在毕竟胜过多数同志，这是党内许多

① 周11月上旬从香港到上海，中央临时政治局扩大会议上，以周为书记的南昌起义前敌委员会成员受到"警告"处分。

人和苏联顾问们的一致看法。假如他是在苏联而不是在法国留学的话，那么，在暂时忍受了南昌起义的失败之后，他这时可能在党内已处于至高无上的地位。然而，最后还是一位受共产国际偏爱，受过苏联教育的人占据了这一高位。周拥护自己的同志独立于国民党，然而，他却不得不认真对付意识形态上的殖民主义——苏联的马克思主义者们。

毛泽东是钦佩周的共产党领导人之一。无论是经验还是资历，这时毛都比周低几级。自从他们在广东匆匆相遇以后，彼此很少联系。后来，实际上却是毛肯定了周在红军创建中的不可磨灭的作用。

周的一项新任务是负责监督顾顺章的秘密人员打入当地警察总部。8个月前，顾曾负责过上海起义。对共产党来说，他是一位十分重要的人物，因为作为秘密的青帮成员，他可以在警察采取反共行动之前得到情报。

返回上海，给人带来了一点欣慰。1927年年底避开广东国民党的追捕后，邓颖超赶到了丈夫身边。上海的情况也好不了多少，但是至少他们夫妻团圆了，在当时周所住的位于威海卫路的一座西式小房里安顿了下来。

9 重获信任
（1928~1930）

周恩来传
A BIOGRAPHY OF ZHOU EN-LAI

周恩来在莫斯科

1928年上半年，尽管周的身体已在香港康复，同新的领导人的关系也明显缓和，同妻子也重聚了，但是周仍然感到忧虑。整整一年，他完全错看了蒋介石，由此使上海工人经历了令人震惊的灾难。后来，他又自行决定挣脱了苏联顾问的束缚，组织了大规模的军事起义，但由于党的领导们优柔寡断以及错误地估计了对手，结果导致起义失败。周本来是可以成为党的领导人的，最后其他人却受到了青睐。不过，可能还有一些更深刻的原因。

当年那位在女孩子面前面红耳赤的17岁的羞怯的小伙子，而今已成长为一名30岁的军人。他率兵作战，歼敌无数，是一位标准的军人。他的童年平淡无奇，也没受过这种军事暴动的训练，另外他现在还正处于灰心丧气的时期。但是，不管怎么说，他这时的心境不佳。

关于他这时的行踪，只有两条线索。一种是说他到天津重建党的北方局去了；另一种说法也许更为真实，说周到苏联的高级步兵学校学习去了。1927年年底，他可能对自己说过："为了实现我的目的，我最缺少的是共产国际的大力支持。所以我就必须到莫斯科去，在那儿交朋友。"他究竟是否说过

1928年夏，邓颖超随周恩来赴莫斯科，列席中共六大。这是当时的邓颖超。

这些话呢？

假如1928年年初的四五个月他确实在苏联，那他也是独自一人，因为邓颖超是5月才抵达莫斯科的。后来，他俩都参加了在那儿召开的著名的中共第六次代表大会。

这是一件非同寻常的事。出于某种原因，中国共产党第一次在国外举行代表大会。共产党摆脱了国民党的骚扰，却又处于苏联的监督之下，就连政治局的候选人名单，也要由布哈林指定。共产党处境不妙，党员人数下降使党士气低落，同国民党决裂后，也不知去向如何。共产党决心放弃马上消灭国民党的意图，集中精力开展农村游击战和城市地下工作。领导者们应该如何搞好团结呢？莫斯科会议上有好几个帮派或集团：工会主义者、像毛那样的农村化的红军领导人（毛本人没出席会议）、青年团、托洛茨基派及当时担任领导的李立三、瞿秋白与周恩来。人们原希望会议就南昌起义展开争论，谁知却开成了一次调解会议。三大领导人一致同意相互

中共六大会址

| 第 二 部 | 奋 斗

中共六大中央政治局常委（左起）：苏兆征、向忠发、项英、周恩来、蔡和森

忍让，不要给新形成的争斗中的各派以可乘之机。这些派别由一些缺乏教育的农民和工人所领导。由于他们没有受过教育，三位领导人对他们深表怀疑。

经调解，一位来自上海的不知名的工会领导人——船工领袖，当上了总书记①。实际工作则由李立三（负责宣传）、周恩来（先是负责组织工作，后转为军事工作）和他共同承担。周决心担当李的"右手"，为了党的振兴和中国的共产主义事业，周与他密切合作，但只把他看作较重要的领导人。这就形成了周在未来中国政治斗争中的风格。

① 可能指向忠发。

他们组成了一个良好的集体，就像在法国时那样。周文质彬彬，李则能言善辩。他俩具有相同的中国所需要的理智感。当苏联对中共的帮助是举足轻重时，通过巧妙的周旋，莫斯科对中国共产党行动的影响可以被控制在最低限度。对此他俩心照不宣。

但是，周去年的错误应归咎于没让他放手工作。与其他领导人一样，他也被迫恭聆布哈林的训斥。这位苏联人说："周恩来同志，你是共产党的军事负责人。你本来是可以更精确地估计到自己的实力的。否则，就不会盲目地采取武装起义，造成那么大的损失。"

据说，当这句话被翻译过来时，周的脸红了。但是，这位苏联人没让他辩解，接着就训开了坐在周一旁的瞿秋白。

不管怎么说，周还是在苏联人中间巩固了自己的声望（这是他首次访苏），而且还被选为不久举行的共产国际代表大会的代表。参加完这些政治会议，据埃德加·斯诺说，周仍留在苏联，"在孙中山大学接受特殊教育"，同时也继续他的军事教育。他还就莫斯科中国留学生被控密谋暗算政府官员一事进行了调查，澄清了他们的不白之冤，其中有蒋介石的儿子蒋经国。此人后来接任"中华民国总统"。这么一个孩子竟会被当作革命者！

作为党组织负责人，周在11月致全体党员的一封信中对无产阶级精神的淡化表示了忧虑。他列举了十件需要避免的事，包括激进的民主化、个人间的争端、宗派活动。

1928年的大部分时间，周和夫人是在苏联度过的，年底才回国。这时，他同意李立三继续他俩过去的合作，而他本人则不受任何干扰，继续他的改组党的巨大工作。他从苏联带回了有关秘密警察的许多新的俄式思想。这种警察部队可以在以后的困难岁月保护他的同志。此刻，周为了这个目的组织了一个特别机构，由顾顺章来负责上海起义时的安全工作。

周热切地投入了党的新工作。他用手中的笔，发挥着巨大的作用。在各种文章中，他警告，由于农民占多数，就为"小资产阶级思想的发展提供了肥沃的土壤"，要"恢复"党的无产阶级基础是十分艰难的。他严厉批评了那些害怕辩论的人。

中共六大通过的《政治议决案》

第二部 奋斗

我们的同志……对于他认为会在党内引起不和的激烈辩论持惧怕态度……怕得罪人，所以，回避争论，只想把这些问题搪塞过去了事……但是，只要我们坚持我们的政治争论不特指某个人，那么，越是争论，就越是接近真理！

这一劝告在毛的时代是难以实现的。周提出了一个有益的建议，即"党应当成立生产中心部门……试着建工厂"。

然而，他对党的领导的稳定性所抱的希望于1929年夏破灭了。当时，李立三开始在军事战略上和没收土地问题上同周发生了分歧。在9月的一次党的会议上，这两人一直争吵不休。"我总是充当他们的调解人。"那位船工领导人回忆道，从道理上说是由他主管党的工作，但是他却不能胜任。

周担心党有脱离马克思主义轨道的危险，特别是红四军表现出了"各种非无产阶级思想，如单纯的军事观点、土匪习气、军阀主义残余"。于是，由周授意，中央于9月向红四军

中共六大秘书处办公楼旧址——莫斯科五一农场大楼

发出了一封信。周说，红四军的多数党员都是农民，军队里的思想问题大多源于"小农经济的自私、狭隘、保守，以及小资产阶级的无纪律、犹豫不决和狂热。所有这些，都是与无产阶级革命原则和组织纪律背道而驰的"。如果不消除这些思想，"红军就会在前进的路上遇到巨大危险"。

井冈山的毛具有领导的潜在能力。周希望能两全其美，他告诫毛，不要发脾气，并让毛出来担任红四军的领导，还让别人以井冈山为楷模。他在一份红军报告中写道："这里面有许多宝贵的经验……都是在中国'别开生面'的，在过去所没有看过听过的……各地红军、各地方党组织都要学习朱、毛红军的经验。"周一边批评毛的思想观点，一边又说了上述这番话。这对毛是一个极大的支持，而且保护了他的地方领导权。

周同李立三的争执进一步恶化。李感情用事，让红军准备向政府军发起总攻。1929年至1930年冬，两人整天为此事争吵。李日益热衷于个人作为"中国的列宁"的声望，而这正是他本人对周曾使用过的话。与李的狂妄自大相反，周既不热衷于个人势力，也不看重荣誉。他关心的是所能做的事。这就是为什么他没有向李的党的领导权挑战，以及为什么在权力斗争的圈子里能够稳坐钓鱼台。

到了1930年年初，以上海的地下指挥部为中心，周已建立了一个实力雄厚的以红军为支柱的军事势力网，分布在不同的省份，均由忠于他

1929年，周恩来为中共中央起草的给红四军前委的指示信。

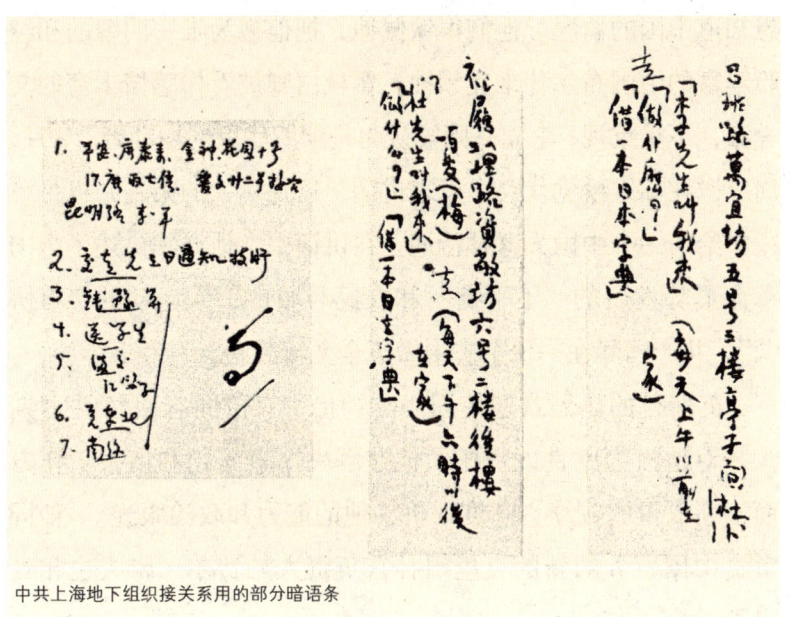

中共上海地下组织接关系用的部分暗语条

的军官领导。现在的问题是，他在中央的那些热情奔放的同志对他的军队建设计划所抱的希望过高、过早。从实际出发，周只好放慢部队建设速度，并淡化红军指挥部的集权化。这使李立三大为失望，他想让别人到部队去，准备对大城市再次发动进攻。周的温和做法又一次挽救了党和红军，使之免遭毁灭。

可以这么说，在反对李立三的进攻城市的战略中，周这时更加站到了毛的一边。毛在井冈山开创的局面和政策不久将证明是共产党夺取政权的捷径。作家韩素音做过如下评述：

"并不是想轻视天才般的、有奉献精神的周恩来，他在领导南昌起义及后来的汕头起义时所表现出的巨大的个人勇气、冒险计划和献身精神……不过，这些进攻城市的计划虽说重要，但并没导致党和红军有所改观。"

1930年初夏，周又赴莫斯科。朋友们认为他是去接受最高荣誉"王冠"。一下火车，他就被苏联人簇拥起来。他们都想知道中国的情况。他们很钦佩他,把他视为唯一明智的和经验丰富的中国布尔什维克领袖;瞿秋白则被看作感情丰富的文学家,不受重视;李立三则被认为是歇斯底里的煽动者。7月,周应邀在苏维埃党代会上发表讲话,这是莫大的荣耀,也是第一次给予一个中国人这种待遇。在讲话中,他详细讲述了中国革命形势发展的"不平衡"和农民与城市工人运动的"不协调"。共产国际在一份杂志中做了全文转载。

莫斯科的热烈欢迎使周心旷神怡。有位同志回忆说:"斯大林对他极为欣赏,赞扬了他在解决军事问题和情报工作方面不断取得的成绩,高度评价了他的能力和政治眼光。"他同负责中国事务的新的克里姆林宫负责人帕费尔·米夫也相处得很融洽。

在国内,李立三开始作茧自缚。他又制订了一个颇有迷惑性的计划,拟借助苏联的军事援助,攻克大城市,并通知红四军首先攻取长沙。长沙之战打了,但并没能拿下来。周说"李立三简直疯了"。

8月底周回国。他完全得到了苏联人的信任。他们希望他在9月于上海举行的中央会议上改组党的领导。瞿秋白一直在进行此项准备工作,然而由于周不在,他不敢贸然召开会议,有人以为这次会议将同李立三最后摊牌,结果却大失所

中共中央特科下属中央电台训练班所在地

第二部 奋斗

1930年9月，中共六届三中全会与会者合影。

望。瞿当选为主席，周当上第二把手。实际上，他俩都没谴责李立三，只把他的错误视为战略上的失误。在向大会提交的报告中，也只批评了他"过高估计了发展速度"的错误。

这次会议加强了党的团结，但李立三仍是最高领导人物之一。在所通过的一项决议里还引用了李立三的话。这句话，周在莫斯科重申过，但被苏联人根据己见把它删除了，即"新的高潮"的到来是无可怀疑的。然而，为了使共产国际息怒，不得不让王明担任最高职务（从这个职务开始，他成了下次"王冠"的竞争者）。王明是一群留苏刚回国的"二十八个半布尔什维克"的领袖。

出席上海会议的代表们保证，他们同共产国际并无纠葛。中国领导人在计划南昌和上海起义时，共产国际原则上并不反对，只是不主张"立即起义"。换句话说，中央只是过高估计了革命发展的"程度和速度"，结果犯了"偶然性的战略错误"。像往常一样，俄国人又错看了中国人在外国批评面前表现出的团结一致的本能。

接着，周发表了著名的《少山报告》，赞赏者们把它看作党的发展史上的一大重要文件。报告广泛分析了共产党所面临的中国局势。在文件中，周首次论述了与共产国际分歧的性质。他辩护道："进行全国范围内的武装暴动的时机还不完全成熟。中央的错误在于同共产国际意见不一致吗？绝对不是！没有任何不一致的地方！"当然，中央是有错误的。

> 我本人有过错……我们接受共产国际的批评，并要指出，李立三同志应当承担更多的思想工作方面的责任。但是，我们决不能容忍其他同志令人气愤的议论……专门对准李立三同志……应当在集体的基础上开展自我批评。

这样一来，周便把注意力从李本人引开，转而集中到对李的错误战略批评上。

但是，周的报告也含有大量积极可取的东西。关于富农问题——是没收其土地，还是保留其财产——他宣称：

> 在对待富农的态度问题上，存在两种错误。经济上，没收他们的土地，政治上，枪毙他们。这样对待富农，中农会更加动摇……我们现在决不能疏远中农。

于是，周支持分阶段地实行农村革命。

江西瑞金

在军事问题上，周又像过去在南昌时那样，开始硬干了。他在江西及其他地方尽一切可能建立了红军队伍，通过宣传收买地方武装，引诱国民党部队，从而导致了他过去曾告诫过的政治淡化的危险。中央会议以后，他向党的军事委员会说明，红军的力量"现已足够进行大规模的内战了"。这话听起来恰似重蹈李立三的覆辙，乐观地过高估计了红军的运气。

受此热情的感染，红军又在长沙发动了一次进攻。战斗命令是由新的中央下达的，新的中央是李立三在主持的。短短几周后，长沙进攻又遭第二次失败。这时共产国际派在莫斯科的周恩来、瞿秋白回国来纠正李立三的错误。周、瞿回国后说服了李立三，召开了中共中央全会，停止了进攻大城市。

其后，李立三被召至莫斯科，对自己的政治错误做出解释。几个月来周一直精神抖擞地工作，力图使各派力量团结在中央的领导周围。他向同志做的解释是，"李立三已经完全承认了错误"。所以，当共产国际正式责怪李时，李为了党的团结只好做出牺牲。李临走前，周使他宣布放弃他在政治局的职务，并告诉别人，李犯了"单纯军事冒险主义错误"，以及"完全否认了组织力量是革命形势成熟的先决条件之一"的错误。周还说服米夫不要改组党的领导，应当让党自己寻求意见统一。

10 技高一筹
（1931~1934）

周 恩 来 传
A BIOGRAPHY OF ZHOU EN-LAI

红军时期的周恩来

1931年1月,中央又在上海举行会议。会上,苏联人为了显示自己对中国优柔寡断的领导的关心,米夫便亲自担任了会议主席。当周到达会场时,他被指定坐在两派敌对集团之间。这两大派别是李立三离开后领导权的主要竞争者——以王明(米夫在莫斯科中山大学时的学生)为首的受过苏联训练的"二十八个半布尔什维克",他们得到了知识分子的支持;老练的铁路工会领导人何孟雄,他是基层工农的候选人,总爱嘲笑"年轻的学生……我们干革命时,他们还在娘怀里吃奶呢!"周却持独立态度,这既表明他感到进退维谷,也说明了他的骨气。

王明(1904～1974),原名陈绍禹,又名陈绍玉,字露清,安徽人。1926年加入中国共产党,曾任中共中央政治局委员、长江局书记等职务。1930年从苏联回国后,打着"反对立三路线"旗号,在1931年1月的六届四中全会上夺取了中央领导权,至1935年1月间,在党内推行了一条以教条主义为特征的"左"倾机会主义路线,对革命事业造成了极大危害。

米夫相信周是会支持王明及其他几位布尔什维克接管党的领导权的,以此作为赦免周过去所犯错误的条件。但是,周不仅担心这些布尔什维克会被外国人所支配,而且为他们的经验不足而忧虑。另一方面,其他的候选人又不是知识分子,周大概怀疑他们是否能够如所期望的那样,着眼于党的较高层次的全球性的及思想意识上的目标。结果,像毛这样土生土长的共产主义者便很快遇到了挑战。周最初还想在两派之间保持中立,但为了大局,还是不得不跟共产国际支持的"二十八个半布尔什维克"站在了一起。

跟过去支持陈独秀、瞿秋白和李立三一样，在以后的3年里，周又忠实地支持党的领袖王明（在多年后的"文化大革命"中，他甚至被极"左"分子们指控为"第二十八个布尔什维克"）。但是，这种交易并不是单方面的。王明是苏联的代言人，刚回国，且非常年轻，在党内缺少势力或支持者，因此他还要依靠周。当周服从米夫和其年轻的中国追随者们时，王便把大部分权力牢牢地抓到了自己手里。

周恩来、瞿秋白主持的中央批评了李立三，但共产国际认为他们只是敷衍了事。他们仍恢复了他过去的许多政策。周的位置是十分微妙的。王明依靠共产国际米夫的支持，反对瞿秋白、周恩来，想把他们逐出中共中央。但是，米夫采取了逐瞿留周的方针，同时批评周未严肃地来纠正李的错误，结果周受到了批评。贬低周的人说他是个"生性软弱的人"，这个人为了少惹是非，总爱采取温和态度。

对所有的指责，周通过重新发表他3个月前写的《少山报告》给予了回答。这个报告原封不动，只不过重写了一个序言。他解释说："它可以为那些想在李立三路线和共产国际路线之间寻求妥协的人提供一个样板。我准备发表它，让我们的党来鉴别，抛弃我的错误。我自己也将在我们党组织内批判这一顽固的、严重的错误。"于是，他就把这个问题留给了他人，让别人指出他的报告有什么错误。但是，即便如此，周还是未能逃避这个问题，他

1931年1月，中共六届四中全会的召开，标志着王明"左"倾路线统治了党中央。

还是对自己过去的"调和主义"做出了"老实"交代。周还是李从前唯一的支持者，但是李没有被要求写出书面检查，人们却对李的主要支持者加以批评。周极力设法成为某种仲裁者，要为别人澄清自己的名誉所做的努力作出判断。

周心情抑郁地参加了这次中央会议。然而，由于苏联人及其追随者经验不足，加上中国人的阵营内出现了分裂，周得以保住了自己的政治局职务，分管党的军事工作及其安全机构，同时还是根据地新的中央局的领导成员。在中国共产党控制了作为反对旧政府斗争中的农村根据地的中国大片疆土的时刻，这不失为一条获取权力的途径。

然而，这次会议不欢而散。工会主义者愤然退席，在旅馆里被英国警察逮捕，并交到了国民党手里将被枪毙。他们中有一位是上海黄包车工人的领袖、诗人、作家丁玲的丈夫，他曾公开批评过王明。许多同志不知道这些新布尔什维克是否已向这些外国警察泄露了消息。据武汉的美国副领事说，周也被"抓"了起来，第二天就被蒋介石下令处死了。然而，周并没有被抓，仍在上海做秘密工作。他派张国焘到鄂豫皖苏区，为的是要加强对苏区的领导。

有一天晚上，周带着张去拜访第二个共产国际的代表。他是一位波兰人。令人可怕的是，这位欧洲人威胁说，如果张不接受上次他未出席的会议所做出的决定的话，就把他开除出政治局。周赶忙为张说情。他告诉这位波兰人，由于共产党内分歧太多，不要驱逐持不同政见者，这是非常重要的。这也是随和的中国人和武断的欧洲马克思主义者在价值上相互冲突的又一表现。

这时，周开始向外国人解释为什么中国不能像西方国家那样行事。他告诉一位外国记者：

中国不能轻率地实行像美国、英国和其他真正的民主国家那样的民主。中国人民受过长期的压迫，在他们理解诚实投票的重要性和意义之前，还需要几代人的政治训练。我们还没有为一个彻底的民主制度做好准备。我们必须慢慢来。

周可能还向米夫和其他苏联人谈过这种观点。

此时，又出现了一起反映不同价值观念的戏剧性事件。周在黄埔时的一位朋友、学生黄警魂——突然要投奔国民党。开始，周还想劝阻他，最后只好定他为叛徒，并下令处死他。这是因为他可能把有关共产党的内部情报带给对方。周告诉一位老资格的同志，由于证据确凿，事情紧迫，他只好迅速做出决定，"先斩后奏"。当他的同事婉转地指出，处死刑在党内算不上什么大不了的事时，周却坦白说，自己从未干过这种事。尽管在过去的4年里他一直同暴力活动相伴，但不得不下令处决一位变节的朋友，这对他来说则是有生以来的第一次。周认为，这个人不仅持有错误意见，而且实际上危及了党的生存。

当时的中共中央军委所在地

国民党日益加紧对上海的控制。周认为，党的领导人应当分散到共产党游击队占领地，这是刻不容缓的。他建议，政治局应当迁到江西毛泽东的根据地去，张国焘应到长沙以北的鄂豫皖根据地去。如果党继续把自己集中在"白区"城市,那么它将面临持久的困难,将会被摧毁。2月份工会领导人遭枪杀就是一个最新的例子。1931年4月,政治局同意周到江西,刘少奇和王明继续留在上海。周指示负责安全保卫的顾顺章在去鄂豫皖根据地之前,先照料一下张国焘的准备工作。

顾这时已是一位深受周信赖的副手。他曾在英美烟草公司所属工厂领导过罢工,后来,在海参崴接受过保密技术训练,接着,又参与领导上海工人起义(尽管周在起义中技术上是受顾领导,但周是实际上的政治负责人)。顾深受信任。周的同志们认为顾

中共中央组织部旧址

很有能力,但是言谈举止却带点上海滩花花公子的味道。顾现在的身份是魔术师,住在北纬路。他经常在先施百货公司屋顶花园戏院里演出。1931年,他率领一支魔术团到武汉,并乘机建立了情报网。然而,在高尔夫球场他被一个共产党叛徒认了出来,国民党警察随即逮捕了他。经审问,他供出了有关共产党领导人和组织。结果,顾带了国民党来逮捕共产党人。周恩来及时地转移了中共中央机关和领导人,未被捕。据有关资料说,顾继续出卖他的共产党朋友,因为他对新政治局对待李立三的态度愤愤不平。这件事并不是周的过错,但作为顾的顶头上司他信任了一位不忠诚的人,所以他不得不承担一定的责任。

由于顾的出卖,6月24日,一位党的前领导人,那位上

周恩来在中央苏区的办公旧址

海的船工领袖被国民党杀害了。这时,中国共产党及其安全负责人周恩来不得不采取行动。周下令(或默许),按上海地下工作的传统,开展反屠杀活动。

如果说共产党领袖们需要进一步的推动才会撤离上海的话,那么现在他们就受到了刺激。周蓄着浓黑的胡须,长五六英寸。如此化装,他就可以和从前一样,顺利通过火车站的关卡和码头。在这些地方,他的照片被贴在显要的地方。

邓后来回忆,她在上海为党所做的那种"秘密工作"已经让人无法忍受了。"每天我出门,都不知自己是否会被捕。警察搜查了我在公共租界的房子……许多好朋友惨遭杀害。我们的工作无法开展。"于是,她和周先后到了江西共产党根据地。他们是乘一条小船离沪,沿海而行至福建省,在此登岸到了红色根据地。

人们都不知"那位造反者"出了什么事。一位日本人报道,他已到海参崴去做手术了;国民党则声称,周投降了。但是,这位乔装打扮的"天主教传教士"穿过福建省,已于1931年12月到达了江西省一个大的城镇瑞金。他便是周恩来。他一来,提高了毛泽东游击根据地的地位,使这一根据地将会成为新的中国苏维埃共和国。

周冲破国民党的重重封锁。抵达江西时,正值毛泽东与几乎每位共产党领导人的关系都十分紧张之际,不久,周就发现自己在江西的毛和上海的王明之间扮演着中间人的角色。

1931年11月17日,中华苏维埃共和国中央执行委员会成立,毛任主席,周当选为委员(周排第四位,位于毛、项英、张国焘之后,但周在苏区共产党组织中的地位比他们都高)。周同时还被选入中央革命军事委员会。

埃德加·斯诺指出,周在江西的威望现在已开始超过毛。他是一位缔造者,而不是破坏者。

> 周同各派之间的关系之广是无可比拟的。这使他能够充当各派间的调解人和平衡器,而不是通过在重大争论中运用种种压制手段来获得个人领导权。

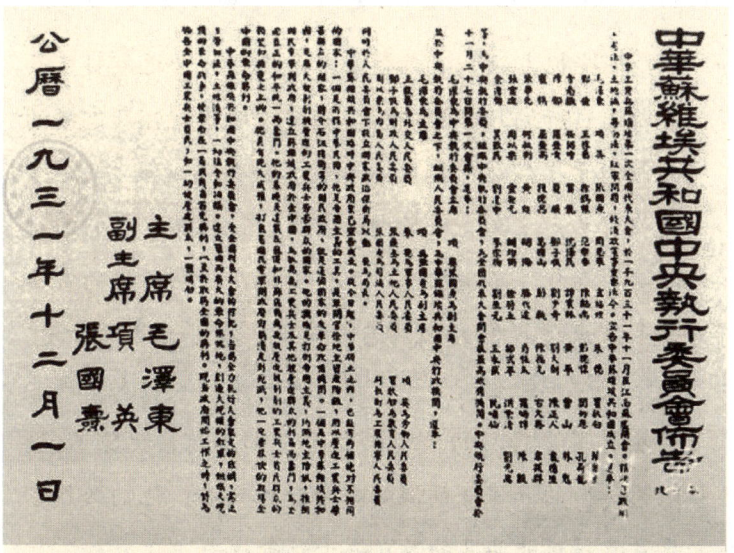

1931年11月7日至20日,中华工农兵苏维埃第一次代表大会在瑞金召开,成立了中央工农民主政府,通过选举产生了中华苏维埃共和国中央执行委员会,邓子恢被选为中央执行委员。图为中华苏维埃共和国中央执行委员会布告。

中华苏维埃共和国中央执行委员会钢印

他稳固地建立了独立于各派并忠于中央领导的军事中心,甚至在12月对两万名受过粗鲁的职业军人训练的、从国民党投诚过来的士兵表示欢迎。毛泽东的游击战理论开始在江西衰退,取而代之的是苏联人的"新学派"军事思想,它受到共产国际顾问们的赏识,强调中央对正规军进行控制。

1932年新的一年开始,周似乎承认了毛已牢固建立起来的权力,周希望得到他以后的合作。但是,中央局的最后决定则责备毛落到了"可怜的资产阶级的惊恐与心理变态的地步"。这一表述比周的批评要严厉得多。另有一种说法,周帮助毛和在富田的受害者的朋友们恢复了关系,但是其他人却毫不动摇地把这些罪责推到了毛的身上。

中央委员会的一个文件说,这些错误是由下列因素造成的:

> 那些把占领一省或数省不是看做一个近期目标而是长远目标的人;那些对占领中心城市持怀疑态度的并倾向于率领苏维埃政权和红军到偏僻地区去的人;那些对共产主义积极的向外扩展能使红军发挥它的全部潜力而犹豫不决的人,他们更倾向于用村里的宣传任务来束缚我们武装同志的双手,增加部队的开支,忘记了红军的主要使命是通过斗争来消灭敌人;那些仍然对军事行动的逐渐扩大而徘徊不前,犹豫不定,认为防御的和保守的战略更为合适的人,他们必然不愿意直接对非共区的敌人给予致命打击。

第二部 奋斗

这些提到的观点非常精辟，被毛泽东广为宣传，但很快也被其他领导人斥为"反马克思主义、反列宁主义和反共产国际"。

周、毛同中央在军事战略上有分歧。毛极力主张运动游击战略，如诱敌深入苏区，然后一个一个地吃掉。周的意见同毛的一致，这引起了中央和后方同志的不满。

1932年10月召开的宁都会议可能解除了这一紧张局势。会上，周提出毛仍在军队中继续工作。毛借口养病离开军队，党就委任周接管了红一方面军总政委的职务①。红一方面军是江西根据地的精锐部队。

为首的批评来自"二十八个半布尔什维克"之一的博古。他想把毛的职务统统撤掉，而周则不想做得太过分。几十年后，毛还称赞周当时的做法，他告诉自己的崇拜者："宁都会议期间，我的批评者们都想开除我，但是周……不同意。"

共产国际在江西的军事顾问李德把周描绘成"斯大林集团的一位强硬人物"，但他赞扬了周在动员江西人民和组织江西武装力量中的"突出贡献"。王明动身到莫斯科时，周留下来到了中央苏区，因为国民党部队所谓的第四次"围剿"开始向苏区逼来。在这次"围剿"中，周与朱德领导取得了对蒋介石军队的胜利。

在几次革命之间，当周在他那摆满书本的、相对宁静的办公室里时，他通常是一个渐进主义者；然而，一旦在斗争中，随着他身边革命力量的发展，他便显得充满信心了。

当时中央曾制定了一条"向前的、进攻的路线"。在此路线指引下，红军可以扩大其力量，同地方民兵合作，动员一切可能的经济资源，进攻城市。毛的一位支持者罗明抵制这一指示，继续采用旧的井冈山游击战略。于是，中央领导惩罚他和

① 原文如此。1932年7月恢复红一方面军番号时，任命周兼总政委，经周多次提议，中央局于8月8日同意任命毛为总政委。

博古，秦邦宪的化名，1925年加入中国共产党，1931年9月任中共临时中央政治局主要负责人。

李德，原名奥托·布劳恩，德国人，共产国际派驻中国的军事顾问。

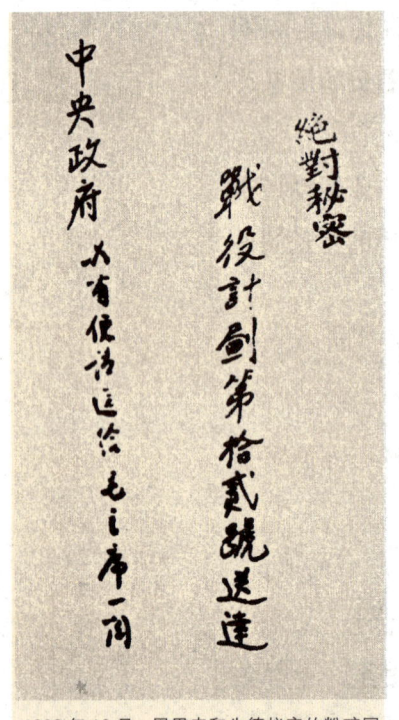

1932年10月,周恩来和朱德拟定的粉碎国民党第四次"围剿"战役计划。

①这次战役中,红军消灭了蒋介石嫡系部队一个师和另一个师的主力。

其他不服从者,惩罚了许多人,其中有一位是毛的兄弟,还有周在巴黎的老朋友邓小平。

1933年3月,红军取得第四次反"围剿"的胜利,证明了周军事路线的正确性。毛因病到医院治疗,周接替了他的红军总政委的职务。

在从前线发给中央的电报里,周详细汇报了战斗情况。他于3月2日报告:

> 我军与敌激战三昼夜,第三日本可将敌十一师继续消灭或击溃,只因山地战各军联络与我指挥均不易达到……因敌二纵队三个师已于昨日西向增援,今日可到新丰市、东陂、黄陂截我归路,我将陷于被包围中,且战场未清理,伤兵未撤,战利品到处堆积,故于今日在胜利中撤退……集中,准备继续战斗①。

事隔不久,由于一个战略重地失守,孔荷宠慌忙下令动用征集的民工,加强部分边界的防御工事。结果,周把他叫去狠狠批了一顿。周指责他缺乏阶级觉悟,并暂时停止了他的党员资格。在周主持召开的"思想斗争"会上,孔只婉转地为自己做了辩护。这件事更加深了周对他的不信任。周后来说:"孔同志还没有认识到自己的错误。"孔在几个月后投靠了国民党。周在把自己的城市革命观点推行到这一农村根据地和满足共产国际的要求的过程中,他在当时的判断是有失误的。

10月,拥有高度发言权并雄心勃勃的领袖们遇到了一个严重的困难,即如何对一场军事战役的每日战况做出集体的判断。因为,当时国民党第19路军反对蒋介石,要求同共产党合作。周明知多数人不赞成,还是积极行动,充分利用这次机会,派人到福州同起义部队签订盟约。

这一次,中央领导人受到了共产国际代表的支持。他们对同非共产党部队协同作战的意义深表怀疑,要求小心谨慎。结果,红军没有

周恩来发出的有关反"围剿"的部分电报稿

及时派兵援助第19路军同蒋介石的部队作战。等援兵派来时,已经太迟了。几年后,周就此事简要做了论述:"我们本该同福建进行成功的合作,可是由于李德与在上海的顾问们的劝告,我们却打了退堂鼓。"

1933年,国民党开始第四次反共"围剿"时,周对军事政策的支配权似乎更加巩固了。红军缴获了大量武器、电台,俘虏了大批敌军。红军的组织也更加标准化和合理化。对周在这次战役中的军事成就,李德后来的评价是"值得称赞"。李德还注意到,重要的军事决定是由周做出的。

当时的中央领导人依赖他的德国顾问。会前先同他商量军事问题,并常常支持李德的意见。有时,周与这位德国人有分歧。例如,当12月李德视察北线,发现一位指挥员拒不服从命令竟要求重新分配任务时,李德不同意。周则告诉他,做事应当留有更多的余地。"这是……我同周恩来的一点小分歧,他劝我必须考虑这种干部的心理。"

1934年1月,中央召开重要会议。接着,第二届根据地

全国工农兵代表大会召开。这时,党内的斗争达到了高峰。周保住了自己的职务,并被任命为中央革命军事委员会副主席。实际上,他失去了对苏区地方机构的一些影响,在军事上也少了发言权。坚决主张在根据地实行投票选举的毛泽东,当选为临时中央政府主席。但是,毛未进入政治局常委会。不过,他仍为自己的苏区个人计划辩护。此计划是他获得苏区旧式权力组织效忠的手段。他还把周恩来的理论的、书本的改革推迟到情况更适宜时再实行。毛制订的革命计划是深思熟虑、扎实稳健的,而周则想通过一次惊人的意志努力来实现革命。

为了消灭共产党,蒋介石又做了最后一次努力,于1933年9月发动了第五次反共"围剿"。战斗开始时,局势对共产党极为有利。于是,周开始在共产党杂志上发表一系列有关通过取得持久战的战术性成功而获得战略性胜利的文章。他向其干部介绍莫斯科的最新战略理论,采取一切措施,扩大红军力

瑞金红军烈士纪念塔

量，动员了11.2万名青年自卫队员，而这些人的作用不久就得到了验证。

不管是出于偶然还是早有安排，总而言之，李德成了前线的军事总指挥。但他既没有接受毛的游击战术，也不同意周的运动战观点，而是倡导自己的"短促突击"战术。有意思的是，周宣传持久战的系列文章只发表了一期，此后便被他取消了。而李德则愈来愈多地撰写有关军事的文章。鉴于周在前次反"围剿"中一直身临红军前线，所以第五次反"围剿"李德又到前线指挥部队作战，周则留在根据地首府瑞金。几个月前，周好像就已察觉到共产党不可能守住江西，将被迫撤离苏区。尽管他的公开讲话仍然情绪高昂，但他的心似乎已不在反围剿战上了。4月，广昌惨败，促使他提出了秘密准备撤离江西的建议。

这一次，中国人可以把失败的责任推到那位德国顾问的身上了。李德曾经完全可以通过无线台经上海，同莫斯科上级联系。然而，这一联系现在却因国

周恩来为瑞金红军烈士纪念塔的题词

民党的侦破和共产党上海办事处的关闭而中断了。在此后的两年里，中国领导人在没有苏联指点的情况下，一边行动，一边独自决定自己的命运。留苏或受苏影响的中共领导人也不可能再靠共产国际指示获得威望和权威了——这件事却在此后几个月中，在毛权力的慢慢上升中，帮了这位土生土长

的领导人的大忙。

周坚决抵制住李德和其他人的反对，指挥部队从江西突围。高级领导们进退维谷，他们并不完全同意这么做，可是他们明白要紧的是守住秘密。一个月后，周领着由朱德和洛甫组成的精干代表团来到毛的住地。毛因患疟疾在此休养。周可能直截了当地说过从冬季起他就不赞成李德指挥战斗。从毛这一方来说，他也许告诫周要更谨慎地为撤离江西做准备。

国民党向他们无情地逼来，不给红军以喘息之机。8月底，战略要地驿前镇失守，这件事成了战争的分水岭。周曾在那里指挥过战斗。陈毅在和周一起视察北线时受了伤。于是，他们当机立断，突围势在必行。但是，就如何突围——是否要发动最后一次决战及堵截敌人的追击，他们争论了几天。10月2日，事情已到了危急关头。周、博古、李德和毛泽东开会，决定撤离根据地，李德保留了军事指挥权。

11 长征路上
（1934~1936）

周恩来传
A BIOGRAPHY OF ZHOU EN-LAI

红军长征到达陕北时的周恩来

周恩来放弃了被破碎的中华苏维埃共和国的梦想，于1934年10月16日开始了具有战略意义的红军大撤退。这一壮举成了举世闻名的长征。除了避开敌人以外，红军没有既定的目标。离开江西根据地时，周的手下有1万名共产党员。当时他们还不可能知道，长征最终会行程二万五千里，横越11个省，跨过雪山与激流，穿过沼泽与森林，途经土匪聚集区、有敌意的少数民族区和缺粮区，在这里他们有时甚至只有靠吃自己的皮带才能维持生存。周抛弃一块跟比利时一样大的根据地，开始了长达一年之久的远征，相当于从伦敦徒步到东京，或从纽约到里约热内卢。

雪山

他失望吗？后悔吗？他那发动一场革命的希望再次落空了。这时他才明白，他只好同那些观点与经历都极不相同的人联合战斗了。他或许猜测到，即使苏联的帮助确实能实现的话，它也会带有操纵性。

他又一次携带几件随身用品踏上了征程。警卫员扛着两床毛毯、一床被子、一个包。包里装的是换洗衣服和一件羊毛衫。这样的话，还可以用它当枕头。最后，还有一个很大的铜墨水盒及他那个人们熟悉的长方形公文包。包里保存着他用过的铅笔、地图、指南针、夜晚伏案工作用的放大镜。长征途中，他的夫人邓颖超大部分时间都患着结核病。有一段时间周本人也不得不躺倒在担架上。

周率领着中央纵队，包括根据地政府机构（一个印刷厂、修理厂及造币厂），还有军事指挥部及所有妇女儿童。毛也是这支队伍中的一员。这支部队携带着易受攻击的辎重，在中国南部翻山越岭，一直向西部山区挺进。为了减轻负担，造币厂和印刷厂等沉重装备一个一个地被丢弃了。

第一军团没带地图就向困难的农村地区进发了。结果，他们不得不返回加入中央纵队。白白浪费了一周的时间，也使国民党的追踪更加逼人。周对毛的抱怨给予冷静解答，说这种错误是情报有误所致，领导是无可奈何的。

有一次冒险行动是横渡湘江。这次渡江损失了很多兵力，但突破了蒋介石的封锁线。不久，他们到了贵州。在这里的一天晚上，周遇到了一场大火，一名敌人的纵火犯点火烧了周住的房屋。警卫员不得不引他逃离险境。

在贵州边界的黎平，他们就是否改变方向，向北进军，并趁身后的国民党部队不备之际溜走等展开了争论。毛断然反对向北这一提议。他坚决主张继续向西，深入贵州境内，那里的国民党部队防备稍弱一些。这次，周加入了反对李德的行列。总之，他是被李德的个人习惯所激怒了，不仅是他的好色（长征途中，他身边曾带着一位"中国夫人"），还有他不停地要烟要酒，而这些东西已越来越难弄到，价格也日益昂贵。因患疟

第二部 | 奋斗

疾，李德只好不出席这次特别会议。他回忆说，当他询问周会议的最后决定时，"他很不耐烦地做了回答。这一举动在这位如此沉静、自制的男人身上是不同寻常的"。

长征中，中共中央在贵州黎平召开政治会议，肯定了毛泽东改向国民党力量较弱的贵州前进的正确主张，使红军摆脱险境。图为黎平会议旧址。

但是，饥饿使他们得以和平相处。因为这个省粮食匮乏，红军一来，当地居民全跑了。

天一片漆黑。为了让身后的同志跟上队伍，夜间行军时每人都在背上系一条白毛巾。有一次，周的警卫员摔了一跤，把他放在周书包里的粮食撒了一地。周让他把自己的那一份拿去。警卫员后来充满歉意地说："我弄到了一点烧谷子，你要一点吗？"

"烧谷子？"周怀疑地问，"好吧，给我一点。"这总比什么东西都没有要强多了。

1935年新年，周来到了贵州北部的遵义。这时天下着大雨，周全身湿透了。他跟毛一起坚决要求李德下令停止前进两周，召开政治局会议，研究一下局势。1935年1月召开的这一遵义会议成了当代共产主义史上最有争议的会议之一。会上，毛成功地掌握了中国共产党的领导权。开始只是临时的，但毛确信自己的位置以后是会得到认可的。作为党的头号人

遵义会议确立了毛泽东在党中央和红军中的领导地位

物,他再也无须向任何人让步了。

遵义会议在毛对军事指挥问题发起不断攻击之中拉开了序幕。这一军事指挥,原则上讲是由李德掌握的,也有他的中国同志参与。后来,朱德将军也对毛的抱怨给予了决定性的肯定。博古站出来为官方的领导工作辩护,为"二十八个半布尔什维克"及其与共产国际的关系辩护。

鉴于博古曾训斥人们看不到党在国际环境中的处境,并明确批评了毛泽东那一部分人的毛病在于其狭隘的农民基础,周坦白承认了包括自己在内的领导们的战略错误。这使他们甚感惊讶。不等别人说话,周就接着建议毛从事红军领导工作,"二十八个半布尔什维克"也无法救他们脱离批评的旋涡。周

遵义会议会址

没有诿过于他的布尔什维克同事们。这些人都曾相当认真,逐字逐句的像教师般的解释过撤离江西根据地的道理——包括后来对共产党不利的诸多客观因素,如国际上对蒋介石的支持,共产党力量在国民党中的薄弱。与此相反,周则强调主观因素,包括党在群众中及国民党部队中进行的不适当的政治工作;游击战在兵力部署上的失误;各种战术上及行动上的军事错误。韩素音写道,周坦率地告诉同志们,毛"观点正确,我们应当听他的"。一个勇于承认错误的人,是会受到大家钦佩的。正是这样,周逃脱了批评,而博古和李德则未能幸免,这样就有可能使毛泽东把红军内的不满者的批评集中在这两个人身上,周本人则得到了宽恕。

由此,许多历史学家得出结论,"毛周之间在遵义达成默契是很有可能的"。有一位历史学家甚至提出,遵义会议的全部成果可能就是在红军开始长征前,周毛之间达成了一致意见。李德的评论是,"不出所料,周恩来大获全胜,走到了毛的一边"。

在遵义,毛主张的决议总算通过了。决议审查了"博古、周恩来和李德等同志所犯的军事路线上的错误",并把他们的错误定为在第五次反"围剿"中采取了单纯防御路线。还有一个次要的错误是,在江西突围中以安全为借口,忽视了政治动员工作。

毛不失时机地利用自己的胜利。周仍是红军总政委,参与军事的领导。但是,毛的这一胜利只是险胜。毛泽东后来说,如果没有周恩来的同意,遵义会议是开不起来的。

人们可能以为周对自己与毛的政治联合会感到难堪,其原因不仅在于那几年他曾批评过毛,也在于毛不赞同周所向往的那种中国共产主义的领导,周曾希望过某种超越狭隘的农民眼界的更高级、更城市化的东西。

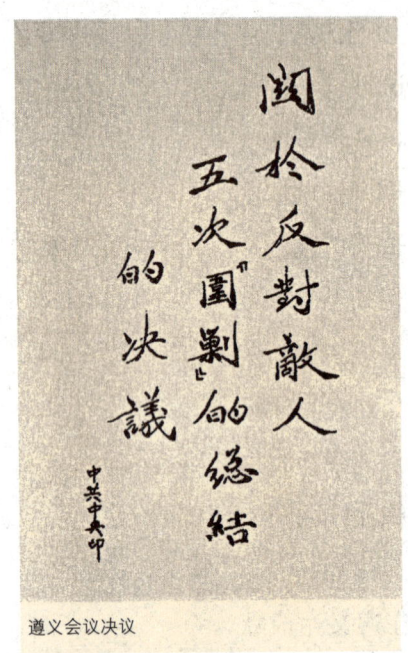

遵义会议决议

作为一名外国人，李德对这些事情的看法还是准确、公正的。据他说，当周确实站到毛的一边时，他"至少部分地违背了他那良好的判断，成了毛的最忠实的拥护者"。正如埃德加·斯诺两年后所指出的那样，周后来再也没有动摇过对毛的忠心，这么说可能有点夸张，但是他以"毛的行动计划的最得力的执行者"而闻名，同时又被称为"管家"——一个执行家长命令的人。据一位同志说，毫无疑问，周在遵义会议上承认了自己没有野心，所以毛才能把他当作一位"老练"的参谋而不是当作对手接纳了。

从某种角度说，因为克里姆林宫选定的中共领导接班人——"二十八个半布尔什维克"的领袖王明对毛构成了威胁，所以周才能较顺利地进入毛的圈子。毛王之间的敌对，被联合起来击败国民党围剿的需要所遮盖了。周从未亲近过王。他支持王也不过是出于对共产国际的尊重或战术上的原因。因此，毛对周独立于王的集团是十分放心的。

遵义会议上，周同自己的追随者即所谓的黄埔派关系的疏远，是影响周与其党内伙伴们关系的又一个因素。黄埔派现已包括许多才华横溢、颇有影响的人物，在遵义那种进退两难的特殊军事环境中，周不会指望他们的支持。这是完全可能的。因为红军官兵们当时需要的是这样一种领导：他善于作战，能够最有效地利用有限资源进行游击战略，对红军即将扎根于其中的中国农村社会有强烈的感情。显然，毛是这一人选。

红军领导人之一的林彪后来指责毛在遵义会议后所采取的

"见敌就跑"政策的"破产",而周的态度却很客观。他镇静地说,你们应当"走着瞧"。

周的思想的这一大转变,很像是汕头往事的再现,而且在战斗失利时把指挥权交给自己的主要批评者,这种做法不失为一个良策。再说,当时周的身体欠佳,无力担负长征所需要的领导重任。

总之,尽管周对毛有许多意见,但他仍被这位传统的却具有超凡魅力的领袖人物所倾倒了。这一点是非常清楚的。也许,农村根据地的峥嵘岁月已把周在天津——巴黎——上海所形成的有关中国革命城市化的观点的锐气全磨掉了。中国农民必须加入革命运动中的重要性深深地触动了他。作为一个机灵的城市人,在农村范围内可能没有多大帮助,但是他可以作为那位可信的农民领袖的助手,提供了解国外形势的渠道和使其思想观点更闪闪发光的人。

就连周的警卫员也渐渐被他培养成了共产党员。周曾住在一座家具雅致美观的房子里。他的部下十分喜欢屋里那些值钱的东西。他的警卫员魏国禄在打扫房间时拾到了一枚金戒指。因为过去从未见过这种玩意儿,魏便把它戴在了手指上。第二天,当他给周打洗脸水时,被周发现了。魏正要离开,周责怪地问:"魏国禄,你知道三大纪律吗?"(红军的这些基本行为准则包括不拿群众一针一线,一切缴获要归公。)

魏说自己对这些纪律很清楚,而且也照这样办了。

周指着戒指,说:"很好,那么,你手上的戒指从哪儿来的?"

羞愧满面的新兵可怜巴巴地交出了戒指。

一旦做出决定,红军便离开遵义,迅速向西挺进,向着云南山区前进。作为新的由毛泽东、王稼祥和周恩来组成的三人

1935年3月中共中央领导红军的最高机构——三人军事指挥小组成立，图为成员（左起）毛泽东、周恩来、王稼祥。

军事小组的成员，周忙得焦头烂额。在远离内地后，国民党部队减少了。这是长征途中一段相对太平的时期。

在云南山区，有天晚上其他人早已就寝，周却挑灯夜战，全神贯注地在研究作战地图和情报。最后，他来到屋外漫步。

"口令！"（通行口令）路边的值勤战士喊道。

"我是周恩来。"他忘了回答口令。战士马上认出了他。周请他到房里聊天，烤烤火，暖暖身子。

大约是在午夜时分，战士接受了邀请。进屋后，他看到周的脸"几乎被长长的头发和胡子"盖住了。他关心地询问这位长者的身体。

"还说得过去，"周答，"去年出发时，突然得了感冒，总是复发。非常讨厌。"

接着，他们又谈到抓来的那些有钱商人。这些人也跟红军一道在行军。这位战士以为扣押他们是为了敲诈他们的钱，因为军官们对他们太好了。

周解释说："这么做并不是为了他们的钱。当然啦，如果他们捐献的钱超过了他们一路的花销，我们还是很欢迎的。

不过，对我们来说，重要的是赢得朋友。这些商人都是四川的富户和有名望的人。我们就要到那里去。通过向这些人表明我们红军的良好品行，与他们建立友好关系，这是一项好政策。"

"如果他们是反革命呢？"

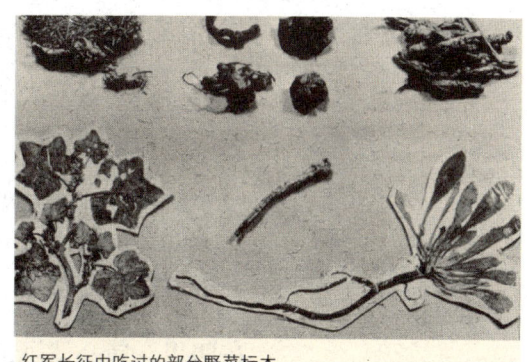

红军长征中吃过的部分野菜标本

"遇到这种情况，我们知道如何对付他们。再说，他们也在学习，他们正在把自己那白嫩的脚同我们的脚进行比较，包括你的脚、我的脚——布满老茧与裂口，跟其他同志的脚一样……我们的铁的纪律将使他们相信，我们是革命战士，不是土匪。"

在一个村里，警卫员魏四处为周寻找食物，最后好不容易找到了一点玉米粉和10个鸡蛋。但是，那家屋里没人，没法付款。警卫员们决定先给周做出来，然后再考虑如何付钱。

当这盘菜端到周跟前时，他坚持要弄清楚这些东西是从哪里来的，付了多少钱。警卫们犹豫不定，不知如何是好。周开了口："这么说你们没有付钱喽？"

他们只好如实坦白了一切。周严厉地说，应当把东西送回去。但是，有一人恳求道："如果给这位村民写张字条，解释一下这件事，在鸡蛋篮里再放上一点钱，是不是就可以了？"

周只好答应这么做。于是，他们留下一块银圆做付款。还有一次，周坐在一棵梨树下，但他拒绝吃树上的熟梨子，因为无法向主人付钱。

在云南，由于他们的到来太出乎意外，所以轻而易举地缴获了许多国民党军需品。有一次，3辆敌军卡车错把他们当作自己人，径直朝他们开来。结果，红军不费吹灰之力，缴获了大量战利品,有一辆车装的是火腿、药、茶叶和军用地图等。

当朱德看到这些东西时,周告诉他:"敌人是我们最好的运输队。我们需要什么,他们送什么,还不要报酬……我们正为没有云南地图发愁,敌人就给我们送来了这些地图。我们的伤员需要药,而现在想要的药品都有了。"

大家都高兴地笑了。

在四川,周心情沉重地庆祝五一节。因为离开江西的共产党战士们已有一半的人在长征的头6个月里英勇献身了。此刻,当他们向北行进,穿过藏族人居住的四川内地时,每个人都经历了艰难险阻。这里的地形也变得稀奇古怪起来。有天晚上,周只好靠着一棵树睡了一觉,只是因为地面太湿,别无选择。为了保护双脚,他已养成习惯,在鞋里塞满旧报纸。

下一个要逾越的障碍是大渡河。它沿着冰雪覆盖的青海高原顺流而下,流经四川,成为长江的主要支流之一。水势凶猛,沿途有几座桥。最初,红军想在安顺场渡河,结果因为船只不足,部队遭到了国民党的攻击。经过焦急地讨论,周和其他人决定在上游再最后试一次,穿过具有历史意义的泸定铁索桥。周冒着倾盆大雨,沿大渡河急速前进。可是,到了那儿一看,敌人已经毁掉了桥上的木板,战士们正在步履艰难地过桥。

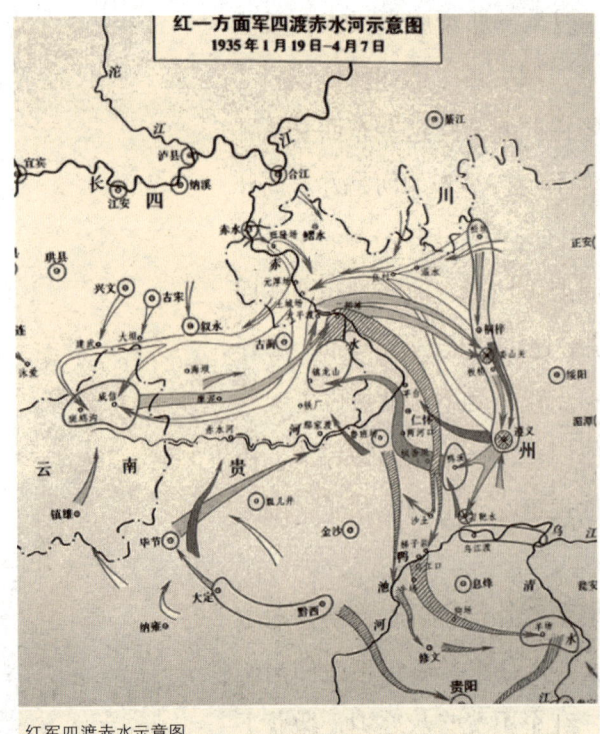

红军四渡赤水示意图

"过桥时,"周劝自己的警

第二部 奋斗

卫员,"你一定要多加小心,看着对岸,别往下面看。"

他们把木板重修了一下,接着,一边在桥上艰难地射击,一边把木板重新铺上。一步一步地,有时真让人提心吊胆。周和部队准备过河了。可是,一开始过河,周就意识到了自己的身体也糟蹋得不成样子了。疼痛突然向他袭来,后来被诊断为肝脓肿。他全身肿胀,但无药可医。过去,离开汕头后他得过疟疾。后来,到了大城市,就医条件好了,他的身体仍一直欠佳。此刻,在穿越大半个中国的长征路上,他和同志们又经历了全新的、几乎无助的奇迹般的战斗历程。难怪这些幸存者在经历了共同的磨难后,感到彼此间形成了一种牢不可破的关系。

泸定铁索桥

下一步,他们必须翻越终年积雪的夹金山。许多红军战士因不适应这里的严寒气候,倒在路上,壮烈牺牲。其中有一位是周警卫员的朋友。周和魏在冰山上挖了一条缝,把这位战士安放在里面,脸上盖着他本人的衣服,用雪掩埋了。在这里,他们还遇到了一场冰雹,"像胡桃那么大"。条件急剧恶化。周总算幸存下来。

在川西北这些荒无人烟的高原地区,粮食极为短缺,有位绝望的战士因吃草中了毒。周看到他躺在地上,便给了他一碗面粉。这是他从自己的口粮里节省下来的唯一一点粮食。

红军长征中涉过渺无人烟的草地，许多战士在这里献出了生命。

6月中旬，长征战士与张国焘率领的一支红军部队重新会合。那时，他们一定为处境稍好的新同志们给予的帮助而欣喜万分。张曾经是毛在党内的上级，他对毛的提升流露了不满。他也有野心，而且在他自己的小范围内和部队里，他已习惯于当头号人物。其他领导人，尤其是周，最初还在毛和张之间调停，想让他俩在以后的长征路上齐心合作。最后，张被任命代替周担任新组建的红军的总政委。但是，毛自己仍占据着重要的军事职位。如果当时，周不是大半时间躺在担架上的话，他对这件事的影响肯定会更大。他曾想做一次讲话，号召大家团结一致，抵抗日本侵略者。然而，当几天后重新开始长征时，他又不得不被人用担架担着走了几周。

张国焘的到来是对遵义会议和解的严重考验。在连续召开的会议上，大家提出了许多建议。会上，领导们仍继续在长征期间制止张国焘——最初他可能受到"布尔什维克"们的支持，也许周也默认了——对遵义会议提出的质疑，因为与整个党休戚相关的决定毕竟是由一群人做出的。

毛的部队衣衫褴褛，疲惫不堪。目睹这种惨状，张国焘决定自称领袖。他的一名部下竟然建议他为党的总书记，这一举动是非常无礼的，而且由于张过于鲁莽地公开了自己的宣言，周和"布尔什维克"们便疏远了他。于是，张便失去了机会。

张在会师后最初几周里的所作所为，使周认定毛最有组织能力，依靠他的领导，党的处境一定会有改善。

在一次会议上，毛张之间展开了针锋相斗。政治局在毛儿盖召开那一决定性会议时，周正发高烧39.5℃，未能出席。第二天，他声音微弱，神志不清。医生让他身边的人从山上弄来冰块，把浸过雪的毛巾放到他的额上，降低他的体温。第三天，他的体温开始下降。第四天便恢复了正常。

长征到达陕北后（右起），毛泽东、朱德、周恩来、秦邦宪在一起。

事隔不久，周的警卫员魏国禄又因疟疾，一只脚受伤和一只眼感染而躺下，一度成了瞎子。

周镇静地对他说："别担心。想法找点猪肝来，做时别放盐，就着汤一起吃下去。你还可以在热水里放点盐，用干净药棉做成敷布，睡前敷在眼睛上。"这些办法都试过了。行军时，周还把这位年轻人放到自己的马上。

最可怕的事情还在最后，即穿越四川北端的荒草地。周后来回忆说："对我们来说，历史上最黑暗的时候是长征时期……特别是在穿过邻近西藏的大草原时。我们的情况令人绝望，没吃的，也没喝的。我们总算幸存下来了。"

那时，周的身体正处于最坏状态。当那位指挥先头部队的军官前来接受任务时,他才知道,医生已下令周谢绝会客。邓颖超坦率地说,她"为周副主席的身体深感不安,因为没有合适的药物"(整个长征中,红军官兵一直使用中华苏维埃共和国革命军事委员会副主席这一称呼)。周只好放弃夜晚开会的习惯。他又高兴地琢磨起代用营养品来。有一次,战士们摘下皮带,用水煮软,再放进野草,艰苦跋涉一天后,就吃这种东西。周后来在看卓别林的《淘金记》时,肯定是大有同感的,因为他热情地称它是"三鲜汤"。

草地上时常遇到河流。有一次,周和邓不得不冒着大雨,蹚过一条齐胸深的河。由于水流湍急,脚下的淤泥松动,周让同志们解下腿上的绑带,做成一根绳子,三人一组地牵着过河。可是,绳子后来断了。他们便做了一根更粗的绳子,分成更小的小组过河。轮到周时,部下们说他太虚弱了,蹚水过河会受寒,旧病又会复发。最后,周只好同意了他们的要求,被人抬过了河。不久,他们就和陕西省的战友会师,开进了红军在几年前开辟的又一块根据地。

尽管周身患肝病,夫人也得了肺病,但他俩总算从江西至陕西的这一年传奇经历中死里逃生。邓后来在谈到她的肺病时说:"说来也真奇怪,经过一年漫长的行军,我的病却不治而愈了。"

这时,窑洞成了他们最好的住所。在此后的几年里,周还成

1935年,毛泽东和周恩来在延安。

了一位穴居者，先是在保安，后来又迁至延安。在延安，他才把穿了12年之久的长皮外套丢下。但是，他仍把它挂在那里的旧房子里，由当地的一位共产党员保管。对于自己用惯了的东西，尽管破旧，他怎么也舍不得扔。1935年年底，每位红军战士都发了一件新上衣。可是，周怎么也不肯要自己的那件。警卫员说，现在是在根据地，已经取得了胜利，每个人都理应得到一件新上衣。再说，他的那件旧上衣也太破旧、太脏了。周好像第一次看见自己的旧上衣，仔细打量了半天，最后，只好收下那件新衣服。当警卫员让他穿上新衣服时，他还拒绝说："把这件旧衣服洗一洗，补一下，还可以穿。"

邓表现得像个完美的妻子。她自己凿了一孔窑，把它布置得像个家。邓在窑洞的花格窗上贴上当地产的糊纸，她还解答其他妇女的家庭问题、孩子的现代式照管、结核病、裹脚及诸如此类的问题。周这时还留胡子。他们过着这时能够享受得起的较安定的生活。

有一次，周回到家，夫人用一杯咖啡款待他。咖啡筒上写着S&W的商标。"这是最后的一点了，"夫人解释道，"是老毛送来的。他说，这是一位西方来宾送给朱德的，已经传了很多人的手了，在传到我们这儿之前，大家都喝过几勺。"

后来，周收养了一个女儿，名字叫孙维世。她是许多烈士遗孤中的一个，他们的父母都被军阀或国民党杀害了。她的到来弥补了他们较稳定的生活的不足，也解除了他们对没有孩子的忧虑。邓因过去流产已失去了生育能力。

按正常情况，共产党以为蒋介石会发动又一次"围剿"，把他们消灭在中国另一个地方的根据地里。这时，日本将军们企图挑动一场对中国的战争，其目的在于奴役中国。周早已意识到日本引诱国民党政府的用意。还是在长征途中，他就多次考虑过这个问题。这一新情况表明，在全国联合抗日的旗帜下，中国共产党现在是可以同国民党合作的。而且，在此名义下，共产党还可以进一步求助于中国大众及基础组织，使国民党更难以击败他们。

从共产党这一方来说，周承担了主要的重任——创建中国抗日统一战线。陕西附近有两支国民党部队是由中国军阀之一——优秀的张学良统率的。他继承父亲老帅的事业，被人称为少帅，广为人知。早年，少帅吸过鸦片，是一位花花公子。如今，他已长大成人，精神饱满，热忱爱国。他和自己的将领们已经正式效忠蒋介石，把蒋视为中国最得力的领袖。不过，他们的内心十分矛盾，对蒋奈何不得。由于日本人步步进逼，少帅认为，大敌当前，理应抗日优先。

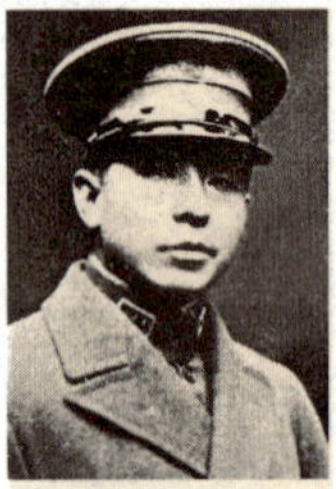

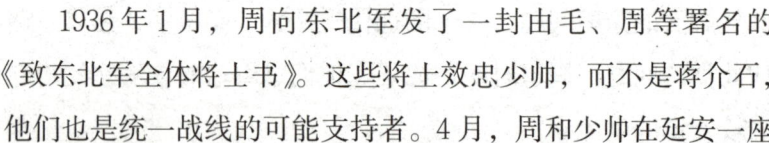

张学良

1936年1月，周向东北军发了一封由毛、周等署名的《致东北军全体将士书》。这些将士效忠少帅，而不是蒋介石，他们也是统一战线的可能支持者。4月，周和少帅在延安一座天主教堂里举行会谈。双方一致认为，蒋介石势力强大，因此他是中国抗日唯一可能的领袖。共产党部队将同中华全国武装力量竭诚合作，共产党将停止政治宣传，但保留自己的政治独立权，而国民党应释放在押的共产党员。这件事不禁使人联想起20年代中期发生的事。当时，国共两大敌对党派在北伐中也曾合作过。当他俩达成一致意见时，周站起来同少帅握手。

1936.4.11
关於与张商谈各项问题的报告
甲、向张说明的基本及具体问题

周恩来给中共中央的关于与张会谈情况的报告

“事情就这么定了，我随时听候你的吩咐。”少帅迟疑地说。他还想等待蒋介石的决定。

“我很高兴留在这里……同你在一起，做

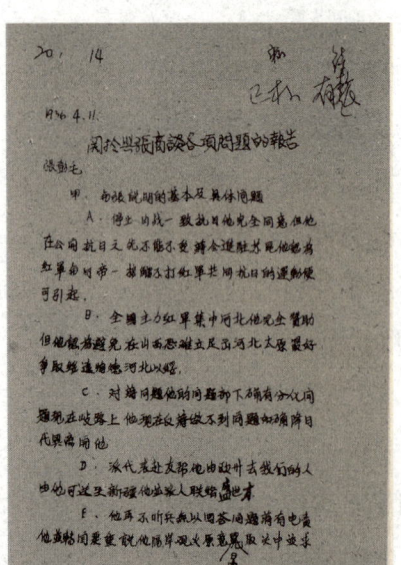

人质。"周坚持说。"没有必要。"少帅说。此时，少帅和红军达成了他们的地方停战协议，后来蒋介石响应了这一停战协议（周先到上海，后又到南京，直接同国民党代表协商）。在有关统一战线的大部分问题上，双方取得了一致看法。

但是，蒋介石本人并不相信同共产党停战的必要性，他也没这么做。他相信，在日本人的威胁恶化之前，消灭共产党是不成问题的。于是，他命令少帅向红军进攻。共产党击退了这一进攻，周还派人向少帅送了一封密信，信上说，"中国人不打中国人"，"谁杀害自己的兄弟喂养恶狼，谁就是野蛮人"。

1936年4月，周恩来在延安城内这座天主教堂同张学良秘密谈判，双方达成"停止内战，一致抗日"的共识。

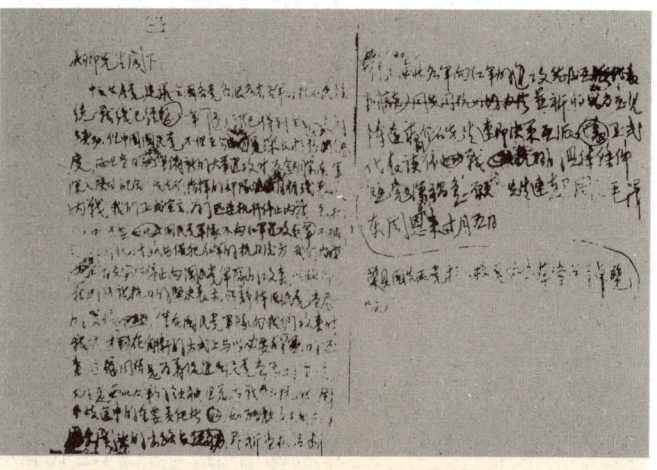

1936年10月5日，毛泽东、周恩来致信张学良，阐明中共的抗日主张和自卫原则，并提出两党派代表正式谈判停战抗日的具体条件。

在此期间，周有过一次偶遇。这次邂逅后来证明是很有意义的。那是6月的一天，周路过延安北部的一个小镇，看到了一位西方人。这在当时的陕北是少有的事。

"你好，"周用英语问，"你找谁呀？"

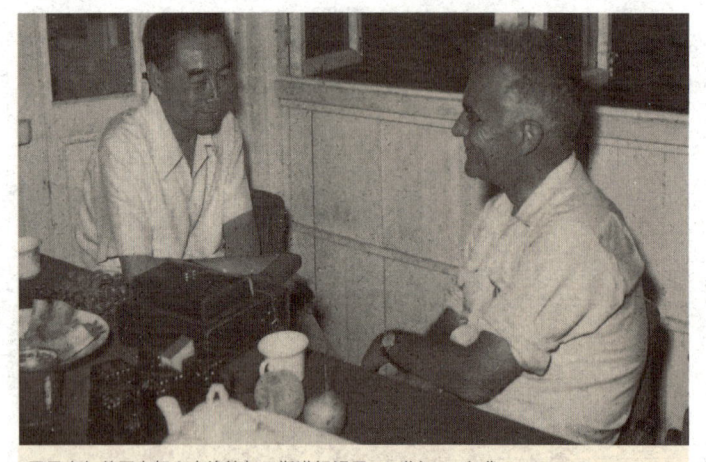

周恩来与美国友好人士埃德加·斯诺相识于20世纪30年代

此人便是埃德加·斯诺，美国《星期六晚邮报》和《生活》杂志的记者，一位热情奔放的年轻人。斯诺把这位问候人描绘为"一个身材修长的年轻军官……蓄着中国人少有的浓密胡子"。

斯诺被这位干练的人物深深迷住了。他详细地描写道："周身材修长，中等个儿，消瘦但结实。虽说胡子又黑又长，但外表还是有点孩子气。大大的眼睛，热情、深邃。他身上有一种磁力，这种吸引力似乎来自他的羞怯、个人魅力及对指挥工作的胸有成竹的个人品质的综合。他的英语虽讲得结结巴巴，但绝对正确。当他告诉我他已5年没说过英语时，我感到非常惊愕"。斯诺后来回忆说："周很英俊，体形像个女孩子，非常苗条。"当周跟这个美国人谈到统一战线问题时，斯诺直率地问："你们是否打算放弃革命？"

"不，"周答道，"我们是在推动革命向前发展，而不是放弃它。革命可能以抗日战争的方式而开始。"

周给斯诺一匹马，带他一块儿到保安见毛。这位美国人获得了一次难得的机会。根据这次会面，他对两位人物进行了比较。不如周的温文尔雅，斯诺看到的是一位"强硬、思维敏捷、才智过人的人。尽管他具有理性、有魄力、自信心强、倔强和善于打动人的本领等品质，但当时他没有打动我，后来也没有"。

这件事发生在 6 月。随着秋季的来临，统战问题已迫在眉睫。周的将领们加紧对少帅及其官兵们进行鼓动。10 月，蒋介石意识到局势严重，慌忙从南方返回，为少帅鼓气。此前，他一直在南方对付那里的不太顺从的军阀们。

12 虎落陷阱
（1936~1940）

周恩来传
A BIOGRAPHY OF ZHOU EN-LAI

西安事变时期的周恩来

出乎人们的意料，周的死敌、曾经几次差点抓到周、并且悬赏8万大洋要周的头的蒋介石，今天居然落到了周的手中。这一不寻常的捉拿上司蒋委员长的兵变是中国东北军在少帅张学良的领导下执行的。当时蒋正在西安视察他们的总部。蒋希望在打败共产党之后再对付日本人，所以他威吓张学良说如果东北军不消灭以延安为根据地的红军，那么他就把东北军调往南方的福建省，然后从别处调派忠实的部队来亲自干这件事，但少帅认为抵抗日本人，共产党是必不可少的。

1936年12月12日拂晓，东北军包围了蒋介石在西安下榻的历史上闻名的"华清池"。蒋闻声从床上跳起，急忙爬出窗外，把假牙都落在了洗漱间，还丢了一只拖鞋。但是，他最后还是被捉住了。少帅不像他的那些性急的军官，他从未想过要害他的上司，现在之所以这样做是因为他与周的秘密会晤

1936年10月22日，蒋介石飞临西安督战。这是张学良（左）与蒋介石（右）在临潼华清池合影。

西安事变发生后,南京国民党政府的飞机在西安上空侦察示威并轰炸渭南。

后希望蒋介石能够抗日。怎么处理这个网中的老虎呢?少帅便请周恩来帮忙出主意。

收到张的电报,周和毛非常激动。人们的第一个直觉便是,这个中国革命的大敌肯定要被处死,或者起码让他站到法庭上,而共产党则可从中得到巨大的宣传效应。但周提醒他的同志们不要抱过多的希望,"我们单方面还不能决定怎么办,"他说,"还要考虑少帅的态度。"

尽管红军战士用整个上午时间把跑道上的雪清扫了,但少帅派去保安接周的飞机还是不能着陆。这样周不得不到延安上飞机。后来,他的随行人员写到,从保安到延安,迎着风雪向南行走了50英里,一路上周敦促他的随行人员紧紧跟上。另有报道说,周穿着灰色的棉军服,留着长长的胡子,骑着一匹枣红色的马,他后面的18个随行人都骑着蒙古马。走了一半路后,他们打算在窑洞里过夜。当警卫员拿出一件新棉大衣给他披上时,周生气地说:"不要把我当成一个老人。"

一到延安,少帅的专机便载着他们在一小时之内飞抵西安。周就住在张学良的住地。由于得到张学良的信任,周实际上成了蒋介石的主宰者,掌握着他的命运,因此他的责任是重大的。只要他说句话,这个曾经杀害过成千上万共产党人,几次竭力捉捕周本人的杀人不眨眼的刽子手,将会反过来被处死。忠实于委员长的国民党军队正在逼近。时间是如此紧迫,怎么办呢?

一些同志要求处死蒋,许多东北军官也这样想,而周的想法是可以开设一个进行教育的、具有政治性的法庭。但是，周很快又做了一些具体考虑。他和他的同事们对蒋深恶痛绝，他们痛恨国民党为与日本谋求和平而公然向共产党开枪。还有，从苏联这个角度考虑：周和他的朋友们在中国只占少数，所以还要依靠克里姆林宫的支持。苏联的态度是，一切服从建立抗击日本的中国国内联合，委员长是其中的一个角色。周不能不考虑这些。

周恩来住过的西安金家巷1号张学良公馆东楼

所以周在赞扬少帅的勇敢精神的同时，指出了处理这件事以和平解决为好。他劝东北军的军官们利用这一机会迫使蒋接受与红军合作抗击日本的条件。处死他不但制止不了内战，反而会使战事扩大，进而帮助日本。所以，应把他争取过来，结成统一战线。

少帅显然是要苏联支持他的行动。周恩来用苏联关于中国联盟的思想来开导少帅，但他突然反而建议要在西安建立一个独立的政府以制约国民党。然而，最后周还是劝服了他在达成抗日协议后放掉蒋。接着，周又用他的观点说服了东北军的军官们。其中有一次谈话长达6小时。

不久，国民党全权代表赶到了，周花了大量时间试图使他相信共产党的条件。圣诞节前夕，蒋介石的夫人宋美龄毅然飞到西安。"你怎么来了？"蒋问她，"你知道，这里是一个死亡的陷阱。"但她并没因此而丧失勇气。

宋美龄

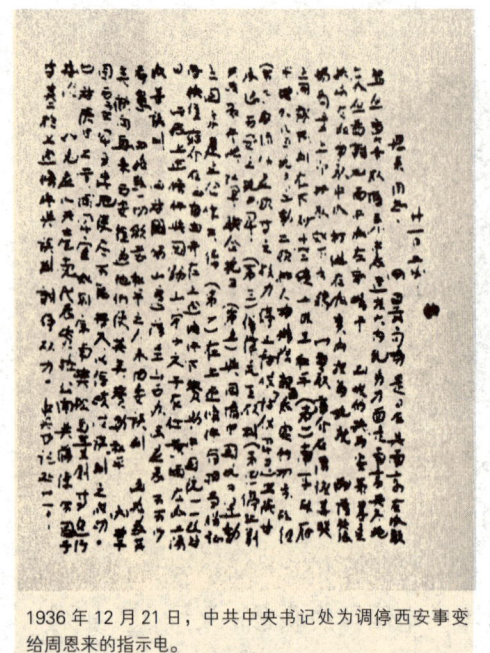

1936年12月21日，中共中央书记处为调停西安事变给周恩来的指示电。

周诚恳地和国民党领导人商讨了6个问题，包括停止内战、撤兵至潼关外、改组南京政府、吸收抗日人员、释放政治犯，以及保证共产党的行动自由等。后来，他们终于同意了这些要求。他们对这位38岁就显露出不凡才华的共产党的外交官表示出敬意。蒋最亲密的顾问端纳后来指出："实际上，是周恩来在西安发生的劫持中使委员长免受伤害。"也正是由于周对东北军的好战的批评压抑了他们对他的敬仰，"周的和蔼全是假的，"有人评论道，"他很狡猾，能装出这般可敬的态度。"然而，他的声誉却是无法诋毁的。

周在没有见到他的大敌前就已获得了这一切。实际上，他是在西安谈判了一个星期以后，在圣诞节前夕才见到蒋介石的。会晤是在深夜进行的，只有他们两个人单独交谈，以后他俩谁也没有提及此事。周的一位同志后来说，蒋开始以为周会使自己送命。在蒋介石对西安事件的说明中，他也从未提到同周讲过话。不过一个英国记者报道说，他们曾有三次秘密会谈，而美国人则说有两次。据说蒋存心用极端无礼的态度对待周。

关于这次历史性会晤的开场白，有很多说法。

"蒋先生，看到你身体很好我很高兴。"这是一种。

"蒋先生，我是你的学生，只要我们和日本人作战，你说什么我们都能接受。"这是周自己的说法，是由一位东北军军官传出的。

第 二 部 | 奋 斗

然而，另一种说法是，少帅这样向蒋"介绍"周，说他的前部下要求见他，于是周走上前行了一个标准的军礼。按照黄埔军校的习惯，周是把蒋称作"校长"进行谈话的。

最体面的开场白是："委员长先生，我是为国共两党的再次合作而来的。"

不管话是怎么说的，身心很虚弱并因被捕而受惊吓的蒋介石，看到他的前政治助手——一个他曾想从中国历史上使之消失的人进来的时候，他的脸色由于不安而变得苍白。共产党人来西安是要处决他吗？他非常虚伪地说："我们打仗的时候，我时常想到你。我记得北伐的时候你也为我做了不少工作，我希望我们能再一次在一起工作。"

周恳求蒋顺应历史的潮流，成为一个真正的民族领袖，帮助其他中国人抗击日本的侵略。他列举了很多事例，说明共产党为了整个民族的事业正在放弃自己意识形态上的目标，呼吁国民党也同样地爱国，并进行和解。周的战术是对这个强

西安事变期间，周恩来同西安红军联络处工作人员合影。

大的杰出的对手流露出尊敬和谦恭（忍住他的真实情感，就像他在南开学校的舞台上一样），避免胁迫，以便以后达成具体协议时更容易一些。蒋以平时的说话方式谈了结束内战的理想，周认为这是一项君子协议，还可以在以后的会议上使之再具体一些。

据说紧张气氛稍有缓解后，周便谈起了关于委员长的家庭情况。他说蒋的儿子蒋经国，在苏联受训期间享受了良好的待遇，这正好抓住了委员长不自觉流露出的但又几乎感觉不到的对儿子的失落感。周答应尽力使他们团聚。

但是，周耐心建造的外交大厦倾倒了。他想多扣留蒋几天，为国共两党的协议提供具体的保证。但是，他认真告诫委员长绝不会伤害他并有条件地释放他，这一点是成功的。圣诞节那天，仅在周与蒋会晤几小时以后，少帅便陪着蒋介石——这个他一直敬佩的人，以及他的妻子和顾问前往机场飞赴南京。陷阱过早地打开了，对手不仅身心毫无损伤地回到了他的首府，而且摆脱了任何个人契约的束缚。周在释放蒋之前没有接到通知，只是在最后他才火速赶到机场，但是已经太迟了，他没能阻止飞机起飞。

少帅急速登上飞机，加入了曾经是他的俘虏的行列中。从此，他再也没露过面。这样，蒋介石得以安全回到家中，并宣告逮捕他的人犯有叛逆罪，把少帅软禁了起来——开始是在大陆，后来是在台湾，他就这样度过自己的余生。

这时，周已经给毛发了一封充满希望的电报：

> 蒋介石病了。我见到他时，他表示要停止剿共，与红军联合抗日。……从发生的情况看，蒋的态度确实有了改变。他真心授权给宋子文（银行家，蒋夫人

的兄弟、蒋的主要助手），宋也下决心要抗日。当他要离开时，蒋说："从现在起，我再也不剿共了。"

这是毛和周的又一次配合，毛在延安运筹帷幄，而周则在外面进行谈判。他们的一位同事说："毛泽东把他的全部想法和意图都告诉周恩来，而周则在外边根据实际情况把它们转变成行动。"

不久，周发了另一封电报安慰毛，"蒋有自命不凡的虚荣心，或许不会食言"。这位同事补充说，"这是周又一次错误的估计"。

在共产党、国民党、东北军这复杂的三角关系中，停止内战及抗日统一战线能得到挽救吗？周听说少帅被禁，便向南京发电提出抗议。但是，东北军的军官们却愤怒了，他们有50多人威胁说要杀周，因为他使他们失去了少帅。周使出全身的解数平息了他们的怒火。他问："你们不想把中国变成第二个西班牙，是吗？"

周得到了苗（译音）的帮助。苗是一个高大的满族人，嗓门大大的，并常常抱有极端的见解，他既不支持共产党也不拥护国民党。他请教周的意见，是为了把少帅救出来。

周回答："不是我不想帮这个忙，而是最后决策我说了不算。另外，少帅仅仅是一个人，我们还有整个民族需要考虑。"

苗谴责周为他的革命把少帅当成了牺牲品。

"不，苗兄，不是我的革命，是为了我们民族的命运，为了正在流血牺牲的千千万万个我们的同胞。你在少帅的舒适的司令部里待得太久了。你还没有亲自到川西、陕北，以及那么多无法生活的地方走走，你还没有看见我们的大多数人民是怎样生活的，他们祖祖辈辈都过着非人的生活啊！"

苗坚持说周对少帅没有感情。"我曾听说共产党人从不为自己同志的死而落泪。"

"不！"周回答，"我们从不为悲哀落泪，我们只有愤怒的泪，这是绝对不同的，我们正在为人民而战，感伤是没有用的。我们的革命经验是我们的同志用生命换来的，我们的政策是用鲜血写成的，靠几滴伤感的泪水是不行的。"

"你太顽固了！"苗骂道。

不久，关于统一战线的谈判有了进展。这对周和他的职业自尊心来说真是太幸运了。2月中，一项有关国共合作的新的协议书送到了南京。很明显，委员长感觉到要对在西安为获释而讨论过的条件尽点义务。共产党愿放弃极端的土地改革来换取共同抗日。

一个国民党密使带着停战条件的修改件走进了周的办公室。这人正是周的良师益友，在南开中学与周同桌的吴——大个子东北人。在那相处的4年中，他常常保护周，使他不受欺侮。后来在日本留学时，他又给过周一些帮助。从那以后的17年，他们分道扬镳了。吴晋升为国民党政府的官员。

第一次握手是不自然的，接下来便是一阵难堪的沉默。双方都不清楚老关系是否还能再恢复。

"好多年了。"周开始试探说。

"是啊，我们都老了。"

"是的。"

他们悲痛地意识到南开中学帮的6个"结拜兄弟"已有3个死去了。

周试图找出下一个话题："你夫人好吗？"

"还好。"

"有孩子吗？"

| 第 二 部 | 奋 斗

1937年4月30日，周恩来（前排左八）参加杨虎城在西安新城大楼举行的宴会，庆祝西安事变和平解决。

"只有一个。"

"还是那个夫人吗？"虽然在问这话的时候周的眼里闪动着幽默的眼神，但吴冷冷地摆弄着手里的东西。很快那16年在两人之间又形成了一条不可逾越的鸿沟。

有一张照片永久地记录了周胜利返回延安机场的伟大时刻。照片中，周的身边站着毛和其他红军领导，周倚靠着双翼飞机，手漫不经心地插在他的棉飞行服里。他头戴白色飞行帽，遮风镜在前额上掀起——一副猎手满载而归的样子。

周准备先去南京几个星期，然后再进行另一轮谈判。在一个刮风的阴天，周在去劳山的路上遭到了伏击。几名党员牺牲了，也许是因为他口袋里有一张周的名片，这些神秘的狙击兵实际是抢劫东西的土匪。

不久，周到了南京，立刻处在国际新闻界的包围之中，他体验到了一种新的外交特使的生活，并且他也能够去拜访他的老师教授张伯苓。"老师，"据推测，他当时是这样说的，"你还愿意把我当成一名学生带回去吗？"实际上他并不是真正想

西安事变和平解决后,周恩来返抵延安时,在机场受到中共中央领导人欢迎。左三起:秦邦宪(博古)、张闻天(洛甫)、毛泽东、周恩来、彭德怀、林伯渠、萧劲光。

跟他去。但张却不明智地向他的朋友们说了大话,说他可以毫不费力地说服周离开共产党。

周告诉一个记者:"蒋介石手下的自由主义者的影响主要在南京政府内部……国共合作和停止十年内战计划的成功,要靠这样的事实,那就是中国人民、中国的士兵,以及南京的自由主义者要求在日本人侵占我国领土的时候,结束中国人打中国人的局面。"

1937年6月,当海伦·斯诺在延安采访周的时候,周说共产党已经放缓了它的大目标,只需要一个可以包括地主、中产阶级和小资产阶级,以及工人和农民而没有卖国贼的国家民主体系……我们要在中国各阶级中开展一场大的民主运动……为的是抗击日本的侵略战争。既然国民党打算执行孙中山的三项原则——民族、民权、民生——共产党就准备全力支持它。

在这个阐述中,周是诚心实意的吗?国民党的许多评论家把他说成是微笑着站在沉思的毛与外部世界中间的人，这种说法是不确切的。毛同样有着令人吃惊的观点，用来向国外采访者解释和蒋介石结成统一战线的必要性。毫无疑问，周是一个无与伦比的活动家，他那真诚的主张是那样具有说服力，使他赢得了众多的与共产党毫无关系的中国人的同情和信任。

在他的早年，比如在他负责共产党的中央特委和处理叛徒时，他的表现远远不是温和，而是毫不留情。

史料表明在李立三和王明的势力强大的时候，周有时是一个支持者，有时也反对他们的错误主张。到了1937年他开始变得稳健、中庸，特别是在他代表共产党的利益执行同国民党结成统一战线任务的过程中。

6月，蒋介石派他的私人飞机把周接到庐山——当时中国的避暑胜地，同他和他的部长们一起议事。在这里他们讨论了共产党在立法机关的代表席位问题。但是，讨论于7月7日被打断了，因为在北京附近的卢沟桥，中日之间发生了冲突。因此，统一战线在周的心目中已不再是一种愿望，而是中国人民向他们的领袖提出的一个政治上的迫切要求了。

周返回延安同毛和其他同志紧急磋商，然后回到庐山去见委员长，发现他正准备接受几个月前他拒绝的政治协议。在一系列阐述中，蒋承认了共产党、红军和陕西红色根据地的作用。

周恩来和秦邦宪（中）、林伯渠（右）在庐山同蒋介石谈判后回到西安时的合影。

1937年8月，周恩来回到延安。这是他和毛泽东、朱德、林伯渠在毛泽东居住的窑洞前合影。

周起草了充满民族主义精神的统一战线宣言，提出"要把这个民族的光辉前途变为现实的、独立、自由、幸福的新中国，仍需要全国同胞，每一个热血的黄帝子孙，坚韧不拔地努力奋斗。"

共产党保证，在农村停止没收土地，撤销农村的社会主义运动。对一些意识形态举动，比如国民党方面对工会活动者的逮捕、共产党方面的撕毁地契等，为了团结一致对外，都会暂时停止下来。

8月，日军攻占上海以后，周给在洛川召开的政治局会议带来了一项提议，其内容包括让共产党和红军服从国民政府的领导。周解释说，在他和蒋的这笔交易中，红军将编入国军但不是加入，只是听从南京方面的作战行动安排，从南京方面获取武器和其他装备，但不成为国民党军队的一部分。毛坚持认为红军要保留全部自主权。

周说，如果共产党在抗日战争中表现积极，那么它在中国的政治形象便会树立起来，它应信守与国民党的合作并服从中央政府的领导。在任何情况下，独立都是相对的，可以解释为以多种巧妙的方式与国民党达成基本协议。

在长征快结束时闹分裂的张国焘，现在又重新回到了陕北根据地。由于总是处于这种僵局之中，洛甫便提出进行妥协。周说，现在是我们党表现爱国主义精神，同国民党并肩作战而不是相互对战的时候，这样要比退回游击战，给人一种共产党软弱的印象要强得多。妥协是为了参加到反抗日本的整体战之中。

毛不相信任何经过渲染的事情。当蒋提出要红军到山西前线和日军作战时,毛一直推托他的供给没有准备好,改编还没完成……甚至当红军开到山西前线时,也没有立即投入战斗,以防万一在某次战役中被全歼。因此,3个师的兵力被分散在山西几个不同的地方。

9月初,周到山西抗日前线,同阎锡山协调与红军协同抗日问题,并取得了成果。9月末,在平型关战役中,由林彪将军指挥打的胜仗,是得到了周的后勤部队的大力帮助而取得的。这是中国军队抗击日本的第一次重大胜利,虽然侵略者再不会在山区轻易地遭到伏击,但这次大捷却使共产党在国民党占大多数的中国产生了良好的影响。周的夫人在红军总部组织了庆祝活动,歌颂庆贺长征以来的伟大胜利。

阎锡山

10月下旬,在山西省省会太原再一次见到周的艾格妮丝·史沫特莱情绪激动地说:"在太原我见到的所有人当中,很显然他是最现实的、最聪明的、最有能力的。他英俊潇洒,博学多才。"她把周同世界著名的贾瓦哈拉·尼赫鲁相提并论。"他站立笔直,说话时看着对方的眼睛,语调坦诚,他知识渊博,想象力丰富,判断问题一针见血……如果有必要采取一些类似引进现代医疗设施这类有价值措施的话,那么签署命令并将这项措施贯彻下去的一定是周恩来。"一些国民党人想把他从共产党这里争取过去,"他们从来没有成功过,因为他从不在意个人的安逸、财富和势力"。后来她要教共产党的领导人跳舞,当教到周时,他"像在解一道数学题"。他想照顾到自己的四周,不经意地让身体随意摆动,当然他有一种天生的节奏感。

大敌当前，在山西的群众大会上，周发表讲话说如果打败了日本，他们将更加民主。这样的话使他赢得了地方军阀的支持。英国记者詹姆斯·伯特伦是这样描写周的：他身着平纹"中山装"，留着短发和短须，好像是"D.H.劳伦斯的自画像，充满着活力，给人以深刻的印象"。伯特伦心想，"如果他不是一位革命者的话，那么他一定会是一位艺术家。"他浑身充满生气，举止轻快。他熟练地运用着他的各种手势，毫不费力地说着一口流利的英语，时常还夹着几个法语单词。

当记者就战争问题向他提问时，周回答说："即使日本人能够占领整个中国，它也没有那么多的军队。这是一个很简单的算术题。在中国北部有300多座城市，即使他们在每个城市中驻上一个连，他们也绝对控制不了整座城。这样对我们来说可就太好了——我们可以一个一个地分别消灭他们。"

但是不久，装备精良的日军击败了中国的正规部队。11月中旬，周参加了太原的大撤退并且险些丧命。在敌人攻占这座城市前的最后一个夜晚，红军试图将4辆卡车也带走，但汾河大桥上挤满了逃难的人。所以，他们不得不丢弃卡车，带上能带的东西步行。走了一段路，领导们发现周和其他一些高级官员走丢了。后来人们在混乱中找到了他，当他们到达最近的一个村庄时，第一批敌机已开始轰炸那座城市和那座大桥了。

不久，周带着"特使"的任务又回到了南京。那时估计日军要进攻，这个城市正在疏散撤退。他安排美国海军武官埃文斯·卡尔森少校去参观红色根据地。"那天，当人们都急于从南京乘飞机撤往武汉时，"埃德加·斯诺写道，"周通过红色地下交通站，穿过日军防线，把这个美国人送到了游击队的辖地。"

| 第 二 部 | 奋 斗

1937年年末,王明从莫斯科回到延安。王明是个受苏联教育的知识分子。一天,周正在和张国焘交谈,他们听到了飞机的嗡嗡声,以为是日军的轰炸机。可是飞机却降落在了延安机场,他们便跑出去看。周不知道来人是王明。王很自傲,不仅因为自己是斯大林的人,而且还以一个马克思主义理论家而自诩。所以他在中央委员会上与周大声争吵。两三年前曾经在莫斯科详细解释统一战线的他,现在还想顺着被周抛出来的统一战线的潮流继续下去。但毛发现王说得太过分了,对国民党的让步也太多。不久,毛在党的会议上批评了王。过不多久,毛要送一封纯属私人的信给蒋介石,毛选择了周做信使而没有选择王。从此以后,周长期从事了统一战线的工作。

现在毛知道,他从周这里能得到满意的结果。在周手下工作的诗人郭沫若说:"他处理问题的速度像闪电一般,极为迅速。"

在共产党内流传着这样一个关于周的外交手腕的事。廖承志是周的一个年轻的密友,由于某种原因,廖被张国焘逮捕并被看管起来。像张这样的人,把部队控制得只忠实于自己,并

1937年12月9日至14日,中共中央在延安召开政治局会议。后排右二为周恩来。

用自己在党中央的地位来做后盾，几乎像一个独立的军阀，没有法律准则可以阻止他的专横行为。鉴于不是每一件事都能提到中央委员会，周便寻找时机来营救他的朋友。红军一、四方面军会师后，一天他在街上偶然遇上了廖，好长时间没见面，周走上前去和他握手，见有张的卫兵在监视，周什么也没说，脸上的表情也没有变。不久以后的一天晚上，当张国焘去红军总部时，周派他的副官将廖带来——这是他能够"使用权力"的地方。

"你认识到了自己的错误吗？"周冲着廖大声地说，其实这是在说给张国焘听的，"你全都认错了吗？你打算改正吗？"对这些问题，廖一概回答"是"。然后，周叫廖和他们一块儿吃晚饭。这个命令张国焘不敢取消，因为周的官衔比张高。吃饭过程中，周一直和张交谈，没有理廖，好像他们中间从没发生过任何事。因为廖已经承认了错误，许多军官也听到他要改正错误，张就不能再处死他了，也没有再继续拘留他的必要了。最后廖被释放了，是周用他那完美的外交手段救了廖。

由于日军的挺进，国民党政府搬到了更远一点的内地武汉。在那里，周作为共产党代表度过了 1938 年的大部分时间。他刮掉了胡须，穿着笔挺的国民军军服，把时间分别用于军事委员会办公室和共产党报纸上。在一篇社论中，他曾写道："从他的革命经验和贡献上看，委员长是当之无愧的，也是唯一领导整个民族胜利的人。"一些人曾经将这一点看作是周政治立场动摇的信号。他和蒋介石的联系，以及和他的老校友、战场上的对手、新的国民党巨头陈诚之间的联络是如此成功，以至于很多人不知道他究竟站在哪一方。

1938 年 4 月，当张国焘投向国民党的时候，武汉谣传："周恩来将成为第二个张国焘。"一些人预言，委员长将把毛流放，把共产党易名为民粹党，由周恩来当最高领导。人们推测，这个党将不像共产党那样走极端。有人甚至公开问周是否真的已经放弃了共产主义。

"没有的事！"周回答，"如果离开了我们的党组织，我就毫无作用，我参加国民党又有什么好处呢？"一些官员直截了当地提出要他参加国民党。他回答："不，国民党内各个阶层的仁人志士都有。我在那里还有什么用处呢？"

但是，当时有一些流言。周的一个前同事刘宁（译音）曾经写道：

1938年，周恩来在武汉。

> 周恩来将成为张国焘第二的预言不仅是可能的，而且……不可避免。周已经感到不自在了。就目前情况看，可以说周是在国共两党之间徘徊，在近期内周不会离开共产党，他要考虑他的未来，必须仔细打算。张国焘的叛变影响了共产党的威望。

这些臆测反而使周在武汉的工作极易开展，能达到这种程度他可能颇费了一番苦心。然而，对外国人来说，他成了中国理性的发言人。他的声音全世界都想听，而且也愿意传播。

后来，他的夫人邓颖超来和他一起工作。当时，曾使她在长征中备受其苦的肺结核还没有痊愈。1936年，她曾去北京西山疗养。清爽的气候、良好的食品和休息几乎使她痊愈。但日本部队突然来到这个地区，她不得不离开此地。她先到了北京城，在那里她找到了早在延安就结识的美国老朋友埃德加·斯诺，求他帮助她逃出去。由于日本人正在搜查每一个铁路乘客，逮捕任何有政治嫌疑的人，斯诺建议把她当成他的保姆带到天津。在约好的一天,她出现在火车站。"看起来完全是一个保姆,头发奇迹般地变成了一个发髻"(斯诺说)。"像一个相当精明的保姆"(这是当时也在协助斯诺的詹姆斯·伯特伦的回忆)。就连美国外交官杰克·谢伟思,他认识周的夫人,在火车上也没认出斯诺的保姆的真实身份。

危险出现在天津。在那里日本人不放过任何一个可疑的人。十多个中国乘客由于他们柔软白皙的手和那一身农民打扮的衣服形成了鲜明对照,便被叫出来挨个查问。邓把手插在袖子里。"是美国人。"斯诺对检查者说,并朝邓打了个手势。邓表现出了和她丈夫一样的高超演技,日本人轻蔑地把她的行李倒在地上,看也没看就放她过去了(这是埃德加·斯诺关于他勇敢营救邓的性命的描述。许多年以后,邓本人说,斯诺说得不对,但究竟如何我们不知道。只是斯诺和伯特伦不会同时编造出同一个情节来)。不久,邓在武汉加入了她丈夫的工作。

周和邓结婚之后条件极端困苦,并且经常不能团聚。在武汉的生活几乎成了他们的第二次蜜月。他们在山腰租了一座外国人建的漂亮别墅,附近还有一座很大的桃园和一个湖。这差不多算是他们过的最奢侈的生活了。

一天,他们在《纽约时报》通讯员蒂尔曼·杜丁家里吃饭,突然空袭警报响了。警报解除之后,他们从掩体里出来,发现杜丁的房子已经被炸成了一堆废墟。

1938年,英国诗人W.H.奥登访华,周对他说他最担心的事情是国民党和日军以共产党为代价,双方妥协解决争端。詹姆斯·伯特

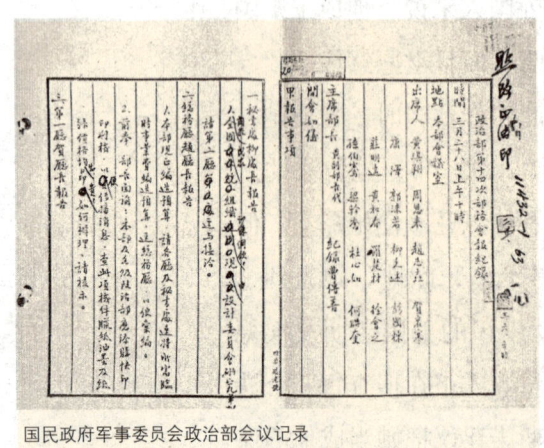

国民政府军事委员会政治部会议记录

伦带着这个问题来到了周的办公室，这个办公室设在原日本人在武汉的租界里（他看到周面对一幅卷轴古画坐在一张榻榻米垫子上）。周向他表示，共产党的对外政策同国民党是一样的。

"但目前并非如此，"周强调，"我们不是机会主义者。我们相信中国还必须同日本侵略者进行长期的斗争直到胜利。因此，对我们来说，得到友好的外国力量的每一种可能的支持都是很重要的。"

"如果我们果真胜利了，我们还需要更多高度发达国家在经济和技术上的支持，重新建设战后的中国，还有像治外法权和不平等条约等尚待解决的问题，将通过和平协议来解决。我们还将继续欢迎外国资本在中国投资及办企业。"

埃文斯·卡尔森是一位美国武官，周曾经帮助过他参观游击区。有一次，周同艾格妮丝·史沫特莱和卡尔森一起吃饭。史沫特莱尖刻地说了一些外国记者对中国的失实报道。周凝视远方，显然他对这一通激烈的言辞没有放在心上。过了一会儿，他胳膊肘架在桌子上，双手捧着下巴，慢条斯理地说："如果记者们的报道总是那么正确无误，历史学家就没用了。"

他表示他非常信赖在武汉认识的记者。他总是拍着埃德

1938年，中共代表团，中共中央长江局负责人王明（中）、周恩来（右）、博古（左）在武汉。

1938年，周恩来和美国进步作家艾格妮丝·史沫特莱（左三）等国际友人在武汉。

加·斯诺的肩膀对其他外国记者说："对我们来说，斯诺是最伟大的外国作家，也是我们最好的外国朋友。"

还有一个周比较喜欢和信任的外国人是美国传教士洛根·H. 鲁茨主教。10年前他曾来此避难，现在已是这里的常客了。周总是喜欢在主教的书房里和他交谈。谈了很久以后，当主教的女儿问他们都谈了些什么时，主教回答说："我只能告诉你，我们的朋友为怎样去创造出一种生活在新的社会里的新型的人而着迷。"多年以后，周告诉鲁茨主教的儿子："你父亲——我敬爱他。"当这个在中国待了42年的主教退休时，周给他题写了两句《诗经》中的诗：

兄弟阋于墙
外御其侮

| 第 二 部 | 奋 斗

他指的是中国统一战线内部的关系。关于军事方针,毛同王明进行过斗争。王认为没有更多的时间打游击战,他比较赞赏国民党的正规战争。毛坚持己见和他争辩说,日军的装备精良,阵地战对我方不利。在他看来,决战应该避免,例如武汉防御计划的制订应该建立在假定它的陷落无法防止的基础上。

在周恩来常常回延安窑洞红区司令部期间,一位曾负责过他的警卫工作的警卫员这样描述他在延安的住所:他拥有两间泥房。外面一间是办公室,屋里放一张桌子、一把椅子和一条长板凳,桌子上有一个砚台和墨水瓶,一个铜质笔筒里插着两支毛笔、一支红蓝铅笔,还有一只旧杯子;紧挨着办公桌放着他那个历尽沧桑的长方形铁质文件盒,长征时他一直将它带在身边。里面一间是卧室,炕上放着两块旧木板,上面铺了一层稻草和一条旧毛毯,床上有一条床单,一床用了好长时间的被子和一只当作枕头的背包。这就是那个在武汉外交场合频频举杯的人家里的一切。

1938年秋,周在日军到来之前随政府一道离开武汉来到长沙,但在11月日军又逼到了长沙。市当局为了不使城市为敌人所利用,决定烧毁这座城市。但他们干得太仓促了。当时周正伏在桌上写东西,国民党官兵便用汽油把那幢大楼点着了。结果周不得不从后门逃了出去。周转身看到那幢熊熊燃烧的大楼,心中非常气愤。鉴于这场大火烧毁了这个城,蒋马上处理了那些莽撞的军官。

周恩来、秦邦宪(左一)接见美国主教洛根·鲁茨(中)并合影。

周劝蒋合法承认那支长江以南由叶

1938年夏,周恩来和邓颖超在武汉会见美国著名进步记者和作家埃德加·斯诺。

挺率领的、没有参加1934年长征的共产党部队。蒋对新四军的认可使共产党在中南地区得到了一个可以发展的很有价值的军事基地。1939年春，周去安徽、浙江和江西省向各部队司令交代任务并做形势报告。他指示新四军政委项英，开展地区游击战，创立一个尽可能大的革命根据地。他还去安徽新四军军部讲了新四军的作战方针，然后到了浙江绍兴。

这是周成年以后第一次回到他的家乡，所以他非常珍惜这个机会。在绍兴，他拜访了他祖父攀龙的百岁堂，而后乘一只乌篷船沿河而下，到乡村去看望周家的墓地。所到之处都有亲戚迎接和陪同，因为他是周家的长孙。他按照家谱询问周家他这一族支人的生活情况。按照习俗，他向祖宗鞠了三个躬（没有叩头）。由于战时的限制，他没能去他的出生地淮安。3月29日晚，他在绍兴同姑表兄弟等在一个银行经理家里吃饭，饭后他们纵情于家乡的传统游戏——他给他们题字写诗。

这件小事给了我们一个洞察周的心理的极好机会，因为它显示了他是怎样利用这么几天的时间促使这些陌生人改变他们的生活道路，变得民主和平等一些，与此同时又为他这个重新组合的家庭得以团聚而心满意足。在这个家庭里，他的亲戚们大都满足于他们作为特权阶层所起的半封建作用。周本能地，或在一定程度上凭经验知道，他想把亲戚们变成马克思主义者的企图，将不会得到什么反应。他在浙江的返乡只

周恩来和新四军军长叶挺（右）、副军长项英（左）在一起。

不过是一次怀旧旅行罢了。在他的一生中,虽然他从不让他家庭的牵涉危及他所从事的党的事业,但他还是有能力处理好二者的关系的。

1939年夏,周经历了有生以来最大的创伤,这个创伤不是来自日本人或国民党,而是由他的一个共产党同志造成的。有一种说法是,周来找毛,毛有别的事要做,不愿那天晚上去中央党校讲马克思主义。毛让周代他去,并让他的夫人江青陪同。

在去党校的路上,江青用力抽打她的马,跑在了前面。当他们来到一片玉米地时,田边的小路非常窄,只能通过一匹马。突然,江青勒住了马。这样,紧随其后的周,要么撞上她,要么践踏庄稼,要么也突然勒马。于是周就紧紧勒住了马缰,马的前蹄腾空而起,周摔下马来,为保护头部,他伸出右手,于是右臂在地上折断了。

肘部凸出的骨头清晰可见,鲜血喷涌而出。江青却装作什么也不知道似的回到了延安。

江青伤害周是否有预谋,一直不为人知。在打倒江青和粉碎"四人帮"的前前后后,这个故事才流传开了。这更像是一次偶然的事故,虽然它很不寻常。

周被抬到了学校,他躺在那里浑身冒冷汗,脸色苍白,血渗透了他的衣服。自愿来根据地的印度医生巴苏大夫给他进行了治疗。他的右胳膊打了好多天的夹板,但一直没长好,不能伸直,而且断续的疼痛和不适迫使他在以后的生活中尽可能少用它。

毛决定送周去莫斯科,在那里他将接受世界上最好的治疗。毫无疑问,这里面可能还有别的政治上的原因。另一个推论是共产党很有必要了解欧洲局势的进展情况。那里,斯大林已经和希特勒签了协定，战争已在西欧爆发。此时苏联正在和侵占东西伯利亚和中国北部的日本磋商休战协议。

接受了统一战线思想的蒋介石，派他的私人飞机送周到兰州。蒋作为公认的中华民族抗日领导人和莫斯科关系密切。周带着夫人和养女一同前往。

毛利用这个机会把现在已不需要的德国军事顾问李德送回了欧洲。由于天气不好，整个航程用了3个星期。在莫斯科，周代表毛对李德在30年代所犯的"错误"提出起诉。毛要把李德从第三国际驱逐出去，按李德的说法，"如果可能的话，就杀掉"。结果李德得到允许，将退休回到德国老家。

关于周从1939年9月到1940年3月在莫斯科度过的6个月很少有记载。据一位同事告诉我们，周在第三国际发言时说，中国政治的现实性必须认清，农村是革命力量的中心。"第三国际一些不了解中国实际情况的同志对此却感到惊讶，并表示不赞成。"春天，周这位独特的游客，身穿一套粗呢西服回到了中国，带回了一架放映机和5部电影胶片（包括《列宁在十月》和《高尔基的青年时代》等）。他们在延安一遍又一遍不厌其烦地放映。周和毛坐在一起讨论这5部电影。随着电影的进行，他把俄语译成汉语，并即兴讲解。他自己操作放映机，是想让人们知道他的手臂好多了，但实际上很显然没有痊愈。尽管他经常按摩，但还是感觉写字困难，时常隐隐作痛。

赴苏联治疗前周恩来与刘少奇合影

1940年年初，周恩来和邓颖超在莫斯科同中共驻共产国际代表团负责人任弼时等合影。右起：蔡畅、张梅、任弼时、陈琮英、邓颖超、周恩来、孙维世。

周恩来和邓颖超同在莫斯科学习的烈士子女在一起。前排左起为张芝明（张太雷之子）、赵令超（赵世炎长子）、赵施格（赵世炎次子），后排左二为郭志成（郭亮之子）。

不久,周又去向外国人简要地介绍了共产党人对40年代中期的战争局势看法的报告。战争陷入了僵持阶段,日军占领了少部分但十分重要的地区,中国没有能力将他们赶走。周告诉美联社的杰拉尔德·萨姆森,战后还将继续同国民党合作。他特别支持毛的关于游击战的理论,他说这个理论"最适应现在的国家经济状况"。游击战能严重地破坏日军的通信线路,"使他们必须为此在占领区驻扎大批军队,花费大量资金"。在认定常规战和游击战具有同等效力之后,周最后承认了毛所强调的游击战的正确性。

1939年,周恩来赴苏联治病时使用的共产国际公寓出入证。

1940年3月,归国后的周恩来在延安所住的窑洞前锻炼臂力。

13 谈判专家
（1940~1943）

周恩来传
A BIOGRAPHY OF ZHOU EN-LAI

重庆时期的周恩来

1940年至1943年，周正代表着共产党的利益驻在国民政府陪都重庆。在这三年期间，他建立起了不寻常的权力，不仅充当着共产党的特使，而且几乎是出于对中国政治制度的良知，在发展着与国民党政府和国民党的关系，努力赢得中间派。

他的总部设在重庆市中心一间残破的旧房子里，对着大街没有窗户，但冲着院子的方向却有一个阳台。

在盛夏的夜晚，他可以向远方眺望，从一排排伸向前方的屋顶一直看到远方的峭壁。在那里，

位于重庆红岩村的八路军驻重庆办事处

嘉陵江把它那褐色的江水都倾进了长江。

一个美国人描述道，这里是曾家岩50号，在一条鹅卵石铺成的泥泞小巷的尽头，窗户上糊着黄色的纸，屋内炒菜的油烟使窗纸也有些油腻。白修德发现这是一个"寒酸的地方，下雨时小巷的泥就没过脚面，接待室的地上也被踩得到处是泥"。楼房有些地方被日本炸弹给炸坏了。

周最亲密的助手叶剑英来后，不得已住到了阁楼上。阁楼上没有窗户，在重庆的这种天气里，更使人透不过气来。为使空气流通，叶在棚顶上开了一个小洞做天窗。住在下层的人提醒叶，要是下雨，屋里就要发大水了。果然，叶的活还没干完，周的房间就被淋透了。人们看到他无可奈何地打着一把伞坐在床上。

曾家岩50号住着一些正派的国民党人，另外还有一些特务在监视着周。周的门外是厨房，那儿有个雇员把周的一举一动都向上报告。小巷里的每一个小铺和小摊都是国民党的情报点。国民党秘密机构的头目亲自住在周的附近，监视着每一个走过周门口的人。这样的密探监视一直持续了下去。正如他的助手们后来说的，在这种气氛中，"他身在虎穴，但泰然自若"。

1939年，周恩来和董必武（前左）、徐特立（前中）、林伯渠（前右）、叶剑英（后左）、秦邦宪（后中）在重庆。

警卫员们做的饭菜，明显使人食欲陡增。有些客人吃过之后，说他们"尝到了延安的风味"。人们知道周每天早晨要上街买一个鸡蛋煮熟当早餐。现在保存下来的他在重庆的一些书籍，包括《共产党宣言》，在封面上都有他的亲笔签名和日期。在重庆的生活接近于周参加共产党前的中产阶级的舒适生活，有时也许并无二致。南开大学①撤到了重庆，所以他能够拜访张伯苓博士和周的老师、南开的注册主任康。

一次，周和夫人去南开吃午餐。当时也在那儿吃午餐的一位客人描述了张博士怎样"显得为他的这个任性的学生而感到自豪"。这位身材修长、英俊潇洒、有着两道浓眉的政治家，他的谈话生动有趣，举止得体，赢得了在场的每一个人的注意，周在与其他客人饮酒时也被看作是一个好对手。

1940年9月，周恩来和邓颖超在八路军重庆办事处楼前留影。

① 应为南开中学。南开大学迁往昆明成为西南联大的一部分。

周知道怎样体贴自己的部下。在重庆的一次宴会上，他问女主人他的司机是否可以入席就座。她同意了。当司机被叫来时，他正利用这点时间缝鞋底。

周在敌人的营垒里生活，身体上并没有受到什么伤害，但国民党却编造故事诽谤他。诸如他和体态婀娜的年轻电影明星陈波儿的罗曼史等。尽管有这样的谣言，他还是以他作为丈夫的忠贞不贰的品格在党内成功地保持了荣誉。

重庆的外国人对周的印象较深，埃文斯·卡尔森在一篇报道里将他描述为"一个高级官吏的后裔,一个有文化、受过教育的人……充满着如此高尚的品格和谦恭的思想"。较有影响的记者,像杰克·安德森经常应邀到曾家岩去吃饭。周会见过总统候选人温德尔·威尔基。

周告诉他新结识的一个美国朋友:共产党中国愿意同美国结成友谊。许多美国人对周比对蒋及其同伙更热情,这就造成了麻烦,即战后美国国内怀疑自己的外交官在中国受了中共的蒙骗。

与此同时,周抓住每一个机会同其他国家建立联系,从朝鲜到印度,他很后悔在尼赫鲁访问中国首都的时候没能见到他。的确这是一个失去了的重要的机会,如果亚洲这些有很多类似之处的民族主义领导人在这个时期就获得相互理解和对对方的好感,尽管他们此时都还没有担负起政府的职责,那么,20年后的中印对抗是可以避免的。

不久前,周被任命担任国民党政府中的一个职务,紧接着又重开他15年前在黄埔军校和蒋介石合作的先例,他被任命为军事委员会政治部副部长。同时,他又是共产党南方局的书记,负责国统区共产党的地下工作,在华北他赢得了抗日民众的支持,同时在华南又赢得了反蒋人民的拥护。除此之外,他还负责共产党的报纸《新华日报》。

周在谈判方面的才能要胜

1940年夏,周恩来(正面中间)在重庆红岩村防空洞口的席棚下接待来访外宾。

过党内其他同事，不论是同国民党谈判，还是同外国人谈判，都是如此。他深谙国际事务，和政府官员关系较好，英语流利，他的性格又特别适合这类工作。许多共产党人是带着一种要争吵的架势来到谈判桌的，但周却保持着一种适当的理智，当形势不利时他就摆出一种无可奈何的样子，打算从对方那里赢得同情心。

担任中共中央南方局书记时的周恩来

白修德称他为毛的"塔中的侦察员"。然而，当时他在党内的政治地位是复杂的。当周在重庆做特使时，其他人特别是刘少奇正忙着帮助毛建立忠实于他自己的党组织。按苏联观察家弗拉季米诺夫的说法，毛曾经批评过周是经验主义者。然而，周一再宣称自己是忠实于毛的。几个月后，别人引述毛的话说他完全信赖周，并依靠他的支持。王明自己有过记载，说毛一边称赞周

《新华日报》民生路营业部

的管理和外交天才，一边暗中抱怨周在党内比毛更受人拥护。这些混乱的说法，不可全信。周在承认毛泽东的领导地位这一点上是不存在什么问题的。

在重庆的那些年中，周创立了一个后来成为中华人民共和国外交部及1949年以后作为北京传播工具的编辑机构的核心，他很好地利用了由于国民党专制独裁而造成的非共产党人士日益增长的对蒋离心离德的机会，同许多知识分子和专业人员建立了联系。这些人后来都投向了1949年成立的人民共和国，填补了共产党在管理界、教育界和商业界的许多空白。

重庆的许多小政治团体，开始不支持共产党，但在周向他们宣讲了共产党将保证进行下列改革：直接投票选举，地方政府自治和从乡村一直向上都实行人民代表民主制以后，他们表现出了兴趣。最后，周帮助他们组织起一个倾向共产党的联盟。他们很多人在人民共和国的早年颇有作为。

在一次记者招待会上，有人问周更多的是中国人还是共产党人时，他回答说："我首先是中国人，其次才是共产党人。"

一个美国人想知道共产党会不会废除宗教。

周说："中国共产党尊重各种宗教，允许有各种信仰。"

1940年7月，周恩来和叶剑英（左四）、邓颖超等同国民党谈判代表张冲在重庆珊瑚坝机场。

1940年圣诞节，卫理公会教徒蒋介石请周吃晚饭以感谢四年前周在西安救他一命之事。他双手紧握周的手，一向沉默寡言的委员长此时异常激动，称周为他所认识的最有理智的共产党人。后来，周回忆说："他这是在恭维我，我讨厌他的恭维，这只能让我多加提防。"他借机委婉地抱怨蒋不民主。

"你知道他是怎么回答的吗？"后来和一位记者谈及此事时，周说，"他说：'你的意思是说我不民主？'"

饭后，周评论说："事实上，我被感动了。只可惜人的情感，尽管真诚，但也无法弥合意识形态上的分歧。"

在这顿有希望重归于好的圣诞宴会过了几天以后，国共脆弱的共同抗日的统一战线崩溃了，安徽省附近的新四军和国军部队展开了一场灾难性的交锋。周立即向全世界宣布，新四军在执行蒋的命令北上的途中，蒋伏击了他们，官兵被杀，叶挺被禁。

叶挺

当皖南事变的消息通过延安电台传给周的时候，他正在开会庆祝《新华日报》创办3周年。这张共产党的报纸连夜把周关于这个事件的文章赶印出来，却被国民党查扣了。报纸以开天窗来表示沉默抗议。其中有一处填上了周奋笔疾书写下的一首诗：

  千古奇冤，
  江南一叶，
  同室操戈，
  相煎何急！

那天晚上，周亲自上街把报纸分发给人们。在他逝世以后，人们以此为素材创作了话剧《报童》。

向蒋提出抗议之后,延安的中共中央担心周在重庆不安全,来电报要他回延安。但是周恩来回电说,他要在重庆坚持斗争下去。延安中央同意了他的意见。

现在,蒋介石与共产党之间处于完全僵持的状态。周感到特别悲痛,因为蒋曾在圣诞宴会上答应保证新四军北上的安全。当周听到这个事件的消息时,他给蒋打了电话。蒋说这是不可能的,没有的事。有人问周,蒋是否在说谎,"不,"周说,"有人对蒋说了谎,但是蒋在某种程度上也说了谎。"蒋说谎是因为他想在各党派中加强地位,蒋在利用全国的矛盾来达到他自己的目的。

周同美国人谈话是希望给蒋带来间接的压力。1942年第一次缅甸战役失败,在纷纷对中国将领们拒不执行他们没有经验的美国司令的命令提出斥责时,周告诉美国人说,只要委员长愿意,他周恩来愿意率领共产党部队重新去作战,"我将服从史迪威将军的命令。"像这样合乎美国主张的灵活请求还有不少。

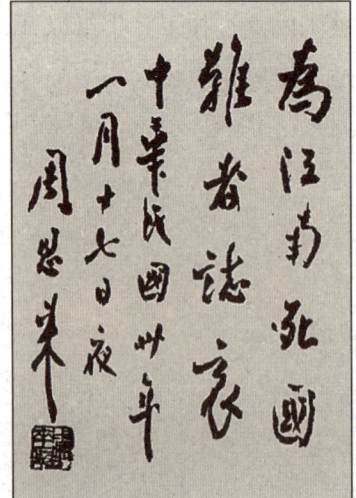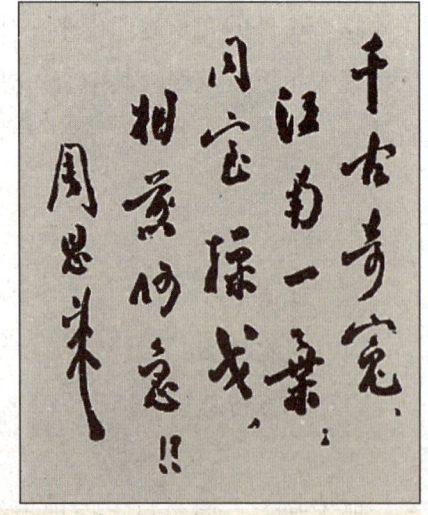

1941年1月17日,周恩来为《新华日报》书写的义愤填膺的题词和诗,揭露国民党顽固派破坏团结抗日、制造皖南事变的罪行。

1941年春，周进行了一次有煽动性的露天演说，很有吸引力。听众中有一位名叫韩素音的有一半华人血统和一半比利时血统的小说家。这是她第一次见到周恩来。她坦率地说，周没有"演讲的天才，但他通过他那真挚的诚意给人以深刻的印象"。她看到他"面颊清瘦，头发浓黑，非常镇静，十分英俊。手势轻快而灵活"。她的第一个感觉是，他给人一种"聪明、自信、脚踏实地和克己自制的印象"。他站在一块凹地中间的桌子上，双眼镇定地环视着人群，演讲了足有4小时。"那是一次人们所听到的最简明易懂的，条理最明晰的，最朴实无华的，也是经过煞费苦心准备的演说。"周对国共两党的争端感到痛惜。

"这就是我们的国家，"他强调说，"无论这个兄弟间相互残杀的悲剧是由什么引起的，我们都应该忘记它。从现在起，我们要向前看。"

他穿着一件新熨过的土黄色军服，没扎腰带，也没戴领章，但穿着一双擦得锃亮的皮鞋。就是在这次演说中，他提到了他养母被冷落了的墓地。

"我的母亲，我欠了她很多很多，可她的坟墓在日占区。我多么希望能回去清扫她坟上的落叶啊。这是一个把一生献给革命和国家的浪子所能为母亲做的最微小的事了。可是我连这也做不到。"多么感人的演讲啊，他使每一位在场的人都流出了眼泪。

1942年夏天，周突然病倒了，不得不去国民党军事医院

1941年1月20日、22日，中共中央军委为皖南事变发布命令并发表谈话，决定重建新四军军部，任命陈毅为代理军长、刘少奇为政治委员。这是毛泽东起草的命令手稿。

做前列腺手术。一个美国来访者看到,他躺在一间墙刷得雪白的小屋中一张用绳索编成的"弹簧"床上。后来他的警卫员用他最喜欢吃的鳀鱼来款待他,周边吃边抱怨太贵了。

与此同时,毛在延安发动了一场毫不调和的整风运动,意在铲除党内的错误思想,而这场重大斗争结束后,毛泽东在6年前长征危急时期获得的临时领导权得以合法化和永久化。

为此,毛急忙把周从重庆召回。在已经持续了一年半的整个整风过程中,只有毛和刘少奇两人未被触动。这样,仅次于这两人的最高领导人周,就陷入了一种极为尴尬的处境。有资料表明,在一些会议上他被指称为"经验主义者"应受到批判。这可能是因为他没有像毛、刘要求的那样去咒骂王明和他的布尔什维克。这场整风运动是"土生土长的毛泽东思想和苏联布尔什维主义斗争的最后阶段"。周支持毛,在这布满地雷的区域里,他每挪一步都必须小心翼翼。

表面上看,周并非犹豫不决,他旗帜鲜明地支持毛泽东思想,给别人做出了榜样。在延安,他对他的同志们说,党的历史已经证明,毛泽东的观点是正确的,共产主义——

> 不但适应中国,而且它经过我们党的领袖毛泽东同志的运用和发展,已经和中国民族的解放运动、中国人民的实际利益结合起来,而成为在中国土地上生根的共产主义了。

周非常认真地对待这场运动,逐一检查自己的错误,并给自己订了七条要则。第一条是"加紧学习,抓住中心,宁精勿杂,宁专勿多"。第二条是"努力工作,要有计划,有重点,有条理"。第三条是"习作合一,要注意时间、空间和条件,使之配合适当,要注意检讨和整理,要有发现和创造"。最后两条要则是针对个人修养提出来的。其一是永远不与群众脱离;其二是健全自己身体,保持合理的规律生活。但这两点周却难以做到,尽管他爱交际、有理性。

此时,周在党内的地位并没有由于父亲的死而变得轻松。周按家里要求的老习惯,在共产党报纸上发了一份讣告。这是周仅有的一点孝心,对这个在他还不到一岁时就把他送出去的人,除了尽了这点勉强的礼数外,他再没做什么。然而就是这样,共产党也还有人皱眉头。

周恩来自订的《我的修养要则》手稿

1943年,周仍在重庆,与国民党处于谈判中。7月,他回到延安。周从蒋管区开回了几部车,车上装满了文件、包裹和铺盖卷,最后一次走出了曾家岩的老房子。

当周的车从世界性城市重庆经过几个省回到偏远的共产党根据地延安时,他不能不考虑到他的政治前途,以他的智慧去支持毛。

14 赢得胜利
（1943~1949）

周恩来传
A BIOGRAPHY OF ZHOU EN-LAI

解放战争时期的周恩来

由于党内少数人对毛的称颂，延安陷入了一场政治狂热之中。周恩来在一次欢迎他归来的会议上对毛颂扬说：

> 共产主义……经过我们党的领袖毛泽东同志的运用和发展……成为在中国土地上生根的共产主义了。……这三年，我们全党的团结，在毛泽东同志领导下，经过整风学习到干部审查，已达到空前巩固的程度。

他坦率地承认自己犯过的错误，并把所有这些问题毫不犹豫地交给毛处理。他清楚地知道应在什么时候退让和怎样退让，唯一的例外是关于把与国民党的统一战线继续下去的问题，但即使这时周也没有公开为他在重庆就有的深思熟虑的想法进行游说，而是婉转间接地向全党说明继续与国民党合作有利于党的目标的实现。

周恩来在延安时的留影

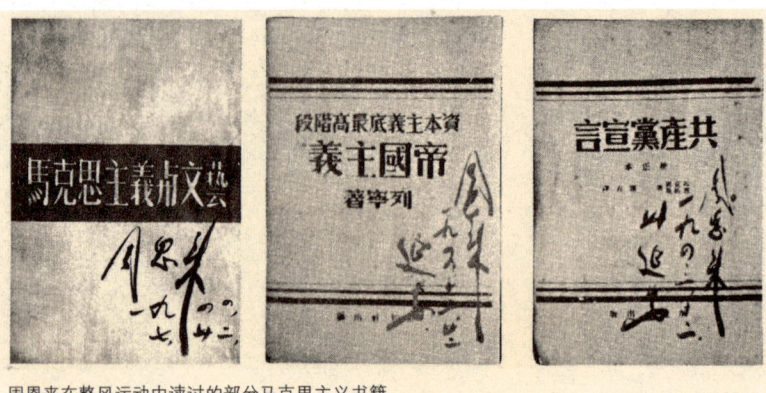

周恩来在整风运动中读过的部分马克思主义书籍

他在谈到他离开延安3年来国内国外的变化时说："我们在外边也看得格外分明。"他用不老练的提法谈到毛的反对者："过去一切反对过、怀疑过毛泽东同志领导或其意见的人，现在彻头彻尾地证明他们错了。"在表面上那是无懈可击的，但在这次含糊其词的讲话的末尾，他又用原来的口气赞扬这次整风运动"收获了从来没有的思想上改造的成绩"。

"同志们！我现在回来了，"他最后说，"在毛泽东同志的领导下，继续努力，奋斗到底！"

在政治局会议上，周报告了抗日战争的进展情况。很明显，他过去的错误并没有得到宽恕，他常常与王明和28个幸存的布尔什维克一道遭到指责，在有些同志看来，他能否幸免也许还成问题。"共产国际"一词过去常常被认为是所有这些"幸存的布尔什维克"领导人想威胁毛的指挥权的一种错误，在当时那种政治气氛中这种观点只能是有害无益的。

然而，不管他的手下遭到怎样的对待，周与毛的私交却似乎很好。由于自觉地承认了自己的过失和不失时机地表达了对毛的热烈拥护，他得以幸免。

周在延安是一个独特的人物，无人可与他匹敌。一位观察家注意到，与其他领导人相比他显得非常整洁，"他的衣服不显臃肿，看起来很合体并熨得平平的"。一个俄国人在延安的一次晚会上发现周吃得很少，是唯一的一个喝酒不醉的人。周关心每一件事，倾听每一个人要说的话，并时常亲切地拍拍与他谈话的人的肩膀或握握手。他在宿营中是最勤快的人。他的私生活堪为典范，他的妻子邓颖超为他的形象增添了朴素的特色，邓颖超形容他们在延安的住处是"他们婚后的第一个家"。周的办公室是一间闲置的窑洞，里面放着粗糙的木质家具，家具上刷着黄漆，闪闪发光。

在共产党内，只有周主张与美国人做进一步的和有效的接触。在这些美国人中，任何一个人都能在战后中国的政治中起到重要的作用。一个苏联同志写道，除了与美国人的关系外，他"甚至对英国也有很大的好感。他帮助一个英国贵族从重庆带回了给他儿子的信，此人的儿子是一个激进派，在延安电台工作。同时，他还带回了一批中国的追随者，这些人在经济、政治和国际事务上的能力和才干在党内是无人可比的"。

这时在延安有一个美军观察小组——人们都把它叫作"迪克西小组"——它后来成了周工作的重点。毛需要与美国人接触以证明他可以不依赖莫斯科方面的对手，周成了毛与迪克西小组联系的必不可少的助手。

军事三人小组飞抵延安时，在机场受到毛泽东、朱德、林伯渠的欢迎。

周的冷静给这些美国人留下了深刻的印象。他认为,"国民党统治下的中国与其说像个患霍乱病的人,不如说更像个患结核病的人……将持续不变地衰败下去……不会突然破碎和垮台"。周把蒋介石形容为机会主义的流浪者,"被一些令人难以置信的蠢货和二流货包围着"。周自然得体地做每一件事,鼓动美国人给八路军更多的支持以便在北方打败日本人。

在党内领导阶层,周处于包括王明在内的"二十八个半布尔什维克"之上,除了毛以外他仅次于刘少奇——他与湖南农民出身的毛有着共同的背景,具有组织政党建设的天赋。40年代当刘在敌后吸引着大批地下追随者时,周则领导着南方和西部的共产党办事处。在那儿,工作人员要受到国民党的监视,正如埃德加·斯诺所说的那样,"后来,周在新同志中的追随者远远比刘要少"。

到1944年3月,周在延安的一次长时间的谈话中,首次披露了他4年前去莫斯科说服苏联人相信中共新的农村根据地时,他们嘲笑了他一通,他本意是树立起他自己作为毛泽东思想的由来已久的、坚定的信仰者的形象,但后来他又回忆说:"毛泽东同志也花了时间去认识这个问题。"他解释说,直到1928年,毛还坚信我们的工作重心应该在城市……所以说,毛泽东思想经历了一个发展过程。他不同意毛和他的助手标榜的毛泽东一贯正确的神话。

更糟的事还在后面,周解释说布哈林曾要求毛离开红军,周回国后正式转达了这一意见。而实际上,毛拒绝离开。但这一切不久便烟消云散,因为中国南部的局势变化使得有必要壮大共产主义队伍,而这就有用得着毛的地方,但如实地陈述党的历史,就会被认定为动摇毛的地位,同时又使得毛对周的意图心存疑虑。

第二部 奋斗

另一个戏剧性的插曲是，周在中央委员会书记处突然对毛的主要代理人，一个叫康生的讨厌人物在整风运动中的做法进行了抨击。尽管没有人喜欢康生，但周是当时党内唯一勇敢而正直地站出来指责他滥用职权、违反整风运动的原则和采取不正当方式取悦毛的人。在20年后"文革"的一次引人注目的谈话中，周召集他的战友说："你们受冤枉了！你们是清白的！"

毛对周的批评保持沉默，当然这毕竟还没有触及毛自身。毛也许察觉到整风运动产生了违背初衷的影响，于是准备做出一些牺牲以便维护自己的权力——利用周作为他的代理人。

周在10月的一次讲话中谈到，丘吉尔极想知道中国得到美国全力相助却节节败退的原因，这个原因就是国民党拒绝进行政治改革。美国外交官约翰·谢伟思当时在场，他注意到周的接见不如朱德将军热情，朱把他安排在讲台前面。周的语言简洁明了，但也许是他的讲演太正式和拘谨，"没有获得像朱将军似乎毫不费力就引起的那种热情的反应"。

周采取新的强硬立场的另一个迹象是他开始疏远他敬重的校长张伯苓。张曾质问周，为什么共产党报纸是唯一没有庆祝南方一场大的抗日军事胜利（国民党取得的）的报纸？

在抗战即将结束时，两党谈判又一次活跃起来。1944年年底，周和美国大使一起飞到重庆。在机场

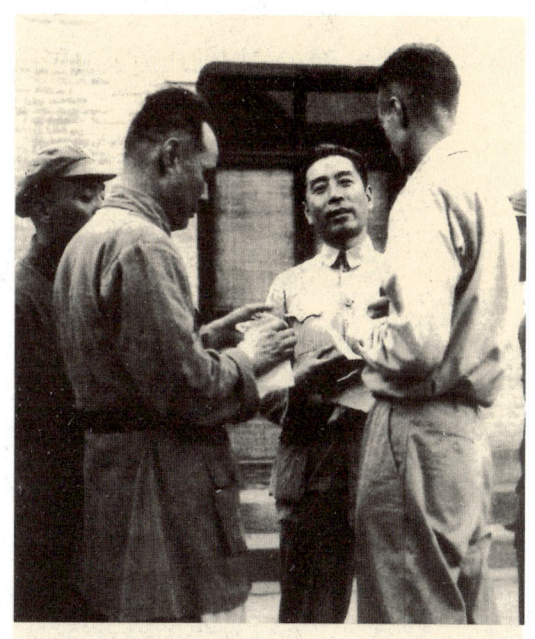

1944年8月，周恩来和叶剑英（左二）等在延安同美军观察组成员谢伟思（左四）交谈。

毛泽东、周恩来离开延安时与赫尔利、张治中在驻延安美军观察组住处前合影。

他与夫人吻别,一个外国记者报道说,这是"我在公众场合下见到一个骄傲的中国人表达私人感情的难得的一次"。周在重庆度过了1945年1月下旬后的三个星期,但一无所获。即使在美国的压力下,国民党政府也不愿放弃任何政治和军事权力。

周没有交好运,没能受邀请去华盛顿会见罗斯福总统。1945年年初,迪克西小组报告说,毛和周想同总统会谈,但周奇怪地一反平常小心谨慎的做法,劝告延安的美国官员不要让赫尔利大使插手此事,"因为我不相信他的判断力"。不幸的是,当这条消息到达重庆时,魏德迈将军不在城里,并让他的参谋把这一信件交由赫尔利大使处理,所以赫尔利读到了周对他自己的评价,这可能在任何情况下都不能算作要优先处理的信件,赫尔利直到很久以后才把周的请求作为其他事项的不重要的附言转到白宫,这是可以原谅的。如果处理得更好些,罗斯福有可能会受到周的影响,迫使蒋介石交出一部分权力。

然而，周与国民党和美国人的谈判技巧是完美无瑕的。一个国民党谈判对手评论说："他能巧妙地转移话题而往往令人觉察不到，当然他也做出让步，但仅仅是在最后时刻做无损大局的妥协以维持谈判的进行。"

在这些情形之中，周的表现是否与他在舞台上的表演有些相像呢？如果是，那么也做得如此出色以至于你会带着这样的印象离去：

> 他对谈判过程中每一次进展的情绪反应都是真诚的，他是一个令人信服的正直的人……共产党将在大陆取胜，但不是通过战斗，而是通过周在谈判桌的另一头的交涉来取胜。

有一次，周在辩论中没有考虑好如何反驳对手就讨论的问题而提出的论点，因此他不动声色地看了看表，提出他必须赶赴另一个约会，并要求把这个问题的讨论推迟到下一次会上。当下一次会议正式举行时，周的一个同事出现在他的位置上，但他不能做出任何决定，因为他未被授权在该问题上表态。

1945年春在延安召开的中共第七次代表大会确定毛作为党的领袖，但周还是重新成为中央委员会、政治局和书记处的成员。毛仍然在闭幕式上把周安排在他的左边坐下，这实际上等于公开指定他为刘少奇之后的第三把手。

1945年，在中共七届一中全会上，周恩来当选为中央政治局委员、书记处书记，这是他和毛泽东等人在大会主席台上。

毛泽东、周恩来、王若飞抵达重庆时受到各界人士热烈欢迎。

1945年8月10日日本投降后，周陪同毛去重庆参加两党的首脑会谈以决定中国的前途。中国在盟国的帮助下击败了日本，但战后中国向何处去？一个在延安的观察家描述说，周在出访前"积极地准备文件，发出指示和协调各种事情"。

在去重庆的途中，周把自己的太阳帽送给毛，使毛能抵御南方灼热的阳光的照射。在滞留重庆的日子里，周勤勉不懈地工作，保护毛不受国民党方面的伤害。尽管国民党答应保证毛的安全，周还是亲自安排毛的起居食宿、行车路线等，他陪同毛四处应酬，因而实际上很少睡眠，每道饭菜都要经过周的仔细检查，他代表毛干杯以防有人下毒，或像丹尼斯·布鲁沃斯所说："使毛保持清醒。"

经过6个星期紧张的谈判，毛和蒋委员长在国内外舆论的压力下在联合政府问题上达成了妥协。谈判期间，周扮演和事佬的角色。当共产党代表团中其他人对毛的意思反应迟钝时，周就加以强调使之明了。最后,共产党接受甚至表示支持国民党执政,因为"民主联合是当今世界大势所趋"。

但他又愤怒地指责国民党对他们的不信任,不承认共产党和八路军、新四军的正当权力。更为令人难堪的是,他邀请国民党代表到从日本统治下解放出来的地区去做微服访问,以使他们对地方上对共产党的支持有一个正确的评估。

> 我们悄悄地去,你可以听到村民们私下的聊天,听到从远处传来的庄户人的歌声,你就会知道他们拥护延安不是因为他们是共产党,而是因为我们为他们所做的一切。请原谅我举这样一个例子,如果你看到一个民兵和一个村姑待在一起,我敢以生命担保,你会发现他们可能是在谈情说爱,但绝不会是私通。

① 后来经调查证明这是一次误会。

毛不久就回到延安,周留下来继续斗争,完善协议中至关重要的具体事项。10月初,他差一点遭暗杀:共产党方面的一个工作人员乘坐周的车返回时遭枪击遇难。这次谋杀的谜底从未揭开,但看来像是国民党某些派系的阴谋,他们要暗杀周以达到破坏谈判的目的①。这次张冠李戴的暗杀也许起到了一个相反的作用,因为两天后两大对立力量在一次协商会上达成了协议。

12月,周率领共产党代表团去重庆参加协商会议,而乔治·马歇尔将军

重庆谈判期间,毛泽东、蒋介石、赫尔利(前排左一)等人合影。

1945年10月10日，国共双方代表王世杰、张治中、邵力子、周恩来、王若飞签订《政府与中共代表会谈纪要》("双十协定")。

"双十协定"签订地点

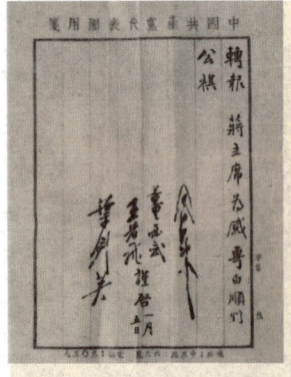 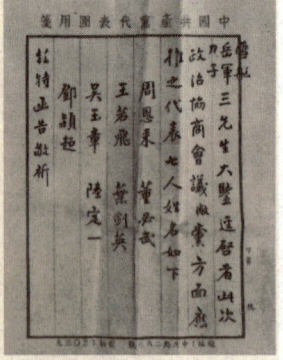

1946年1月5日，中共代表周恩来、董必武、王若飞、叶剑英致函国民党，告知中国共产党参加政治协商会议的代表名单。

也来华执行和平使命。共产党和国民党同意停火，但马歇尔发现他在周和蒋介石之间扮演的调停者的角色不起作用。有一次，当他向周解释蒋介石的最后要求时，周扼住他自己的喉咙，用一种近乎窒息的声音喊道："他们想叫我们去送死！他们想叫我们去送死！"周清楚这种夸张的表演不会导致国民党内蒋所依赖的强硬派真正地与共产党和解。如果他代表共产党所做的努力会最大限度地增加外国的同情，那他就十分满意了，而他后来设法达成的停火协议为他的政党加强地方力量赢得了时间，从而把八路军从国民党军队的毁灭性打击中挽救出来。

1946年1月10日，政治协商会议召开。周号召说："应痛下决心，不仅在今天下午停战，而且要永远使中国不会发生内战。""相信人民，建立一个真正属于人民的政府，依靠人民和造福于人民，只有这样，中国才能无愧于它作为五大强国之一的称号。"他重申，

第二部 奋斗

1946年1月10日,周恩来和国民党代表张群签署的《关于停止国内军事冲突的协议》等文件同时公布。这是周恩来在美国调处代表乔治·卡特利特·马歇尔住处签字时的情景。

如果作为一个政党的应有权力得到承认,那共产党就愿意在中国扮演一个次要角色,"我们拥护蒋先生在中国的领导地位"。他还对大会说,"不仅在过去的八年抗战中是如此,在战后的年月里我们仍将这样做……我们承认国民党是最大的党"。

拟定的条款包括结束两党之间的战争、改组政府和军队、修改宪法,大会还同意在5月召开国民大会。

周飞回延安与毛商量,两天后又回到重庆。在这架双引擎飞机上随他一起飞回来的有一个11岁的小姑娘——新四军军长叶挺的女儿。国民党曾把叶不公正地监禁起来,叶的女儿是去会见她刚出狱的父亲的。飞机经过一片冷空气层时机翼上结了厚厚的一层冰,飞机本来已经严重超载,这时开始失去高度,机长命令把行李扔出去,周帮忙把提箱扔出舱外,乘客还被告知系好降落伞,小姑娘由于她的座位上没有配备降落伞而大哭起来。在这个时候,周穿过起伏不定的机舱,解下自己的降落伞系在小姑娘的背上。"不要哭,扬眉,"他说,"要像你

周恩来与叶扬眉合影

父亲那样勇敢,你必须学会与困难和危险做斗争。"后来,他们飞出冷空气层到达重庆。这个故事人所共知。

1946年5月,国民党政府把首都迁回南京,周也移居到那里的梅园新村。他在重庆的送别会上说:"我已经36年没有回老家了,我母亲坟前的白杨一定长得很高了。"离开炎热的重庆,他来到一个街道上还残留着垃圾的城市。他在那儿的许多用品——一顶帆布帽,一只破旧的皮箱,一把转椅和代表团送给他的被子,以及他那黑色的别克牌轿车——现仍陈列在南京。

他的第一件事就是参加在武汉以北进行的美国——国民党——中共三方的军事调停工作。国民党正在那儿骚扰共产党部队。周的吉普车在大雨中行驶,途中被泛滥的河水挡住了去路。他在一间老式的乡下房子中过了一夜,喝的是大米粥,睡的是木板床。第二天一早起来,河水水位还是没有下降,但他决定越过山区到处于困境中的共产党部队中去。当地的农民把他的吉普运过河,周脱下长裤和鞋,蹚过差不多100码宽的齐腰深的水到达对岸。

回到南京,周面临着又一次危机,国民党在东北的行动破坏了停火协议。当美国大使给周带来蒋介石对这一事件的"让步"时,周"把身体移到椅子边,专心地听着,埋着头以一种压抑的沉默想了很长时间",然后开始"苦笑……轻轻地摇着头"。即便美国人对蒋介石尽了最大的努力也无济于事。

| 第二部 | 奋斗

周绝望地争取全面停火。"过去20年里我们几乎没有停止过战争,但没有找到任何最后的解决办法。我敢断定,即使我们再继续打上二十几年,仍然会毫无结果,战争必须停止!"

挫折对于在两个根本就不打算使谈判成功的大党之间的中间人来说是伤脑筋的。由于经常受到国民党首都那种玩世不恭和自私自利风气的影响,周开始忘记延安的自我牺牲精神,他甚至可能对非重要的事情失去了常有的耐心,而他和乔治·菲奇的一次接触有力地说明了这一点。菲奇是一个长期待在中国的美国基督教青年会的热心人士,周在1946年7月去郑州处理又一起调停事务时,菲奇写信邀请他去关心一下黄河边上开封附近的基督教机构提出的问题,他们要求控制这一地区的共产党政权做更多的修复黄河大堤的工作。

周恩来和邓颖超在梅园新村30号院内

当周到达时,菲奇已经给自己准备了一个行军床,而把自己的床腾出来给贵客。他在几年前见过周。

"我有些吃惊,"菲奇回忆道,"我发觉他与我以前所了解的那个周恩来有了很大的不同……从前他穿着朴素,而今他穿着一套新做的英国花呢西装,穿着丝绸衬衣和短袜,他的旅行包是上好的皮革做成的,他还有一个镶金边的洗漱用品包。"

"他没有感谢我把自己的床让给他而我自己睡行军床——这对一个老派中国人来说是难以置信的!他本应竭力阻止我

周恩来在中共代表团驻地南京梅园新村17号院内的留影

这样做!他的整个态度现在也不那么友好,在3天会谈期间,我们哪儿都没去,他完全支持派到我们委员会的'共产党顾问团'。"

不容置疑,周觉得他的一切精力都仍然应该放在与国民党的周旋上,如果他在这些对大的历史进程无关轻重的事件上引起地方共产党的敌对情绪的话,那么他就会因为削弱了共产党内部的团结而使得这些谈判更加困难。至于改换衣着,无疑反映了他在高消费的世界性都市的生活,在那儿这类情况对职业活动来说是必要的附加物。奇怪的是他到小乡镇去旅行还穿着它们,而这在那儿显然是大可不必的。

在南京他与自己的亲戚们联系上了,这里毕竟离他的出生地很近。他早早地就探望了他富裕的六叔。周从他那儿得知,他那居住在上海的敏感的婶婶已从战时隐居到家里。他们是1939年逃到那里的,因为有谣传说日本人已经知道他们和周的关系了。后来,据说周有一个弟媳来办公室看他,他丢下所有工作来迎接阔别了15年的她,甚至取消了与马歇尔将军下午的约会。他急切地询问他婶婶的健康状况、侄女和外甥在上海的读书生活情况。弟媳对周说,她相信婶婶对他一直离家在外颇为不满。

他们两人前去探望六叔时,他正在睡午觉。周坚持等他醒来,而他们则静静地等着。"你知道六叔的脾气和他午觉睡得不稳的习惯,"他提醒说,"他可能会听到说话声,那会打扰他的。"

9月,周前往上海,因为国民党在南京拖延和破坏谈判。这次,他更多地涉入私事,多次去探望弟媳和婶婶。有一天,他们听说弟媳的父亲碰到了麻烦,家乡的共产党正在整治富裕的地主,她的父亲属于整治的对象,所以要求周在这件事上帮帮忙,但周却无动于衷。

经过几次不成功的请求,弟媳终于与她的父亲见了一面。她回来后说,他临终的愿望就是要她不要再与周家的任何成员见面。极度悲伤的弟媳和婶婶一

周恩来夫妇与六叔周嵩尧在一起

起怒冲冲地闯入周的办公室,周不得不忍受她们对他的无情和对共产党的愤怒斥责。后来弟媳离开婆家,生病住进医院,婶婶在那儿和她做伴,而周竟能使得自己即使在最恶劣的气氛下也是受欢迎的,他成了一个常客,陪他的婶婶坐坐打发时间,谈谈有关孩子们的事。

周在上海还碰到了别的麻烦,即他的住所一直受到国民党特务的监视。周发觉自己被跟踪时,他非常气愤。当他瞄到一辆可疑的车尾随在自己的车后面时,他要司机把车停下来,然后走下车去警告后面的司机:"你的跟踪技术糟透了,这样你会失业的。"另一次他打算去接头,没能甩掉跟踪的尾巴,一气之下他拦住后面的车,质问是谁让他们这样干的。他要求道歉,令人难以置信的是,当天他就收到了上海市市长的道歉。

其他方面的情况依然如故。在午夜举行的新闻发布会上,他对外国记者发表共产党对一些事件的看法,就像一个美国记者所写的那样,他们"看着周,听他通过一个翻译用汉语发表讲话,假装自己不懂英语"。

周不得不对美国人提出越来越多的批评,因为他们和蒋介石靠得越来越近。他向马歇尔将军抱怨国民党军队破坏停火,四处进攻共产党。然而,当他反对美国对蒋的军事援助时,马

歇尔辩解说,这是对一个友好国家的政府的应有的支援,华盛顿终究只能与中国的合法政府打交道。

"你是不是有点拘泥于形式?"周问道,"难道这里没有一点虚伪的成分?你知道,每个人也都清楚,你交付给国民政府的任何东西都必定会牵扯到对付共产党军队的问题。"

马歇尔厌倦了他那吃力不讨好的任务,在10月份做出了安排停火的最后一次努力,但周的耐心也已经消失殆尽。当司徒雷登大使邀请他会见一位国民党代表时,周回答说:"够了,委员长不可信。"

甚至连迄今为止在国共两党之间保持中立的几个小党都在国民党的压力下准备屈服,三个小党的领导人给周带来了一份关于在东北配置军队的妥协建议。他打断他们的说明大声喊道:"请不要再说了!我伤心极了!国民党压制我们还不够久吗?现在你们又要加入他们一方来压制我们!今天和平的崩溃将从你们开始!"三个客人尴尬地收回了他们的意见。

但周没有忘记此事,在一次为一个他尊敬的、正直的无党派政治家举行的告别会上,他说:"我一想到将来有一天他们三个人,还有许多像你这样的好朋友将会站到我们的对立面,你今天奉献给我的这杯美酒就变得淡而无味了。"

蒋委员长拿定了主意,相信他自己既得到国人的拥护,又有美国人的支持,一定能重新开始他消灭共产党的进程,完成几年前被日本人打断的事业。他宣布1946年11月召开由国民党控制的国民大会,对此周进行了愤怒的反击:"和谈的大门被国民党单方面关上了。"周向马歇尔要了架飞机,带走了制止这场中国历史上最血腥的内战的最后的微弱希望,于11月19日飞抵延安。

毛在延安的简易机场跑道上等着欢迎周,毛知道周可能会

| 第 二 部 | 奋 斗

1946年11月16日,周恩来在南京召开中外记者招待会,痛斥国民党撕毁政协决议、扩大内战、单方面召开"国民大会",从而关闭了和平谈判大门,宣布中共代表团即将撤回延安,并满怀信心地表示:"南京我们一定是要回来的!"

受不了西北冬季的严寒,为回报他们一起去南方时周赠送他太阳帽的一片盛情,毛把自己唯一的一件大衣送给了周。周现在不得不重过困苦和低水平的生活,与此同时马歇尔也悲哀地卷起行李回国,中国各地都不再有安全可言。

以后的4个月里,周参加了党制订的令人担忧的计划,冲出蒋对延安的包围圈。这如同长征的再一次开始,只不过更坏的是,国民党配备了大量的美式武器。先是日本人的侵略,后是美国人的抑制,这些都使得蒋介石没有能够消灭他在国内的主要敌人。现在他不再克制了,周和他的共产党伙伴对这一点是相当清楚的。

考虑到如果有人被俘,其他人还可以继续组成一个值得信赖的司令部,共产党领导便分散开来。毛派刘率领一部分工作人员向东冲出陕西,转移到河北西部较安全的山区。毛自己和周绕了一个长长的半圆向北而去。周不仅成为毛更加必不可少

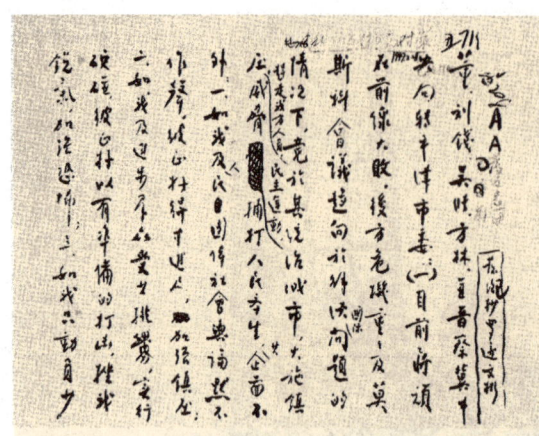

周恩来1947年2月28日为中共中央起草的关于蒋管区工作的指示

转战陕北前夕,周恩来和毛泽东、朱德在一起。

的助手,而且还可以用另一种越来越深的同伴关系,来更加接近这个将是他终身上级的沉默的农民。

1947年3月18日,他们最后一批撤离延安。窑洞城延安作为中国一个政权的根据地,向世界展示了10年的风采。

在此后一年中,周和毛在极为恶劣的条件中常常是冒着极大的危险一起奔波。周取了一个假名"胡必成",意指"必胜",但胜利似乎还遥遥无期,因为他们是在敌人的追踪之下,在地形复杂的乡村穿梭行军。

至于食物,他们不得不依靠当地村民所能提供的烧得很糟的小米饭、野菜和"榆叶糕"等东西度日。周偶尔流露出一种郁闷的自我解嘲:"这比起长征中过草地时吃的东西强多了!"

离开延安后的第三天,他们乘坐的卡车就被国民党的飞机炸坏了,他们只得改为骑马,不久周的鼻子开始不停地流血。他们只带着一副担架,原打算给毛和女同志使用的,但毛坚持要周用。在周爬上担架时,人们发现他的鞋底磨了个大洞。

"您怎么能穿这样的鞋走路?"有人说,"您的鞋垫都露出来了。"

"那不是鞋垫,"周辩解说,"我在那儿塞了一叠报纸,原以为它会坚持一会儿的。"

顺着长城,他们绕过县城,于4月到达一个脱离国民党追踪的临时安全地带,但他们差一点在芦河陷入包围。他们不得不在瓢泼大雨之夜从一座门板搭成的简易桥上渡过河去。周冒着大雨在泥泞的河岸指挥这次行动,直到每个人都安全通过。他到达对岸后又帮助运送伤员,这是他们在迁徙中被国民党军队逼得最紧的一次。

不久,他们到达一个小山村,有一段时间他们待在半山腰的又黑又臭的窑洞里,实际上他们几乎是挤成一团,工作和休息都很困难。周找来一个树桩坐下,用他的短上衣垫上,把肘靠在泥炉子边阅读文件。周似乎睡得比毛还少。有一次夜间行军,他看见敌军经过山谷时燃放的一堆大火,便命令卫兵保持安静。

周恩来在转战途中批阅文件

毛说道:"别担心,今天的世界不是他们的,世界是我们的。"周经常彻夜在电台旁指挥战斗。太阳出来后,他出来洗脸准备睡上一两小时,发现担架队抬着伤员从战场上下来了,周立即放弃了他的打算,着手安排他们的接待、医治和饮食。

还有一次他派出了所有的有战斗力的士兵去前线打一场小仗,有那么一会儿他和毛在震耳欲聋的大炮和炸弹声中,连一个警卫都没有。

尽管他起初曾是担架上的病人,但后来他自己也成了一个担架队员。一次,两个人抬着担架路过周所在的村子,其中一个累垮了而无人替换,周看出担架上的病人大腿伤得很重,需

1948年，周恩来在西柏坡签署作战命令。

要立即送医院，便叫自己的警卫把累垮了的担架队员送到附近的一个医疗点去，他自己抬起担架的一头说："来，我们把他抬到另一个村子去。"

在这一年的躲避和战斗之中，由于糟糕的饮食，再加上疾病和紧张，周的颧骨变得突出，使人几乎认不出他来了，只是后来到北京安定下来过了一段时间安稳的日子后，他的面容才恢复了一些往日的风采。但到了1948年4月，奔波至少已成为过去，周可以定居在河北西部的村庄西柏坡，他和毛在那儿与刘的那一半中央机关成员会合了。尽管延安被蒋介石占领，但这时已收复了。共产党依然存在，并仍然进行着猛烈的反击。

共产党的领导人们聚集一起又掀起了一场新的争论，特别是关于对待苏联和美国的方式问题。斯大林担心引起美国人的干涉和一场新的世界大战——当时冷战的紧张空气正在上升。然而在中国，国民党在通货膨胀和共产党的抵抗下已经士气低落，共产党军队控制了大片北方地区。经过对这些最高政策性问题进行了一年多的大辩论后，共产党决定将战争进行到底，选择了奋勇前进夺取对国民党的决定性军事胜利的道路。

尽管国民党军队拥有大批新式美国装备，但共产党也缴获了大量的日本武器，并且从国民党军手中缴获了美国装备。他们能打败和战胜他们的国民党敌人。许多国民党部队既无能又士气不振，许多战地指挥官不相信和共产党全力作战对国家来说是件好事。在6个月内，陷入困境的国民党政府再一次求和，到1949年1月时局势已糟到蒋委员长不得不辞职的地步，

| 第二部 | 奋斗

1949年1月31日，北平和平解放，人民解放军举行入城仪式。

共产党军队取得了一连串的胜利，几周之内国民党防线就土崩瓦解了。

周和毛领导中国共产党和它那战无不胜的军队开进北平，并主张将这个城市定为中国的首都。许多人认为共产党军队将占领长江以北，国民党将守住长江以南。但是，共产党军队部队并没有驻足不前，他们在这一年的晚些时候渡过这条大江向南方进军。国民党政府只得不光彩地渡海逃到台湾，把中国大陆留给它的共产党政府。这场漫长内战的辉煌战果就连中国人都感到惊奇，现在没有人怀疑国民党是多么的腐败，而像共产党的卓越将领指挥下的士兵是多么英勇善战！这个最后胜利使解放军声誉大振，周在这支军队的组织和战术问题上发挥了巨大作用。

在近30年的斗争中，由于反动派的镇压和内部各种矛盾的干扰，中国共产党几次面临崩溃的边缘。例如，蒋介石

1949年3月25日，周恩来随中共中央进入北平，受到北平各界代表及民主人士的热烈欢迎。这是他在北平西苑机场检阅部队。

在1927年对上海工人阶级进行大屠杀，以及1934年红军进行的似乎注定是一场逃亡的长征等。但是，共产党领导人取得了统治中国的权力并开辟了一条大胆创新的社会实践的道路，党员人数此时已超过300万，在反抗日本侵略的战争中军队增加到400多万。可以说，周和他的伙伴将到北京去宣布一种全新的主义。年轻人会发现它是最为现代化的，它包括这样一个目标，要把中国社会从迷信精英统治转变为真正的社会民主，但这几乎又是不可能的。他们的困难由于外界（苏联除外）不愿承认这个新中国政府而显得更加复杂，但从现在起，周面前的任务是全力指导管理国家和向未来的外国伙伴寻求帮助。经过一生的革命，周在51岁时开始正式执政。

在北京，他开始狂热地工作以巩固新生政权和尽可能使它得到最广泛的支持。他提醒每个人胜利会带来的问题。他对一些中立的政治家说，要接管国家"需要时间和合格的人才，我们必须以一种有组织的方式去做这些事"。"至于合格的人才，不可能由中共一党全部提供，社会各界的所有知名人士一定要参加进来……我们担心的是工作没有做好。"

他补充说，在他年轻时，他和他的同事曾提出打倒孔夫子和反对封建家长制的口号，但今天我们认识到，孔夫子所说的任何有益的东西我们也可以拿来为我们的目的服务，如果我们的父母来和我们住在一起，我们应该照顾他们，"但知识分子必须改变他们的观点。"周说，"总的来说，脑力劳动者的一个特点是他们单独进行工作……这很容易导致个人主义倾向，作家和艺术家应特别努力地学习工人阶级的集体主义精神。"说到农村，他预示"在不久的将来，另有两亿农民将参加到土地改革的浪潮中来"。

周知道不仅要争取激进主义的支持，而且要争取自由派知名人士的支持。他多次努力说服中华民国的第一任总统和国民党创建人孙中山的遗孀宋庆龄来北京，参加新政府的成立典礼。他派宋的老朋友邓颖超去上海落实他的恳求。最后，当宋在8月到达北京站时，周和毛在月台上迎接她，并在人民共和国政府里为她安排了职务。

1949年8月，周恩来（中）和毛泽东（左）、张治中（右）在北平火车站迎候宋庆龄。

在公开场合，周保证新政府将比以前的政府更加爱国，并将反抗美国对此施加的任何压力，"中国人民是具有光荣传统的人民……勇敢……勤劳。多么伟大的人民，毫无疑问我们热爱他们（当然，其他民族也有他们的优点，我们应该承认这点）"。如果美国帝国主义胆敢侵犯新中国，共产党政府将舍弃一切，"包括手纸和冰淇淋"，直至把他们赶出中国。周清楚他的敌人的弱点。

"周确定无疑是一个真诚的共产党人，"美国外交使团在给华盛顿的电报中说，"而且，在对美国的经济制度的认识上，他表现出一些马克思主义以外的东西。"换句话说，周把自己同正统的对美国经济制度的教条式指责区分开来。此外，美国人对中国人民有着真正的兴趣。

一个月后，当美国外交官试图向周转达美国国务院相当消极和保守的反应时，他们遭到了拒绝。或许周在那时认为，司徒雷登大使是与华盛顿打交道的更为可信的渠道。

司徒雷登本想在6月底访问北京，但未能成行。他收到周一封相当消极的私人信件，该信戳了一些老伤疤，周取消了对司徒雷登的邀请，几周后又把这个运气不佳的大使描绘成"惯于以和蔼可亲的面目掩盖其虚伪和欺骗"。

追溯上去，人们可以察觉出这些不断变化的矛盾。周可能真诚地为新中国寻求美国的帮助，但又不能在这方面走得太远，以致受到党内亲苏派的批评和伤害；而美国由于种种令人遗憾的原因，错过了帮助成立新中国的机会，如果抓住了这些机会，那么也许两个国家就可以避免在以后四分之一世纪中许多人为的误解。

周的直率和他那不装模作样的共产主义作风在1949年夏季中的一次讲演中大放光彩，他在北京的一次青年大会①上对

① 指1949年5月在北京举行的中华全国青年第一次代表大会。

1949年5月，中华全国青年第一次代表大会在北平召开。会上成立了中华全国民主青年联合总会（后改称中华全国青年联合会）。图为参加大会的部分代表。

那些共产主义的下一代谈到毛时说,毛是一个伟人,但与普通人没什么两样,他不应该被看成是"一个偶然的、天生的、神秘的、无法学习的领袖",年轻人向他学习时应该"从他的历史发展来学习,不要只看今天的成就伟大而不看历史的发展","昨天迷信的孩子可以变成今天的毛主席(当然,我不是说所有的孩子都可以成毛主席)"。他再次提醒说,毛也曾在农村问题上犯过错误。

周在讲话结束时表示完全同意刘少奇对毛的赞扬之词,即毛成功地运用普遍真理于中国的实际。但他补充说,为了使老百姓在这一真理中受益,必须首先通过教育和宣传来使他们提高政治觉悟,因此,周正确地预见了以后10年中国的政策路线斗争,表明他选择了一种缓慢而实用的变革进程,而不是向一种难以捉摸的社会主义做疯狂冲刺。

第三部

开国总理

中华人民共和国境内各民族一律平等，团结互助，反对帝国主义和人民公敌，实行少数民族的区域自治和人民自治享受他的宗教信仰和风俗习惯发展他的经济文化，使中华人民共和国成为各民族友爱合作的大家庭。

周恩来

15 蓝色睡衣
（1949～1952）

周恩来传
A BIOGRAPHY OF ZHOU EN-LAI

周恩来总理

周恩来毕生奔波在敌人的枪林弹雨之中，常常是没有一只属于他自己的皮箱。现在，他却成了一名他的家庭一直希望他日后成为的达官贵人。但是，中国以往从未见过这样一位达官贵人。今后 26 年里，周恩来将生活在北京，处理一些棘手的任务，这些任务不仅仅是四处奔波，而且要从根本上改造这个世界上最大的国家。在他生命的剩余

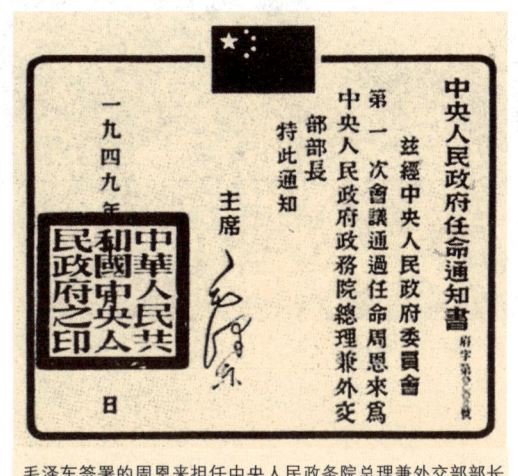

毛泽东签署的周恩来担任中央人民政务院总理兼外交部部长的任命通知书

时间里，他为这一非凡的目标而执着地工作着，并因此而闻名于中国的每一个城镇乡村和世界各大洲。他在战争方面炉火纯青的才干有助于他在和平时期对行政工作的领导；他号召数百万人民揭竿而起的声音，现在得用来号召人民服从政府的管理。

第一件要做的重大事情是为中国崭新的共产党政府和国家

1949年6月15～19日，新政治协商会议筹备会第一次全体会议在北平召开。

周恩来在新政协筹备会上发言

创造各种组织机构。1949年6月，周恩来在新的政治协商会议筹备会常务委员会上当选为副主任，领导制定一部临时宪法。新政协后来名为中国人民政治协商会议，是周恩来为之奋斗一年而取得的成果，它把从国民党里分裂出来的小派别及流亡香港的各政治团体的领袖聚集在一个松散的协商机构里，以便消除许多非马克思主义者对创建一个红色政权的计划所抱有的敌对与怀疑态度。

在筹建新国家的这段时间里，周恩来同样草拟了中国外交政策的主要原则，非共产党国家应该承认新中国具有自己的内政主权，正式给予中国在联合国席位的资格。

1949年10月1日，中华人民共和国中央人民政府成立了。周恩来与他的党内同僚站在北京天安门（天国和平之门）高耸的城楼上。历史上那些携带贡品的使节正是通过这道绯红色缀满黄铜钉的城门，对帝王那漆满黄色的御座屈膝称臣的。

周恩来被任命为政务院（内阁）总理，同时兼任外交部部长。从这个时刻起，世界逐渐知道了他是周恩来——周总理。他使对立双方互为妥协的技巧为他赢得了——用老一代的美誉来形容——"太和首揆"的绰号。在政务院就计划兴建新建筑

开国大典上的毛泽东和周恩来

物就要拆除阻碍北京交通的古建筑问题而展开的著名辩论中，周恩来机敏地回忆起一首古诗，从而打破了僵局。在他父亲乞灵恩赐后的50年，他的名字恩来中的"恩赐"终于来到了。

作为总理，周恩来的日常工作是连续不断地办公，其间穿插着各种会议。除因少有的两三次疾病或操劳过度而短期间断外，在他生命的剩余时间里这种情况从未中止过。他开创了一种无人能够匹敌的步调，令人惊讶地参加频繁活动，每周召开各种内阁会议，并向会议做无数报告，而其细节又分毫不差。此外，他几乎每年都要到许多不同的国家访问，正像法国政治家特雷兰德提到的那样，他"扮演着黎塞留①的角色"。

为了遵循政治有赖于意见一致的这一中国传统，周恩来花费大量时间征求各种不同的观点，这些观点不仅包括党内同志们的，而且包括在官僚机构与整个国家范围内工作的党外人士和一些利益集团的观点。有一次，他在一个重要的党的代表大会上发表讲话，他的讲话稿连续修改了不下20次。一位来访

①黎塞留，法国著名政治家（1585~1642）。

者曾经问他,中国领导人是否就政策进行辩论。周恩来肯定地回答道:"我们不断地辩论,我们对一切事情都辩论。"也许,他后来对他的激动情绪曾感到抱歉。

对那些敦促他休息的朋友,周恩来会说,他承担大量日常工作是应该的,这可以给毛主席留出时间来考虑一些重大的问题。像毛泽东那样,他仍然保持着夜间工作的习惯,常常每天工作20小时。他一般是从早上9点睡到中午,以及在乘车时打打瞌睡补充一下。他的妻子绝望地说:"我已经放弃了要他多睡一会儿的打算。"如果他的确感到累了时,他就在前额上擦点清凉油。他的公文包里总备有一盒这种油。

周恩来不但没有被这种日常工作压垮,反而保持着活力。据一位美国记者报道,在平静时刻,他表情拘谨,沉闷不悦;但是据另一位记者说,一旦他放松时,他又变得生气勃勃,变化万千,好像是他在一个令人难忘的会谈中,充当了所有的角色。一位欧洲女作家发现,他目光炯炯,闪烁迅速。眼睛是他最令人惊异的特征。每个人都感到他是令人不可抗拒的。

周恩来与他的党内高级同僚们选择了中国帝王的紫禁城旁边一块静谧的地方住下来。它位于南海公园里面,人们称之为中南海。在这极为清静的地方,硕大的雪松和松树环绕着墙院,周恩来和邓颖超过着他们的家庭生活。在他刚到来的时候,他的新居显露出年久失修的样子,墙壁乌黑,房柱破裂,地面潮湿,窗户千疮百孔。天气寒冷时,他们不得不用报纸来裱糊挡风。

周恩来经常阻挡那些建筑工与油漆工对房屋进行整修。因此,他的工作人员只好趁他出国访问之际做一些必要的修缮。一次,周恩来回来时漠然凝视着他不在家时安装的新窗帘,命令物还原样。周恩来同样不让他们换掉毗邻一座车库里的一根

第三部 开国总理

新中国成立后周恩来工作和居住的地方——中南海西花厅

破裂的房梁。他说,在中国目前的贫困状态下,资源应更好地用在其他方面,如果继续使用,这根房梁肯定还会支撑几年。

与此类似,据说周恩来的工作地外交部小礼堂的通风设备不足。因此,在专家的建议下,有人决定更修房顶。"这是谁的命令?"周恩来听后问道,"这座礼堂比我们在延安居住的窑洞要好得多……只要我是总理,你们就不能改变这座礼堂。"

有关周恩来日常生活方面的诸如此类的故事还流传着很多,他在花钱方面的吝啬是出了名的,甚至在衣食上也是如此。据说,当他最后用坏了一条脸巾时,他又用它做了一段时间擦手巾;当它擦得不能再用时,他又用它来擦鞋。据称,那双在他去世后展出的打满补丁的袜子,竟令人难以置信地穿了30年,从他做总理之前一直到他逝世为止。

然而,周恩来并非什么都简朴,他喜欢他最爱吃的各种食品,如多刺但味美鲜嫩的鲫鱼、鲲鱼和面条,等等。但是,他

晨曦初照，周恩来在工作。

桌上的谷类食物必须是未经细加工的杂粮。从而，身为总理，他树立了一个榜样，而许多低级官员却忽视这些方面。根据一个报道，50年代初期周恩来的月薪只有135美元。许多官员靠着各种酬劳来增加他们的收入，例如书籍的稿费。但是，周恩来却拒收人民出版社付给他这样的酬金。他秉公行事，甚至在支付因公购买的物品和所需服务项目时，他都公私分明。一个星期天，他因出国访问而走进一家照相馆照相时，他要求开两张单张的发票，一张交给他的办公室，另一张留下，由自己支付个人用的几张照片。有一次，在庐山的官方会议期间，他发现他的房间没有遮挡窗外走廊的窗帘，便自己掏钱安装了一个。

他总是拒绝他的东道主、朋友和钦佩者们赠送的传统礼物，使他们久而久之不得不对此也感到习惯。他故乡的共产党官员曾试图通过向北京寄送当地精美的土产来对他们这位著名的同乡表示敬意。周恩来将它们捆好，并直率地附上一份国务院关于禁止收受各种礼品的守则，一起寄了回去。北京饭店的厨师送了半磅花生油以取悦他,周恩来将东西退了回去,并以中学校长的语气说,应先供外国人用,同时中国的经济发展无论如何也需要更多的花生油。中国政府领导人过去从未这样做过。

在重庆,周恩来常常关照他的司机,尽量带他参加社会上邀请的各种宴会。作为总理,他仍然如此,继续对在他手下的工作人员表示关心。

他在北京的主要事迹之一是支持一名士兵的权利。这位士兵勇敢地要求查问一名在暴怒之下打过他的高级领导成员的身份。在一次修面时,周恩来突然咳嗽起来,结果理发师刮破了他的下巴。周恩来看到他那惶恐的样子,迅速道歉说:"我本该在咳嗽前先给你打声招呼。"或许,最感人的故事是他对一名警卫战士的关心爱护。当时,这位警卫战士正在周下榻的海滨寓所外站岗。突然,大雨倾盆而下,周恩来的妻子撑着雨伞,腋下夹着件东西冲了出来。

"总理送给你这件雨衣,"她说,"穿上它,他提醒你打闪电时不要站在树下。"

战士们最记忆犹新的,是他们在岗上向他敬礼时,他走上前来握住他们的手说:"我们是在一起的同志,不要向我敬礼。"

或许,对一位西方读者来说,这样的故事听起来似乎令人厌烦,会使人想起一个地位不稳的人,为了使自己更受爱戴而做出的种种努力。但是,周恩来的地位并不是不牢靠,而且由于这种生活作风使他

1949年,周恩来和邓颖超在颐和园合影。周恩来非常喜欢这张照片,称之为"瞻望未来"。

享有盛名，其中主要的动机是深刻和认真的，即要打破旧的高人一等的政体模式。这是第一次有人在公共生活中以真诚民主的方式来严格认真地按照秩序办事。然而，正如后来的事情所证明的那样，中国社会顽固地抵制这种改革。周恩来的许多努力都成了过眼烟云。但是，他是党内同志中唯一尽力尝试将平等主义带到中国上层生活里来的人，这就是他受到非马克思主义者的中国人喜爱与尊敬的原因。这些非马克思主义者不仅有中国大陆的，甚至还包括台湾、香港地区和在其他国家的中国人。

新总理有他自己的乐趣，尽管他的妻子由于健康不佳不常陪他出席各种聚会，但50年代初期人们常看到他们在北京饭店的舞厅一起跳舞。这种行为曾被认为是非革命的。在一次没完没了地等待一批外国领导人的时候，我曾看到周总理频繁地用脚尖脚跟磕打着北京机场的柏油路面，仿佛他要在地面翩翩起舞似的。

"文化大革命"期间，有人指责周恩来包庇一家俱乐部。在这个俱乐部里，有漂亮的舞伴，麻将可以打到半夜。周恩来同样爱看电影，他最爱看的影片是卓别林的《大独裁者》，邓颖超证实说："不管他有多忙，他都不会放弃打乒乓球。"

一次，一个外国来访者问他的茅台酒量有多大。茅台是宴会上使用的一种烈性中国酒，也是中国外交的一个重要部分。总理

1950年8月8日，周恩来和邓颖超银婚纪念合影。

不醉酒吗?"噢,不,我也是人,我妻子总嘱咐我不要多喝。但是我必须把它作为我的部分工作来做。如果酒喝多了,我就到盥洗室去,把手插进喉咙里,让它吐出来,然后我带着一杯水出来,像以前那样继续碰杯。"他对他的一位官员吐露,喝茅台的诀窍是像喝伏特加那样将它一饮而尽,不要让它沾到舌头和嘴唇上。

周恩来在打乒乓球(杜修贤 摄)

他竭力阻止任何努力来修复他的故居,因为过于殷勤的当地官员屡次要求这样做。他多次指示淮安县委将故居拆掉。据他逝世后的报道说:"但是,考虑到人民对总理的爱戴,县委没有将房屋拆毁。"据另一项报道,周恩来就他的旧居对同乡提了三项要求:"第一,不要让人参观;第二,不要让在那里居住的人搬迁;第三,不到不得已的情况不要修缮。"

尽管他家不再在那里居住,但是他的亲戚继续让他感到麻烦。一个典型的例子是,他有个侄子在北京读书,毕业后留在那里工作。10年里,他忠实地遵从伯父的嘱咐,未向任何人透露自己与总理的血缘关系,当他因功入党而不得不因此透露他的近亲家属的名字时,他身边的人才惊异地第一次得知他竟是周恩来的侄子。这一切都无关紧要。但是,后来这个侄子与一位淮安姑娘结了婚,因此地方官员想通过安排把姑娘调到北京来工作。这是一项干部结婚的极为平常的安排。然而,当他们对周恩来提及此事时,他责问道,如果必须安排他们住在一起,为什么调动妻子而不是调动丈夫?因此,后来这对夫妇很失望地发现,他们是在淮安的一个小镇里工作,而不是在全国的首都。周恩来做出非同寻常的努力,让他的亲戚尽可能地远离北京居住,确保不给他造成潜在的麻烦,就像我们稍后可以看到的他侄女的情况那样。

自然,妇女权利是周恩来热忱改革的事项之一。他对上海的一个妇女组织说:"家庭是很重要的。你们不要看不起家务工作。不管怎么说,你们每个人都负责一个一人政府。你们每个人都管理着你们家庭的内政部和外交部。还有谁的工作比这还重要?"也许一位西方读者又会对此感到厌烦。但是,中国男人仍然习惯于看不起妇女。因此,这种领导是需要的。妇女权利是周恩来领导下共产党取得的成就之一。正如他在学生时代对邓颖超的行为预示的那样。

周恩来对艺术没有多少鉴赏力。他对一位西方来访者说,如果抽象派艺术没有思想的话,"它对人民有什么价值呢?"他11次观看大型革命歌剧《东方红》一事证明了他的爱好所在。奇怪的是,他谢绝观看一个赞颂他本人的节目。

然而这一点也没有阻止他向演员和导演做一些"有益

1956年4月,周恩来和邓颖超同在北京出席国际民主妇女联合会理事会议的客人步入宴会厅。

1964年10月，周恩来观看《东方红》演出后，祝贺演出成功。

的批评"。的确，他那无休止的革新精神几乎介入了中国生活的任何部分。当建筑师们对新建人民大会堂的设计感到发愁时，周恩来帮助解决了问题。大会堂必须大到能容纳1万人，既不要使人们感到狭小拥挤，又不要使人晕头转向。这是一个有挑战性的难题，是周恩来用铅笔首次画出扁圆形或椭圆形的图案，从而满足了这些需求。这座建筑物的许多细节也是出自他的建议。从一张照片中可以看出，当毛在审阅建筑规划时，周恩来显得希望被理解这是他的创作。

另一个精明的决断是关于杭州灵隐寺的例子。那儿有一尊60英尺高的樟木佛像。按传统姿势，佛像的脚被雕成交叉形。僧侣们要求佛像脚的底部向上跷着，雕塑家却以与解剖学不符加以拒绝。像中国的许多事情一样，这个矛盾最终送交到周恩来的办公桌上来。

周恩来常同文艺工作者切磋探讨艺术问题,这是 1953 年 1 月他在庆祝著名画家齐白石 93 岁寿辰宴会上。

"雕像是为什么地方做的?"他问道,"寺庙,还是博物馆?"

"寺庙。"他们回答说。

"那么就按僧侣们的要求做。"周裁决说。他曾潜心钻研过争论的方式,然而他用一句特有的结尾使僧侣们为他也做出让步。他补充说:"把他的头发改过来,佛祖是印度人,你们把他弄成中国人的样子了。"

他甚至对小事情也都显示出强烈的兴趣,这使他看上去像个喋喋不休的保姆。如果它关系到国家大事,这还情有可原。例如当医生试用一种新眼药膏时,他先让大夫在给毛泽东用之前先给他试试。还有,他曾派一名警卫到有水管的地方站岗,以免毛泽东在开会途中被绊倒,而且过后严厉批评有关的人,说他玩忽职守。甚至当周恩来突然出现在普通列车上,或者在冬天出现在北京的公共汽车上时,他都拒绝别人给他让座位。他说:"我来和你们一起体验一下。"他是来观察上下班时间乘客的各种问题的。检查的结果是,他建议采用一些

1959年3月，周恩来审查人民大会堂设计模型时的情景。

安全岛和其他措施来缓解交通。这样，许多自觉的领导人也跟着这样做。但当周开始在他常去的地方亲自维持交通时，比如在会议厅外和举行招待会的饭店门前等，人们便会无意识地原谅自己，认为这不是他们分内的事，而这需要的是一种热情。

一位日本新闻记者极好地抓住了周恩来的这一侧面，描写了周恩来在记者招待会上的情景。

"当他不谈话时，他的双眼从不停止转动。如果这不是周恩来，我肯定会把他当成是一个正在受精神衰弱折磨的人。他会注意最细微的事情。例如，当一个距离很远的招待员泡茶时发出声响，他要他的翻译暂停一下。他亲自把麦克风挪到旁边翻译座席上，然后从座椅上向前探探身子，伸手把地板上的麦克风线拉直，似乎这些东西如果没有彻底放好会令他感到不自在。"

还有一次，周恩来向离他很远的一位摄影师指出说，他忘记打开相机的镜头盖子。显然，他目光敏锐，酷爱整洁，但有时这些禀赋逐渐被夸大,甚至到了怪癖程度。

他的官员们抱怨说,他有时容易烦躁。不过当他们见他在公开场合下执行公务时,又常常原谅他。其他人形容他性格多变、行动果断、从不拖拉。他喜欢不停地用手做出大幅度的活泼的手势,双眼总爱不停地来回转动。新政权一开始,周恩来给非共产党知识分子和专家写了很多封信,恳求他们在共产党领导下的政府里工作。接受他邀请的有大经济学家马寅初这样的著名学者。这些人希望能够影响政策,帮助把中国改革成一个现代工业国家。在过渡时期里,旧中国培养的这种奉献精神有助于保持优良的价值观念。

马寅初(1882~1982),著名经济学家。天津北洋大学毕业。1923年发起组织"中国经济社",1928年任国民党政府立法委员,次年任财政委员会委员长。新中国成立后历任中央人民政府委员、浙江大学校长、北京大学校长等职。

周恩来使用了许多中国知识分子,这些人曾在西方接受过教育,离乡背井地生活在海外,但现已归国。例如,他自己办公室的浦寿昌博士就是一位哈佛培养的经济学家,他归国后成为总理的秘书。当然,周恩来不能管制党内低级官员的每一项活动。有时,他的邀请也出问题。埃里克·仇的例子就是如此。仇是香港的一位青年作家。当周恩来呼吁那些爱国的、受过专业训练的人要帮助建设中国,而不是为了自己的私利待在香港、台湾或西方时,一位曾出版过仇的作品的香港华人编辑在中华人民共和国建立后不久访问了北京。他告诉他的作者说:"埃里克,周总理清楚地记得你,他问起了你,我告诉他,你和我们一起在香港。他说他愿意亲自见到你。"40年代,仇作为一名记者的确在大陆见过周恩来,他尊敬这位总理,他的虚荣心被挑动起来,同意到中国做一次短期旅行。但是最终他没有再次见到周恩来。

周恩来对两名英国作家说:"我们并不试图消灭个性,但是我们确实正在尽力消除个人主义。这是一种毫不利己、专门利人的政策,如果你喜欢那样表达的话。"

周恩来的同事们希望早点给中国带来一个太平盛世，但这一愿望在初期就由于外部干扰而破灭了。由于美国在共产党胜利前几个月断然拒绝了毛泽东和周恩来的提议，他们不得不转向苏联寻求帮助。毛泽东于1949年12月底抵达莫斯科，平生第一次访问苏联和会见斯大林。像美国人那样，斯大林可能也是三心二意。毛泽东被迫等了很长时间，请求援助没有任何进展。最后，他把周恩来召去。周恩来于1950年1月20日抵达莫斯科，带来一飞机的专家和一套新的蓝方格法兰绒睡衣，这是他专为来莫斯科而买的。它很快就成了周恩来仅有的一套睡衣。尽管它渐渐褪了色，打满蓝白相间的补丁，变成了模糊的灰色，但他一直穿着这套睡衣，甚至后来出国访问时也带着它，直到他去世那一天。

1955年，火箭专家钱学森能够冲破各种阻力从美国归来，是与周恩来的亲切关怀和周密部署分不开的。这是1964年5月，周恩来接见钱学森。

周恩来到了莫斯科后，花了几乎一个月的时间劝说难以对付的俄国人签订一批协议——这些协议形成了今后10年中国对外关系的基石。斯大林仍对毛泽东30年代对待共产国际和与苏联联系的方式感到愤怒。现在，中国共产党不得不为此付出代价。2月14日，他们签署了《中苏友好同盟互助条约》，以及其他的条约，这些条约肯定了蒙古的独立地位，规定双方联合管理与苏联有着传统联系的铁路与港口，并且对华提供一项为期5年的3亿美元信用贷款。这些条件很苛刻。为了得到苏联承担中国国防的义务与援助，毛泽东、周恩来在中东路、大连旅顺港等问题上与苏联继续谈判。这种义务和援助同美国

1949年12月21日，毛泽东在莫斯科庆祝斯大林70寿辰宴会。这是他和斯大林的合影。

对其他国家的援助，甚至同苏联对东欧国家的援助相比也是吝啬的。

这是周恩来在50年代对苏联进行的6次访问中的第一次。双方的关系在抱怨的基调下开始，彼此漠视，很快便公开化。几十年前，当列宁宣布放弃前俄罗斯帝国在亚洲的侵略成果时，像周恩来这样的中国年轻一代曾对此欢欣鼓舞，并留下深刻的印象。但是，现在列宁的继任者不去兑现这些承诺。没有哪个中国领导人对莫斯科能抱有好感。周恩来不得不尽可能地拼凑最低限度的协议，他从国民党时期就习惯于这种工作，这是他第一次出现在国际舞台上。当然，这对西方尤其是美国来讲是一个诱饵，使它们知道中国是无辜的，无论是道义上、政治上，还是经济上。

对周恩来来讲，人不能一仆二主，这是古老格言的一则训诫。否则，你对一个人说东，又对另一个人说西，他们俩都会发现，并再也不相信你。周恩来希望苏联人理解中国国内的原因，中国同志必须采取这种策略是由于关系到国民党的原因。或许，他也考虑到像苏联这样一个先进国家会把自己的民族利益与集团利益置于个人恩怨之上。然而，这两种假设都彻底错了。

中华人民共和国安定下来还不到一年，中国就成为一场有害战争的牺牲品，这场战争使它加深了对苏联的依赖，建立与美国的联系变得遥遥无期，最终导致了中美兵戎相见的可怕后

1950年2月14日，周恩来在莫斯科举行的《中苏友好同盟互助条约》等文件的签字仪式上签字。

果。它对中国没有一丝好处，恰恰是周恩来有意要避免的那种没人能取胜的局面。但是周恩来对此无能为力，具有讽刺意味的是，美国人相信中国人1950年怂恿北朝鲜入侵南朝鲜。事实上，就北朝鲜来讲，这似乎是自由的行动，可能在某种程度上受到苏联人的怂恿（出于不满，他们不会同中国人磋商）。从中国的观点看，这场战争肯定是不适宜的。

美国人把朝鲜看成是苏联打算削弱西方在各大洲势力范围的证据。因此，杜鲁门总统派遣美国第七舰队去守卫台湾，防止来自中国共产党军队的威胁。周恩来将这一行为谴责为对中国领土的武装侵略，因此双方很快转而采取敌对态度。

在北京的周恩来政府方面看来，好像世界正在封锁中国，唯有不值得相信的苏联在支持软弱无力的新中国。印度大使潘尼迦与他的缅甸同僚徒劳地试图劝说周恩来。他们说，在他们的国家，甚至在英国这样的国家，有一部分重要的舆论对中国与右翼的美国政府的斗争如果不是明确同情的话，至少也是中立的。

周恩来给潘尼迦留下了极其深刻的印象。这位印度人后周恩来为抗美援朝战争的题词：

中国人民热爱和平，但是为了保卫和平，从不也永不害怕反抗侵略战争。中国人民决不能容忍外国的侵略，不能任凭帝国主义者对自己的邻人横行侵略而置之不理。周恩来

来写道："我首先注意到的是他那双手。它们不仅得到精心保养，而且就像中国人描绘的那样，每个手指如同细嫩的葱芽。他用它们打着手势，产生出巨大的效果。"周恩来提出的问题是深刻透彻的。尽管他对印度了解得不多，毫无疑问，"他是一个坚定的令人信服的共产党员，一名训练有素的理论家，但是他的双脚同样牢固地扎根于祖国的土壤之中"。

不过，周恩来还是支持正式受到苏联撑腰的北朝鲜金日成的路线。他在公开讲话中使用激烈的措辞抨击美国，这使华盛顿多年后才能原谅。例如，1950年9月30日庆祝中华人民共和国成立一周年时，他说美国在通过帝国主义侵略的疯狂行为表明自己是中国最危险的敌人。在得到解放后，爱好和平的中国人民只想重新安居乐业，发展经济和文化。但是，他们绝不容忍外来侵略，也绝不坐视自己的邻邦遭到帝国主义者的野蛮侵略而置之不理。谁试图从联合国中排除近5亿人民，谁蔑视并违背这个世界上占人类四分之一人口的国家的利益，并徒劳地幻想任意妄为地解决直接涉及中国的东方问题，谁都必将碰得头破血流。这种强硬的语言对中国对美国的目标未起到任何推动作用。当然，周恩来必须对自己党内强大的具有沙文主义倾向的强硬路线派表明，当需要谴责外来强国时，他并不怯懦。

10月3日凌晨1点，周恩来约见潘尼迦大使，这是他通向华盛顿唯一可行的渠道。这位印度人发现，周恩来在今天

清早的会面中像以往一样谦恭迷人,丝毫未显示出焦躁的表情,但是在简短地感谢了尼赫鲁为和平事业所做的努力后,总理迅速转入正题。他说如果在南朝鲜的美国军队像麦克阿瑟将军断然宣称的那样要发动进攻并进入朝鲜,中国将被迫参战。外交部通过其他的中立国渠道向世界各地的美国使馆机构发出了同样的危急警告。但是,使用如此多的传播渠道来发出这一警告,看上去似乎又是运用了宣传手段。过去,周恩来的这种大张声势的手法曾起到了巨大反响。不管怎样,潘尼迦这位诚实的印度人却不辞辛劳地注视着中国问题是否能得到理解。但是,美国和欧洲的领导人却怀疑他在打中国牌。

1950年9月30日,周恩来在全国政协举行的建国一周年庆祝大会上庄严宣告:"中国人民热爱和平,但是为了保卫和平,从不也永不害怕反抗侵略战争。"

尼赫鲁及时地将这一信息转达给华盛顿。但是,杜鲁门总统怀疑潘尼迦的公正,将周恩来的警告视为一项对联合国明目张胆的敲诈。《时代》周刊将其驳斥为"仅仅是宣传"。据说,麦克阿瑟将军认为,进入朝鲜会感到自在些。结果,他的确这样做了。

因此,周恩来的威吓兑现了。毛泽东三天三夜在他的房间里踱来踱去。周恩来则通知官员们召集一次会议。他说:"如果必要,我们必须准备好从沿海省份撤回到内地,并且为了准备一场长期战争要把西北与西南变成基地。"

中国志愿军进入了朝鲜。麦克阿瑟声称,他不认为有什么东西能挡住他的道路。但是,中国军队阻止了美国人向前推进的速度,并终于把他们从北朝鲜赶回了南朝鲜。在紧张的战争中,周恩来的身体有点顶不住了。官方的说法是他因工作过度而患了病。毛泽东建议他到海边胜地旅大去疗养。他好像花了一些时间与妻子在海滨疗养身体。待他返回北京重新工作时,苏联人已提出停火建议。这一建议最终导致了两年后在朝鲜的停战。

事实上,美国人抑制住了跨进中国及对中国进行的轰炸。他们不想在此时与中国人较量。据周恩来的一位同事说,周恩来后来以一种令人惊异的孩童般的口吻对此事进行了评价。他说:"帝国主义政府的领导人是些平庸小人,你只需用激烈的斥责来抨击他们,并且如果有必要的话,给他们点颜色看看,他们就老实了。"还有一次,他在另一个场合说:"如果你把帝国主义者打得使他们感到疼痛,他们就会向你求和。"这是中国的政治语言,而周恩来必须擅长于此。

中国政府计划用3年时间来恢复生产和进行建设。但是,这一切都分散了它的力量。它必须重新改变中国的管理体制,

1950年10月19日,中国人民志愿军首批部队跨过鸭绿江,与朝鲜军民共同作战。

应付对共产党改革的不断抵制活动。作为总理，周恩来无法逃避卷入了共产党的镇压工作。例如，1951年初，他不得不宣布在前10个月中一个省处理了2.8万多反革命分子。他在所谓"三反运动"中同样走在前面。这场运动始于同一年，是为了反对贪污、浪费和极度的官僚主义行为，很多人为此受到处分。

竭力把红军①留在朝鲜境内，是在无情地消耗中国的有限资源。1952年夏季，周恩来带着国防专家前往莫斯科，强烈要求克里姆林宫尽可能给予补偿，中国人用鲜血在朝鲜捍卫着苏联的利益。据说，赫鲁晓夫说话时以一种屈尊相就的态度将周恩来形容为"一个聪明灵活的、目前我们能交谈的人"。通过几个星期不停的争论，周恩来说服斯大林同意放弃半殖民主义的特权。这些特权在第一次谈判中有所保留。斯大林同意进一步增加苏联的经济援助。不过，周恩来不能感到满意。它的数量在任何意义上，都不能与中国战士包括毛泽东的儿子做出的牺牲相等。

① 原文如此。这里指中国人民志愿军。

1952年8月17日，周恩来率领中国政府代表团赴苏联，与苏联领导人商谈关于第一个五个计划的问题。

16 国际舞台
（1953~1955）

周恩来传
A BIOGRAPHY OF ZHOU EN-LAI

外交家周恩来

1953年3月，为苏联的斯大林举行葬礼时，共产主义世界的领导人都聚集到苏联。许多人预料毛泽东会露面，他现在或许会名正言顺地声称是那个统治集团的最高人物。但是，他宁愿躲避在苏联人手下进一步遭到怠慢，因为这种怠慢是预料之中的，他早已领教过了。此外，他1949年的那次访问还从未得到任何苏联高级掌权者的回访，更不用说他的两位主要助手刘少奇和周恩来的那些访问了。

因此，毛泽东派周恩来去参加斯大林的葬礼。欧洲的共产党同事们不仅把他看成是毛泽东的代表，而且对他本人也表示尊敬。周恩来是他们所喜欢的那种共产党人，在莫斯科的仪式上他是站在苏联领导人之间的唯一外国人，而没有和外国代表团在一起。当斯大林的灵柩离开时，周恩来迅速走在它的后面，

周恩来参加斯大林葬礼

与苏联新的国家领导人赫鲁晓夫、马林科夫和贝利亚处于同样的位置上。

周恩来曾深受斯大林的暴躁和吝啬之苦,这时他一定对自己在马克思主义世界中被给予的如此殊荣而感到高兴,这种殊荣是他没有预想到的。当他肃穆地走在这位暴君的遗体后时,他一定会想起他曾怎样等候过来自这个人的遥远的决定。斯大林的威名曾使中国同志感到发抖,他也一定记得斯大林是怎样像一个摩天大厦上的警察指挥下面的街道交通那样指挥着中国革命的。但是,周恩来的复仇情绪很快会转到现实中来。他能从苏联新的领导人那里为中国争得什么呢?与斯大林相反,这些领导人公开宣扬他们高度重视同中国的合作。在那儿,现在开始了一个迟到的蜜月,它将延续3年左右。

周恩来在斯大林葬礼上的显赫地位使他成为国际舞台上的一个新人物。人们到处询问,这位在共产主义世界中执掌如此大权的不知名的中国总理是谁?他在后来的朝鲜停战中的作用,以及随后在印度支那会议上的显著成就加深了外部世界要更好地了解他的印象。印度支那会议于1954年在日内瓦召开,这次会议结束了法国殖民军与胡志明领导的越南民族主义者之间的战争。

周恩来是参加日内瓦会议的3位共产党领导人之一,同来的还有莫洛托夫外长和越南总

周恩来和莫洛托夫(左二)、朝鲜外务相南日(左一)、越南总理范文同在一起。

理范文同。在前往开会的途中，他访问了莫斯科。赫鲁晓夫后来回忆起周曾对越南战争做过这样的解释。

> 胡志明同志对我说："越南的局势毫无希望，如果我们不马上停火，越南人就不能继续坚持抗击法国人。他们要我们帮助他们驱赶法国人。我们简直不能……我们在朝鲜损失了很多人。这场战争使我们付出了巨大的代价。我们没有力量在此时卷入另一场战争。"

赫鲁晓夫建议周恩来说点俄国式的谎话，让胡志明继续相信中国可能会派军队越过边界去支援他们。

结果是，周恩来没必要采取这种防御式的态度。会议开始时，越南人已经赢得了奠边府战役，而且皮埃尔·孟戴斯-弗朗斯领导下的法国新政府已准备妥协。然而，在1954年夏季推敲印度支那问题解决方案时，周恩来却出人意料地与西方领导人结为朋友，这使他的共产党盟友感到吃惊。

这是他自30年前学生时代以来第一次重返西欧。正如后来的事情所证实的那样，这也是唯一的一次。作为总理，令人吃惊的事实之一是他从未亲眼见过大工业中心里现代资本主义的战后繁荣。日内瓦和伯尔尼是他仅仅参观过的西方城市。它们很难使他充分理解到中国落伍的程度。

日内瓦的人们最初不明白他为什么通身都着黑色。他头戴黑色宽边礼帽，身着长裾外衣。开始时，他显得紧张不安，在一小队保卫人员中移动，似乎他料到会有暗杀行动。一位记者写道："他好像不能左右环视，面孔显得冷淡，带着一种蔑视的神色。"《生活》周刊尖刻地把他描绘为一个喜欢享乐的共产

1954年，周恩来出席日内瓦会议，其非凡的领袖风范折服了在场的外国人。

党人。这也许是因为他的代表团租了一家最好的饭店，并雇了一队小轿车，而周恩来本人则住在一座舒适的别墅里，并在那里会见友好国家的代表团。

周恩来为促成会议召开所做的种种努力给人产生了一种敌对的印象。他对西方的态度比莫洛托夫还要冷淡。他指控美国人想用越南作为反对中国的军事基地。

在会议陷入僵局的最初阶段，周恩来在一间接待室里与约翰·福斯特·杜勒斯不期而遇，正好面对面相碰。这位态度僵硬的美国国务卿对周恩来的个人诚意公开表示质疑。他宣称只有在他们撞车时，他才会亲自会见周恩来。周恩来对这位美国人伸出了手，他以前从未见过杜勒斯。屋里的其他人都愣住了，注视着这位美国人如何做出反应，杜勒斯有意地摇摇头，将两手交叉着放到背后，扭转身大步走出了房间，像个新英格兰教徒那样嘴里咕哝着，"我不能"。①周恩来凝视着杜勒斯的背影，抬起双手耸了耸肩，好像是说："这是什么举止？"这一戏剧性的事态的急转为他赢得了世界各地的朋友。一个法国

① 事实是，美国代表团团长杜勒斯向美国代表团宣布，不准与周握手。周遇到的是副团长史密斯，史因有规定，不敢同周握手。

中国代表团在日内瓦的驻地花山别墅，现被修缮一新并立有纪念铜牌。

官员把在这次相遇中"穿着简朴凉鞋"的中国人比作有教养的人，这说出了很多人的心里话，并很有代表性。在日内瓦要处理的事务结束时，另一位美国人迪安·艾奇逊却对周恩来表示赞赏，称他跟丘吉尔一样，是世界上"最有才干的外交家"。

在会议结束时，周恩来抵制了苏联的领导，提出了自己的方案。很明显，他断定苏越方面在会上采取的阻碍议事的战略，是在牺牲中国的利益而帮助越南。这既关系到它们之间的共同边界问题，也关系到范围更广的东西方关系问题。他或许已看出，斯大林的继承者们无论如何已准备与西方进行缓和。6月中旬，周恩来告诉英国外交大臣安东尼·艾登和后来成为法国总理的皮埃尔·孟戴斯－弗朗斯说，他同意把老挝王国和柬埔寨从越南分离出来，实现独立。这使与会者又激动了起来，他看到印度与其他中立国家在东西方争夺中对这两个国家的独立是多么关心。周还说，中国要与敏感的越南人处理好关系会碰到一些麻烦，不能不让越南继承法帝国主义曾行使过的权力。为什么老挝和柬埔寨在未来的印支地缘政治方面不会像受到中国的大量影响那样而受到越南的影响呢？出于种种不同的原因，莫洛托夫同意了周恩来的意见。但是，越南人却极为恼火。越南试图恢复对这两个小国的霸权，在法国殖民者到来之前，他们就已经在图谋这种霸权了。

周恩来同前前来拜访的英国外交大臣、会议两主席之一的安东尼·艾登会晤。

艾登不仅被这一妥协的信息所打动，而且对传达这一信息的人也留下了印象，这位英国人被周恩来的风采所吸引，他不相信周曾经是一名作过战的游击队员。周恩来与艾登相处得很好，几乎像他与杜勒斯之间那样富于戏剧性。英国外交大臣的一位随从对此感到惊异。他想，双方之间的融洽关系是否是由于他们怀有"一种相同的直观、温和的才智"？周恩来对这位文雅的英国人充当他与美国人之间的调停者并不感到怀疑。

在日内瓦，几乎所有其他人都不仅把周恩来当作一名老练的外交家，而且视为一名政治上的"稳健派"。与毛泽东的理想主义空想家截然相反，他也许代表着北京的一批注重实际、头脑清醒的高层官员。杜勒斯充满敌意的反共"边缘政策"逐渐使欧洲人警觉起来，但他们同时欣慰地发现中国总理现在愿意妥协，尽管中国向越南提供武器并有可能使它获胜。欧洲人将周恩来看成是一个做交易时拼命讨价还价的人，但却可以成为一名创建世界和平新时代的合作者。

周恩来在日内瓦会议上

作为主要的帝国主义大国，法国在会上处于关键地位。一位法国官员回忆道，周恩来不止一次，而是几次为达成妥协在尽其所能，他有一次主动将住宿地点安置在法国代表团下榻处旁边，以便在那里审慎地会见范文同。周恩来于6月底前往伯尔尼，与孟戴斯－弗朗斯私下磋商。周恩来情不自禁地回忆起他在法国的学生时代。显然，他并未因这次与法国人的会晤会给越南共产党造成坏印象而感到不安。

在6月下旬的会议休会期间，周恩来对印度、缅甸做了具有历史意义的第一次回访。他发现从一种在意识形态上保持中立的观点上看，这两个国家对朝鲜与印度支那的和谈能起帮助作用。周恩来访问印度并会见尼赫鲁一事是由印度派往参加日内瓦会议的代表安排的。

"多么富饶的国家啊！"周恩来抵达印度时羡慕地说，流露出一种北方人对热带景致的正常反应，"你们拥有充足的财富。"但是他要做很多解释工作。尽管印度以巨大的同情心支持新中国政府的许多国际要求，但是尼赫鲁却对中国1950年对西藏的军事行动感到震惊。他从西藏人那里得知，周恩来可

1954年6月，周恩来访问印度时，与印度总统普拉沙德（右一）、副总统拉达克里·希南（右三）、总理尼赫鲁（左一）合影。

能是一名非常强硬的领主。印度理解中国对西藏的宗主权要求，但不明白为什么要使用武力来保证这些要求。周恩来现在再次对尼赫鲁保证，中国不会在西藏以外扩张自己的霸权。他要求印度与其他的亚洲英联邦国家联合抵制即将出现的反共条约组织——"东南亚条约组织"。这个组织是由美国组织发起的。而尼赫鲁却要求周恩来对越南共产党加以遏制，阻止其对老挝与柬埔寨施加压力。他们明确同意，对双方共同的边界及有关难以理解的事物不做详细讨论，但他们会谈的最著名成果是关于"和平共处五项原则"的宣言。几十年来，五项原则成为所有那些既不同美国结盟也不与苏联结盟的国家的宣言。由于周恩来与尼赫鲁制定了这一文件，其他亚洲右翼政府便很难继续将中国当成一种威胁和敌人。

周恩来随后很快拜访了伟大的越南政治家胡志明，要胡对他的日内瓦外交活动放心。但是，胡志明不能够对这种保证感到满意。

周恩来于 7 月返回日内瓦，孟戴斯-弗朗斯急切地向他打听胡志明对国际磋商的反应如何。

周恩来和蔼地回答说："我发现所有和我交谈的人都对和平持有相同的要求。"然而，他又玄妙地加上几句，"但是，每一方都需向另一方接近……这并不是说每一方都要做相同的让步。"

几天后，周恩来向艾登透露，越南人在分界线问题上将做出新的让步。这一招打破了会议的僵持局面。但是，孟戴斯-弗朗斯劝说周恩来接受在老挝组成一个王室政府（也是民族主义者）而不是共产党的政府（却是亲越的）时，越南人却感到愤怒。

在会议的最后阶段，周恩来关心的是设法让美国人承担一项义务，即不使用越南的军事基地。或许，他至少答应了胡志明的要求——在日内瓦协议签署后，无论如何要保证非共产党的南越敞开大门，以使共产党能渗透进去。有一次，他与《纽

1954 年 7 月 21 日，周恩来会见法国总理孟戴斯-弗朗斯（左一）。

约时报》的一位记者进行了一次前所未有的会见,让他理解这次会见的内容,并及时地转达到杜勒斯那里。这条消息是,如果美国从越南撤出所有军事基地,那么周恩来就接受越南停火的建议。然而,当谈判各国于7月发表最后宣言——一个使周感到极大满足的事件时,美国人却拒绝在上面签字。周恩来不得不发表一项单方声明,要求美国人不要妨碍其他国家达成协议。

亚洲的共产党同事认为,周恩来一开始在日内瓦会议上让美国人撤离而不承担义务是过于天真。数年后,他试图为此进行辩护:"我们……在国际问题方面没有足够的经验,怎么能让一个拒绝签署协议的国家不妨碍这一协议的履行呢?你们可以在这些方面批评我们。作为参加这次会议的一名中国代表团成员,我接受你们的批评。"许多年之后,周恩来对一位美国记者抱怨说:"我们在第一次日内瓦会议期间遭受了不公正的待遇。"为了使周所明显欣赏的法国能够体面地撤出,他的行为客观上帮助了美国人在印度支那获得了一个立足点。

周恩来在日内瓦的几周活动使他能够将中国从自身感到的孤立状态里摆脱出来。他在会见查理·卓别林时所表示的姿态是充满天才的一招。卓别林是在瑞士的最著名的外国流亡人士,也是一名受到尊重的激进事业的勇士。杜勒斯曾拒绝与周恩来握手,但是现在有一位更为著名的人前来向周恩来讨好。

1954年7月,周恩来在日内瓦宴请英国著名电影艺术家查理·卓别林后与其合影。

正像周恩来被卓别林的喜剧影片《城市之光》造成的错觉所迷惑那样，卓别林对周恩来的外交计谋也是一无所知。他应周恩来邀请前去赴午宴，在最后一刻才知道总理因会议有一些重要事情要处理，晚一会才能来参加午宴。然而，当卓别林抵达时，却发现周恩来正在他下榻处的台阶上迎接他。他很自然地问起上午发生了什么，周拍了一下他的肩膀，显得很自信。

"所有问题都和解了，"他说，"仅仅在5分钟之前。"周恩来在日内瓦的另一次交际活动导致了克莱门特·艾德礼及其他英国工党领导人在那一年晚些时候对中国的访问。工党尽管处于在野地位，却受到周的重视。用代表团的秘书摩根的话来形容，他花费了许多时间讨论中国新的组织机构及台湾问题。

从日内瓦归国途中在莫斯科停留期间，周恩来又一次展现了恳求的面容。他在日内瓦帮助领导了共产主义世界的外交，因而敢于重新对苏联人提出一些长期要求。

"也许，你们能为我们建造一所大学。"他满怀希望地问赫鲁晓夫。

"你知道，我们本身也很穷，"赫鲁晓夫回答道，"我们也许比你们富裕。但是，战争刚刚结束，我们还没恢复过来。"

周恩来代表中国在日内瓦显示的新的独立性在莫斯科也得到同样的表现。他在欢迎他的招待会上用英文发表祝酒词。"周，为什么你不讲俄文？"米高扬（后任副总理）抱怨说，"你的俄语相当好。"（事实上并非如此。）

周恩来对此同样用英文回答说："米高扬，该是你学习中文的时候了。"

"中文是一种很难学的语言，"苏联领导人反辩说。"别介意，"周恩来轻快地说，他仍然讲着英语，"早上到我们使馆来，我们会很高兴给你上课。"

在北京，周恩来努力工作，以便获得对日内瓦妥协的支持。越南总理范文同于8月份来到北京，他认为日内瓦会议仅仅是初步成功，还有待于合作与发展，周恩来却是以另一种不同的语调发言的。日内瓦协议是对和平的重大贡献，它缓和了世界的紧张局势，促进了不同社会制度国家之间的和平共处。"人们正在对那些坚持所谓实力政策的人日益感到厌倦。这种政策谋求扩军、备战。"与他的越南伙伴不同，他对老挝与柬埔寨的共产党人很少给予重视。

在向国务院做工作报告时，周恩来把美国制订的"东南亚条约组织"的计划比作一个害人的东西。"这一集团正在筹建，主要是为了对付中国。"因而，像在日内瓦那样，他呼吁亚洲国家应该达成自己的安全协议，放弃意识形态领域的分歧。

1954年秋，全国人民代表大会开幕，周恩来被选为北京市代表出席了会议，他在会上的讲话包括了政府职责的全部范围。他说，中国正试图将生产力从帝国主义、封建主义和官僚资本主义的重压下解放出来。在此过程中，国民经济应

1954年9月，一届人大一次会议在北京召开，周恩来在会上做《政府工作报告》。这是大会主席台上。左二为周恩来。

该沿着社会主义道路系统地、迅速地发展，新的工业经济将由社会而不是私人所拥有。这样才能提高人民的物质与文化生活，巩固国家的独立、安全。在回顾过去的进展时，他宣布中国大陆现在已经得到统一（尽管对负隅顽抗的台湾岛仍然在提出要求）。实行土改，国民经济得到了恢复。第一个五年计划正在实施，它将使全国一半以上的农户与耕作区域实行合作制。

周恩来在9月23日的这篇讲话中同样强调了新的中国外交政策的开拓性，并充满了自信心。"中国愿意与欧洲、南北美洲以及澳洲的任何国家建立和平关系，只要它们怀有同样的要求与真诚的愿望。"他为中国采取这样一种调和性质的出发点做了如下解释：

> 每个人都能看出，我们所有的努力都是为了建设我们的国家，使它成为一个工业化的、社会主义的、繁荣幸福的国家。我们和平地工作，我们期望有一个和平的环境与一个和平的世界，这一根本情况决定了我国的外交政策是一种和平的外交政策。

此时此刻，可以稍微乐观一点了，因为朝鲜与印度支那的停战已缓和了紧张局势。在日内瓦，周恩来发现西方对中国提出的关于对台湾的主权及在联合国的席位的要求有一种接受的倾向。中印协议中提出的亚洲安全体系或许能用来反对东南亚条约组织的存在。

周恩来同样对他的同胞讲到如何对待华侨问题。在他担任总理职务的早期，一位印度尼西亚记者问他华侨是否会被当作中国帝国主义扩张的工具。在这位记者的国家里有几百万华侨。一位在场的人注意到周恩来"顷刻间的愤怒"。他挥舞着双手来充分表达他的意思,用严厉的声音来表示他的愤怒。周恩来回答说,中国并不为自己的祖先在过去对邻国犯下的侵略进行辩护;中华人民共和国保证决不重犯这样的错误,决不成为帝国主义者。随后,周恩来的愤怒平息下来。"他使这位听他讲话的人对自己的提问激怒了他而感到不好意思。"

周恩来在日内瓦与万隆直接看到了国外对这一问题的深刻感受。与西方的犹太人的情况有点相似,这些华人迅速控制了当地的经济,但未同化到东道国的社会中。这次讲话是历届中国政府第一次正式承认华侨问题的存在。他说,中国准备抛弃血统主义原则。根据这种原则,它从前保留中国人的国籍,甚至包括那些在国外生活了许多代的人,中国将同各东道国政府达成协议,以解决这1200万华人的地位问题。他解释说:

> 我们愿意敦促海外华侨尊重所在国政府的法律与社会风俗……中国过去的反动政府从未试图解决华侨的国籍问题,这使华侨处于一种困难的境地,并经常导致中国同有关国家之间的不和。

这听起来像是一种早应采取的姿态,但是对许多听众来讲,周恩来的声明是革命性的,这些普通的中国人来自小村镇,对外部世界一无所知,他们或许只知道国外同胞源源不断地给国内的亲人汇款。一个中国人怎么会成为外国人?这种事情在中国人的内心仍然是不能接受的。周恩来开始了这个进程,中国并由此开始明白了种族与民族之间的差异。

为了对周恩来在所有这些进展方面所取得的成就表示敬意,尼基塔·赫鲁晓夫与布尔加宁于1954年晚些时候来到中国,参加中华人民共和国五周年纪念日的庆典。这是克里姆林宫的高级人物第一次访问盟国中国,新的苏联领导人不仅要弥补他们过去的疏忽,而且把话题扯到了过去遗留下来的各种棘手问题。他们同意从旅大撤出他们的军队,将过去双方共同经营的联合股份公司移交给中国,为中国的发展贷一大笔款,扩大科技合作等。据赫鲁晓夫回忆,周恩来做得有点过分,他问苏联人是否能将他们的重炮留在旅大,以供中国使用。赫鲁晓夫严厉地回绝说,苏联担负不起丢弃这些设备的损失。

在赫鲁晓夫10月访华后,尼赫鲁对共产党中国进行了第一次访问。他急切希望讨论中印边界问题。像中国地图显示的那样,中印边界有大量领土似乎被中国划归所有,而在印度这些领土被视为是印度的。周恩来回答说,与他们讨论的其他问题相比(诸如阻挠杜勒斯与"东南亚条约组织")这一问题并不重要,可以暂缓一下,待以后有更多的时间再来考虑。正是

周恩来到首都机场欢迎来访的印度总理尼赫鲁及女儿英迪拉·甘地夫人

在这里，双方撒下了未来不和的种子。

看来，只有美国人没有把周恩来真正当回事。当美国与台湾的国民党当局于1954年年底签署《共同防御条约》时，周恩来隐喻地对美国表示了宣战。他说，美国是历史上所知的最狂妄自大的侵略者，是世界和平的最凶恶的敌人和世界所有反动势力的靠山。

令周恩来愤怒的不仅仅是"东南亚条约组织"和美国与台湾签署的条约。国民党仍然占据着大陆与台湾之间的几个没人正式居住的小岛。1958年9月共产党炮击这些岛屿，激发了一场持续性的国际危机。在美国人看来，这一行为证实了中国的侵略意图。周恩来谴责英国政府在这个问题上对美国人的支持。汉弗莱·杜维廉爵士发现周恩来"处于最激动和痛苦的情绪"之中。总理以这样的话结束了会面："感谢你的到来，不过，我必须说这是一次最令人不愉快的会见。"艾登试图进行解释，他请求周恩来承担义务，保证中国政府和平地解决金门与马祖的这些远离大陆的岛屿问题，甚至提议会见周恩来进一步讨论中国与香港的边界问题。不料周恩来却迅速做出答复，邀请艾登爵士访问北京。这会使这位英国政治家失去他对华盛顿的影响。周恩来拒绝了对中国在自己主权范围管辖的领土上所采取的任何行动加以限制的意见做出让步。

1955年4月，周恩来取得了他在外交上最伟大的胜利。在印度、缅甸、锡兰①、印度尼西亚和巴基斯坦五国的发起下，

1954年12月，美国与台湾当局签订了《共同防御条约》，将中国的台湾省置于美国的"保护"之下。图为美制U-2型高空侦察机。

① 锡兰：今斯里兰卡。

29个亚非国家在印度尼西亚召开了万隆会议。在中国的政治中,周恩来与人们打交道时对人们的心理了解得极为透彻。在日内瓦,他已与高鼻子的欧洲人进行了较量,并战胜了他们。但是,他们却将中国看成是一个遥远的、目前造不成什么危害的大国,对中国古老的文明非常钦佩,现在他不得不把中国共产党的一个议程带到一个非共产党的聚会中去,其中包括一些激烈反共的亚洲领导人。他们对本国华侨的经济成就感到不满,而且也担心中国贸然扩张它的版图,或当东道国政府采取行动防备这些华侨时中国政府会进行干预。

周恩来是否能够出席万隆会议一事至关重大。仅仅两星期前,他由于患急性阑尾炎而病倒。然而刚一拆线,他就宣布自己已经准备就绪。他在位于热带的爪哇岛上艰苦地待了一个月,未表现出任何不舒适的感觉。周恩来尽管动了手术,但他在第一周里却只睡了13个小时,有时甚至和衣而睡。

外科医生们救治的这位病患者,正是国民党破坏者试图干掉的人。在尼赫鲁的关照下,中国人包租了一架叫作"克什米尔公主号"的印度班机,载着他们的代表团飞往万隆。在复活节后的第一个星期一那天,这架载着9名中国官员的飞机坠毁在海上。尽管调查的结果从未令人满意过,但看来好像是国民党特务在机上安置了一颗定时炸弹,企图使周恩来丧生。然而,周恩来本人却取道仰光迂回而行(在那里,他应邀与尼赫鲁总理、缅甸的吴努和埃及的纳赛尔举行了一次小型的最高级会谈)。

"克什米尔公主号"飞机残骸

周恩来在万隆亚非会议上发言

周恩来于万隆会议的第二天——4月19日正式在会上发言。他详细阐述了对和平的需要及结束殖民主义的愿望。周恩来不能接受巴基斯坦与菲律宾的声明，即"东南亚条约组织"是一个防御性条约。周恩来说，中国没有扩张主义的意图。他强调要使亚洲团结起来，特别是共同反对西方的殖民主义与种族歧视。"亚洲人民不能忘记第一颗原子弹是落在亚洲的土地上。"他明确表示中国对社会主义抱有信心，但是他小心地避免意识形态上的对抗。他在一篇灵活的、带有奉承词句的讲话中对菲律宾与泰国做出了友好的姿态。这篇讲话只会刺痛那些不在场的国家。用一位美国观察家的话说，周恩来成功地制造了一种印象，好像存在着共产主义者与中立主义者的统一战线。这一统一战线基于这样一种共同认识，即西方殖民主义者与西方军事条约是对亚洲与非洲新兴国家独立的唯一的、真正的威胁。没有人记得俄国人也是白种人、欧洲人，或是帝国主义者。

周恩来在听了其他领导人的首次发言后，将他自己准备的发言稿放在一边，做了一篇即席演讲，并用他的手势打动了来自亚非大陆29个代表团成员的心。这篇讲话直接涉及了他们提出的有关问题。卡洛斯·罗慕洛，这位精明强干的菲律宾人咒骂共产帝国主义甚至比资本帝国主义更坏，指责中国是克里姆林宫的傀儡。记者们蜂拥而至，急切地期待周恩来对此做出评论。

我"不是来吵架的",周恩来和蔼地回答道,我是为了大家"求同"而来的。

下面是他第二次即席发言的主要内容:

> 中国代表团是来求同而不是来立异的,尽管我们之间存在着不同,但是我们仍有共同的基础。亚非绝大多数国家和人民自近代以来都曾经受过、并且现在仍在受着殖民主义所造成的灾难和痛苦。从解除殖民主义痛苦和灾难中找共同基础,我们就很容易互相了解和尊重。

至于中国对台湾的主权要求,中国得到别国的承认以及中国在联合国席位问题,这些都是中国自己的内政,"不要别的国家承担"。他的讲话受到了与会国的好评。

其他代表被周恩来与尼赫鲁之间的微妙关系强烈地吸引住了。他们两人都是来自上层社会的达官贵人,受过良好的教育,但又都转变为持有激进政治观点的人;他们都是党内声名显赫、深谙世故的人,并都是国际主义者,而他们的党是由像甘地和毛泽东这样的较为朴实与僵化的人物领导的。尼赫鲁已经给予周恩来以巨大的帮助,这些帮助已远远超出了外交著述中所谈到的,他感到高人一等,并不令人感到诧异。他本人和世界的各种联系比起

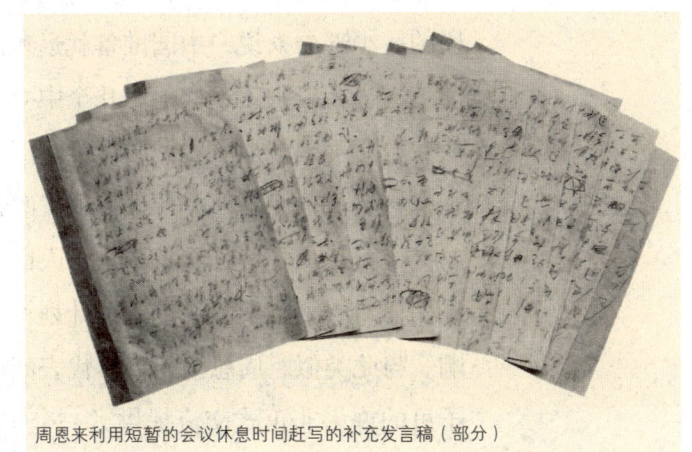

周恩来利用短暂的会议休息时间赶写的补充发言稿(部分)

1955年4月，周恩来在万隆亚非会议主席台上。

周恩来要广泛深入得多。他比中国总理还年长9岁，正像一位友人所说的，"很自然，他感到自己像是周恩来的老大哥"。万隆会议是尼赫鲁的建议，因此在会议上他自然感到要保护周恩来。一些观察家们把他看作是一位陪伴在周恩来身边的保护人。其他人则断定尼赫鲁有意地待在幕后，以便让周恩来出头露面；使其他亚洲人接受必须与中国共处的现实。他把周恩来的成就看作是自己个人的巨大胜利。

至于中立国，它们试图消除周恩来与美国的争吵，以便减少导致冲突的风险。在会议即将结束时，周恩来告诉本国代表团的一小部分人说，中国准备就远东的缓和，特别是台湾问题与美国进行谈判，这样他使几个中立国卷进这一问题之中，促使它们对美国施加压力做出让步。

与此同时，各种关系都得到了改善。纳赛尔经过与周恩来的会谈，几个月后，埃及承认了人民共和国。周恩来向泰国王子保证，中国对泰国没有颠覆计划，而这在曼谷产生了巨大影响。与此类似，周恩来与日本代表高崎达之助的会谈为未来日子里的许多非正式交流提供了一个牢固的基础。（周恩来建议两国共同简化汉语书面文字体系。这一具有政治家才能的提议由于日本右翼总理岸信介的优柔寡断而未能实现。周恩来希望利用日本作为中国与美国在台湾问题上的中间人的想法也同样化为泡影。)

周恩来和埃及总理纳赛尔在一起

当然，并非所有人都对他感到激动。锡兰的科特拉瓦拉率领的那些人仍然感到周恩来是不值得相信的。许多人肯定事先对部下下达了指示，尽管乍看起来与周恩来友好交往不可避免，但他们应当记住："当然，周是一名共产党员，要小心。由于他过于吸引人，因此，他显得更加危险。"（尽管如此。周恩来后来告诉北京的大学生说，巴基斯坦与锡兰的领导人向他承认，他们并不像害怕印度扩张主义那样如此反对共产主义。因此，他发现自己在他们与尼赫鲁之间处于一种调停者的地位。）

周恩来对他的印度尼西亚东道主们做出的友好姿态给予了巨大的回报：中国签署了一项关于印尼华侨地位的协议，这一协议第一次正式放弃了中国早期提出的要求寄居海外的华人效忠祖国的要求。周恩来实际上延误了返回时间，以便对印度尼西亚进行访问。这是此类级别的中国领导人第一次访问印尼。

这是又一巨大的胜利。在印度尼西亚，他总是面带微笑，轻轻地抚摸孩子们的头顶，并与马路两旁的人们握手，接受他们的鲜花。他还挤进巨大的人群中去而没有警卫跟随在身。他所受到的欢迎反映出人们这样一种欣慰感：普通群众了解到了一个世界

周恩来与亚非会议部分外国代表团成员的合影。后排右四为周恩来。

上人口最多的国家的强硬政府是由此刻身居他们中间的这样一位风采迷人、态度友好的人领导着。周恩来降低了意识形态的温度，他的尊严及他在万隆会议上对性情不好的巴基斯坦、锡兰和土耳其领导人的批评表现出的耐心，都受到了人们的称赞。

周恩来和蔼可亲，平易近人。他愿意与美国就台湾问题进行谈判，从而消除第三次世界大战的威胁。这恰恰是亚洲公众最想听到的。一位记者写道："周恩来所要做的，就是伸手等待他们的到来。"周恩来言辞谦恭，不像苏联共产党对亚洲人那样讲话。中国人遭受过苦难，仍然落后贫穷，他们不希望战争，但并不对它感到害怕。一位参加过万隆会议的亲西方代表承认："我像以往一样强烈反对共产主义，但是我相信这个人。"

契机连续出现了。4月份，周恩来宣布中国愿意尽可能使用和平手段解放台湾，8月，与美国人进行的第一次大使级会谈在日内瓦开始。看来，在消除朝鲜战争时期的互不信任问题上，双方已取得了真正的进展，亚洲的访问者几乎是开始马不停蹄地来到中国。继1955年5月印度尼西亚总理开始访华后，接着柬埔寨、老挝、尼泊尔、缅甸和巴基斯坦的领导人迅速对中国进行了一系列的访问，更不用说尼赫鲁和苏加诺总统了。

在向全国人民代表大会做报告时，周恩来发现亚洲与非洲都有一个明确的愿望,即取消军事集团,从而发展贸易往来。中国将在今后的任何世界裁军会议上提倡太平洋无核区的主张。"中国人民希望包括美国在内的亚洲和太平洋地区的国家签署一项集体安全条约,以取代目前在世界这一地区正存在的敌对军事集团。"

但是,周恩来同样需要反映他的同事所具有的一些更为保守的观点。西方的三个大国最近在日内瓦与苏联举行了会晤,明显地减缓了国际紧张局势。但是,中国仍然应该保持警惕。

> 我们必须保持警惕,我们必须加强我们国家所必要的国防力量。只有这样,我们才能保卫我们社会主义重新建设的成果。保证我国主权与领土的安全与完整,并为捍卫世界和平事业做出贡献。

看来,周恩来在1953年至1955年的宝贵岁月里仿佛是主要集中精力于外交事务。首先,他使苏联新的领导人转变了看法,对中国采取了一种更为友好的态度。然后,他在日内瓦与万隆会议上接连震撼了世界各国的外交使节。的确,这些岁月是中国政治相对平静的日子。但是,分歧已经在毛泽东与周恩来之间出现。毛泽东急于推进快速的乌托邦式的改革,而周恩来却倾向于另一种方法,这种方法尽管慢一些,但必定会使中国农民的耕作方式向合作制

1956年,周恩来在最高国务会议上讲话。

的转变得到巩固。另一方面，这也是与毛泽东、刘少奇领导下的热情的理论家们渴望快速实现达到无阶级社会的愿望发生争论的原因。从现在起，对农民在多长时间内放弃他们的自留地、知识分子应该在多大程度上不受党的管辖等问题的争论将变得越来越激烈。1953年至1955年是国内动荡的一个平静阶段，它与中国打破闭关自守，走向外部世界是同步进行的。从国内方面来说，这是分析各种社会经济问题并制定可供选择的解决方法的时候，而且也是马上着手进行那些很少引起争论并早该实施的改革的时候，例如教育、语言、法制机构及少数民族问题。

1956年以后，是应该对这些中心问题采取紧急行动了，而不是应该长时期进行评论了。中国共产党正面对着人类本质和中国社会难以解决的问题。但是，周恩来从未像20世纪30年代初期的黄金时代那样愉快过。那时，他能够毫不费力地从事协调、平静的说服与理解工作。他肩负重任，在外部世界代表新中国的形象，而且他知道自己已多么出色地完成了这一任务。

17 百花齐放
（1956~1958）

周恩来传
A BIOGRAPHY OF ZHOU EN-LAI

周恩来视察北京怀柔水库

尽管中华人民共和国六年多来一直处在建设之中,周却没有做过任何较为重要的政策报告,而他的那些身居党的统治集团内的同侪及比他年轻的官员们都对土地改革或集体化等诸如此类重大问题进行过阐述和解释。这或者是因为他聪明地回避对这类具有争论性的问题进行陈述,或者是因为他被看作最高层领导人而不适宜做这类事情,他为自己的政权所做的关于政策界限唯一一次讲话是在1956年1月14日那一天。当时,他对党制定的关于知识分子的政策进行了分析。

周恩来和经济学家陈云在一起

他在分析中具体说明了为什么中华民族的进步需要使大批的科学家、工程师、技术员、医生以及其他专业人员在工作中感到心情自由舒畅。周说,中国已经超越了大多数的中国门外汉曾竭力要赶超的以蒸汽和电力为基础的西方工业革命,中国现在应该欢迎更具意义的"新的科技革命和工业革命"。如果中国要有一席立足之地,那么它就必须在未来的12年内达到

1956年1月，周恩来（前排左十五）和毛泽东（前排左十六）、刘少奇（前排左十七）等中央领导人出席知识分子问题会议的代表合影。

国际最高科学水平。

他是政治局中首先提出这一论点的人，并鼓励非共产党的知识分子们全心全意地投入政治生活之中，即使他们不同意共产党的政策。是他写了数百封信，呼吁在国外的人重返国土；是他指导地方党的头头们要合理地对待这些人，给予他们应得的评价。这份一月讲话事实上是第二年毛发动并受周支持的"百花齐放"运动的信号。

周在夏天召开的全国人民代表大会上又重申了他的讲话实质。他说，知识分子和民主党派是中国现代化进程中所需要的真正伙伴，共产党必须谦虚地听取他们的批评。韩素音把此描绘为"一个激动人心的讲话"。后来，韩驱车经过一条"整洁的两旁长满了夹竹桃的小道，来到了一个朴实的阁楼"，这就是周的住处。他很简朴，不拘礼节。"在起居室里，有许多书摆在书架上，却没有古玩，没有珍品，没有昂贵的家具。房子里放着破旧的沙发和藤条椅，地上铺着磨烂的廉价的地毯……一片斯巴达式的简朴。这一切都是真的。周全然不关心任何物质享受。"在一个大多数宰相都生活奢侈、腰缠万贯的中国，这的确是件新鲜事。为了反对高层办公室的铺张浪费现象，周定下了新的标准。

当韩开始提问题时,这位总理变得戒备起来,因为他得设法讲清楚共产党政府为什么在执政几年间未能取得更多的成就。"复辟是办不到的,"他坚持说,"复辟的大门已经关闭。我们所取得的政权绝不能放弃,也绝不代表假自由主义。假自由主义只会导致一个专制政权——正如我

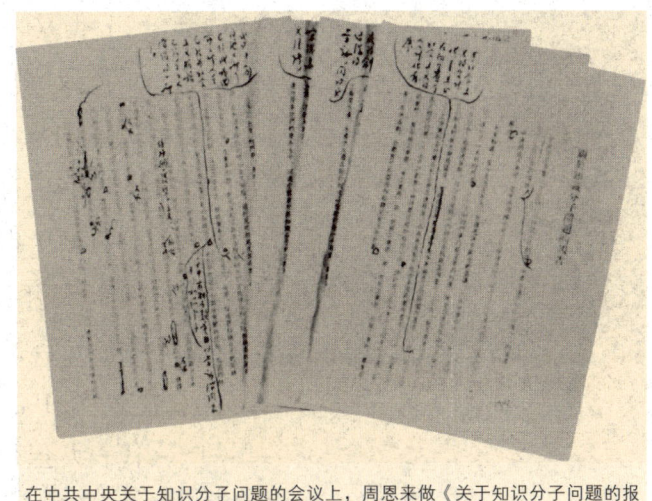

在中共中央关于知识分子问题的会议上,周恩来做《关于知识分子问题的报告》。这是周恩来对报告的修订稿。

们刚从其中解脱出来的那个一样。"由于民族的需要,"我们甚至准备与那些不赞成我们观点的人共同合作,除非他们破坏社会主义革命"。因此,和非共产党的知识分子建立新的伙伴关系是有共同基础的,有条件限制的。

"你以为我们党内没有分歧,这是西方的一个共同的主观见解——认为共产党是坚如磐石的东西……如果你仅仅了解一下我们如何争执、讨论、辩解……我们经常持有极不相同的意见。"听到这里,韩发现"他的声音带有一种怒气"。

同时,这位总理又不得不对毛及那些更为激进的领导人加速实现集体化和中国经济生产增长而日益剧增的强烈要求采取小心谨慎的态度。他毫不犹豫地赞同这样一种观点:由于察觉到按苏联模式制定的五年计划略为有些保守,因此应该加速生产,这是一个至关重大的问题。但是,他又反对突然而至的大规模的合作化和国营化,认为这样具有破坏性。他争辩说,中国企业现存的管理体制不应轻易加以改变,好的方式方法应该作为"历史遗产加以继承和开发"。

1956年9月16日，中共八大在北京召开。周恩来在大会上做《关于发展国民经济的第二个五年计划的建议》的报告。

但是，毛和左派分子的观点都压倒了周及周所召集起来的技术专家们的更好的意见，这样周不得不对政治局的这些"冒进主义者"（他们为此而感到自豪）做出让步。周后来承认，"我对1956年反冒进主义负有一定的责任，我做了自我批评"。

在1956年9月召开的党的第八次代表大会上，周在介绍第二个五年计划草案时，用谨慎的语言表达了自己在激烈的经济辩论中所持的态度。

他说："第一，应该根据需要和可能，合理地规定国民经济的发展速度，把计划放在既积极又稳妥可靠的基础上，以保证国民经济比较均衡地发展。……应该把长期计划的指标定得比较可靠。"这种呼吁是如此超越违背了毛的"冒进主义"和"左"倾所号召的"大跃进"，以至于在毛本人看来这肯定是一种挑衅。周接着说，"我们……必须注意到当前和以后还存在着某些不利的因素。不要急躁冒进；相反地，在不利的情况下，又必须注意到当前和以后还存在着许多有利的因素，不要裹足不前"。

"我们应该对客观情况做全面的分析，同时尽可能地把本年度和下年度的主要指标做统一的安排，以便使每个年度都能够互相衔接和比较均衡地向前发展。"大型项目应当与总体发展很好地协调起来，以使不同的经济部门按比例地发展。如果各部门、各地区试图在顷刻间不分场合，同时干所有的事，不考虑实际条件和盲目冒进的话，那就必然要犯错误。这一点他早在1956年就已注意到了。他也明显地不同意毛盲目地蔑视国家预算中的资金限制及因此而引起的通货膨胀。

针对毛在1956年年初提出作为加速发展章程的十二年农业计划，周警告说，粮食生产的上升会受到客观的限制，如洪水、干旱、农田开垦的困难及农业机械的不足，等等。他强调工业发展必须与农业发展协调一致，以避免造成工业由于缺乏适当的原材料而受阻或不能有效地对乡村消费者销售其产品的情形。

从表面上看，在这次代表大会上，周并未在党的统治集团内失去任何东西，他不仅是中央委员会的副主席，而且是政治局常委会的委员。但是，在帷幕之后，一切都是那么纷繁复杂。

周继续从事那些使外部大国对中国进行外交承认的重要工作，并进行谈判以消除美国在台湾的影响。对前者，他声称不必性急，可耐心对待。他对一名外国记者说，"中国的存在是个事实，如果在承认方面或早或迟有困难的话，即没有什么要紧的……中国可以等待"。但是，台湾及其他一些小岛屿的问题却大为不同，"在这个世界上，谁也不能对我们自己的领土指手画脚"，他对另一位外国来访者说，"那样做是对主权的侵犯"。他呼吁台湾地区领导人用超越政党的眼光来看待中华人民共和国。"所有爱国者，"他那年夏天说，"不管他们什么时候加入爱国统一战线，不管他们过去犯过多大的罪过，都将受到'爱国一家'这一原则和既往不咎政策的对待。"如果是周独自控制国内政策的话，那么更多的台湾国民党官员会对此做出反应。但是，后来的一些事件证明他们坚定地留在台湾是明智的。

外交问题此刻是如此繁多，但这位总理对1956年年底进行的一系列外访却感到很惬意。他于11月份离开北京，第二年2月才回到他的办公桌旁，或许他打算巧妙地摆脱党的内部斗争。

1956年11月,周恩来访问越南时和国家主席胡志明交谈,他们曾在1922年相识于法国巴黎。

他首先访问了越南,接着是柬埔寨和印度。他在印度和尼赫鲁互相冷淡地进行了会晤。这位印度总理把边界分歧问题加以公开化,急于讨论这些问题,但周却不露声色地机敏地观察印度在这一问题上的感觉程度,声称他可以继续把对这个问题的争论放到一边,可能他的军事力量还不足以允许他与印度谈判,除非中国的军队实际上控制了中国所要求的那些领土。

西藏问题是与印度不和的一个原因,尼赫鲁为1950年以来中国对西藏的军事占领而感到惊愕,然而此刻他却未对1956年西藏当地为反抗这种占领而发生的反叛进行干涉。印度人已接受了这样一种观点,即中国很早就拥有对西藏的主权。的确,尼赫鲁也曾向达赖喇嘛说过情,劝他与共产党进行合作。达赖是西藏人的精神领袖,流亡在印度避难。

这种含义明确的干涉使周感到愤怒,因为这表明印度人比他具有更便利的条件来接近西藏的领袖。这把周看作为中华人民共和国的内部争论变成了一个范围更广的议题,从而也变得较为难处理了。

在亚洲的其他地方,周能够成功地消除一些具体的抱怨。他已同意了口才雄辩的新加坡总理戴维·马歇尔的要求,并宣告只要新加坡脱离英联邦而真正独立后,中国将不再把已加入新加坡国籍的中国人当成中国公民。他仅仅要求新加坡随时允许中国人回到自己祖先生活的地方并能重新获得他们的中国国籍。(马歇尔本是个犹太人,他向周抱怨说中国阻止中国境内的犹太人移居到以色列,很明显是为了安抚苏联人。周恩来答应对此事进行调查,结果犹太人的处境事实上变得自由了。)

1956年11月,周恩来访问印度,抵达新德里时向欢迎群众挥手致意。右二为尼赫鲁总理。

华侨问题是所有东南亚国家的一个大问题。在缅甸,周告诉当地的同胞们,他们应当"遵守所在国的法律,尊重当地的风俗习惯和宗教信仰"。他们应当学习当地语言,与当地人联姻,成为缅甸公民,与此同时也就不再归属华侨组织。如果他们要保留中国国籍,那么就不能参加当地的政治活动,不能加入政治党派或参加选举。总理郑重承诺,"我们不在华侨中创建共产主义组织或其他党派"。如果这些人想参加政治活动,那么他们要么取得当地公民资格,要么就返回中国。在中国有大量的政治活动可供他们参加。周终生坚持中国公民与海外华侨之间的这一明确界线,他甚至让马来西亚和印度尼西亚的华侨们改变自己的信仰,成为穆斯林。

在遥远的欧洲,匈牙利人在1956年岁末的几周内,不断提高他们的要求。他们已经无视在寻求一个更加独立于克里姆林宫的政府中共产党的领导权,公然蔑视中国领导人的警告。苏联似乎会失去对东欧的控制,这是世界共产主义集团国际力量的巨大损害。因此,1957年新年之际,周没有如期前往尼泊尔和阿富汗,而是被召回了北京。对于匈牙利危机,毛泽东满腹的"不出我所料"。自1956年2月斯大林的继承人赫鲁晓夫在莫斯科发表讲话,公开斥责其前任的许多政策和决策以来,毛一直焦虑不安。毛有很充足的理由和赫鲁晓夫一样厌恶斯大林,但是他看得更远,他想坐视赫鲁晓夫促使人们对斯大林产生不信任,无须中国人的劝告。于是,这样便能击中难以驾驭的世界共产主义运动内的权力结构的心脏。

"我在电话里告诉周恩来,"这位主席说,"苏联领导人被他们的物质成就所蒙蔽了,对付他们的最好办法是狠狠地教训他们一顿。"

赫鲁晓夫对领导人像斯大林那样搞个人崇拜提出了警告,对此周表示赞赏。他在国内吸取这一教训,例如他告诉党的官员们,"以后领导人进来时,大家不要起来鼓掌。这不是件好事情"。

1957年1月,周恩来访问波兰时和波兰统一工人党中央委员会第一书记哥穆尔卡(右)、部长会议主席西伦凯维兹在一起。

中国政府需要的最后一件事是保持一个软弱的世界共产主义集团。它有助于赫鲁晓夫保持对东欧的控制。也许是赫鲁晓夫本人要求把周总理从印度召回去,参加一个重要的访问东欧的代表团。苏联已经在华沙和布达佩斯失去了信誉,而中国因有社会主义民主方面的独立经验而享有盛誉,所以在那里可能还会受到欢迎。1957年1月,周抵达多瑙河畔。正如华侨们很快指出的那样,这是自成吉思汗以来中国人第一次介入欧洲。

毫无疑问,周像一个信使,携带着苏联的赫鲁晓夫、波兰的哥穆尔卡和匈牙利的卡达尔各自的最小要求。他的目的是宣传正统的中国观点,即共产主义世界必须有一位领袖,而目前唯有苏联能够发挥这种作用;在这个方面,苏联人已经受到了许多批评;任何通情达理的共产主义者都应当对苏联的领导成绩感到基本满意。但是,那些不得不同苏联人的坦克相伴而生的东欧国家却不以为然。正如周在此次旅途中不断讲到的,他发现要想降低中国人对克里姆林宫的论点和政策的支持是十分方便的。然而,他的外交还是支持苏联东欧集团。

回到莫斯科,周重申了中国对赫鲁晓夫对待斯大林的态度的疑惑。这种态度将削弱苏联政权,把苏联的短处暴露在全世界面前,使共产主义的发展减速。双方各自保留不同意见。这次访问无异于在苏联人的伤口上撒盐。周后来在回忆这次访问时说:我向赫鲁晓夫指出,苏联已经取得了很多的领土,从东部的日本,到中国、中东、东欧和芬兰。

大概是在这次会面期间,周同赫鲁晓夫交换了意见。后来所有共产主义国家的首都对此津津乐道地做了介绍。赫鲁晓夫抵挡了周对违背马克思主义原理的、"修正主义"政策的斥责,在人们看来,赫鲁晓夫可能令人恼怒地攻击过周的阶级出身,"你的这种批评很好,周同志,"他说,"不过你得承认,我来自工人阶级,而你却出身于资产阶级家庭。"

一阵沉默。而后,周镇静地答道:"是的,赫鲁晓夫同志。但是我俩至少有一点是共同的,我们俩都背叛了自己的阶级。"

1957年1月底,周又能够继续他那被中断的亚

1957年1月,周恩来访问阿富汗时,和国王穆罕默德·查希尔·沙阿在一起。

1957年2月，周恩来访问锡兰（今斯里兰卡）时和班达拉奈克总理在锡兰独立纪念日庆祝大会主席台上。

洲之行，访问阿富汗、印度、尼泊尔及锡兰。这时，他的讲话已与早些时候访问亚洲时的讲话有了重要差异。过去，他经常肯定地说，中国永不搞"大国沙文主义"，这是对苏联的明显斥责。所有的亚洲中立国后来都谴责苏对匈牙利和波兰的公然干涉。对此，赫鲁晓夫在莫斯科可能坚持要求他别提及此事。所以，从现在起，他开始对他的亚洲听众大谈和平共处，而不是沙文主义。在这件事上，周可以私下而不是公开地认为中国比苏联有优势。

在此期间，周在印度试图扩大人们对中国的理解。他发现戈尔创建的维斯伐哈拉提大学是印度唯一一所开设有关中国学科的学校。但是，那里缺少中国书籍。周来到这所学校并允诺给予官方的帮助。不久，1.2万册书就运到了这里，另外还送来了6万卢比（为此，这所印度大学授予他"名誉文学博士"称号）。

尽管周在离开万隆以后已经开始对此习以为常，但他还是经常为自己受到的欢迎而吃惊，"在我们所访问的许多地方，"周后来说，"无论是白天，还是夜晚，总有成千上万的人不顾炎热或寒冷，走出来向我们欢呼，按照他们各自不同的民族习惯向我们问好……整个访问期间，一种强烈的亲密感从未离开我们……我们感到就像在国内，和自己的好朋友、我们的亲属或兄弟们在一起，没有身在异国之感。"假如他改变外国人的观念和思维方式的能力能赶上他同外国人建立感情纽带的能力该有多好啊。

2月初，他返回中国。回北京前，他在南方停留了几周。

也许他亲自向在武汉的毛做了汇报，他的同志们对了解中国南部那些弱小国家的兴趣没有对东欧持续危机的兴趣大。周得出的教训是，共产党领导们应当纠正自己的错误。3月5日，周在介绍赫鲁晓夫时告诉中央委员会，"苏联同志对自己工作中的错误和不足的批评已经促进了苏联各方面的生活和工作"。不断纠正错误可以加强而不是削弱中国的社会主义事业，换句话说，在党内应当进行更多的整顿、清除更多刚愎自用的官员，更加准许公开过去的错误。周颇有预见地警告说，"如果我们不改变我们的官僚主义作风"，10年之后中国的年轻人便会起来造反。

他劝说毛注意斯大林的暴行及混乱的教训，这些恶果已经波及赫鲁晓夫时代。但是，党内其他人则争辩说，中国和苏联有很大的区别。中国人比较有纪律，没有参与政治的传统。他们认为，他们对政治形势的控制是令人满意的，无须用这种方法来贬低自己。但是，周却明显地赢得了毛对此事的赞同，并决定开展大规模的"整风运动"。

这一运动以"百花齐放"运动的形式开始了，它是毛在周从亚洲和东欧回来后没几天公布的，始于夏初（运动的名称取自一句古诗，毛把它引用来做运动的主题："百花齐放，百家争鸣"——并仿效了中国古代昌盛时期的许多做法）。"百花齐放"运动始于5月10日，同时向公众宣布了共产党的政策，对违背命令的党员严厉惩罚，以及公开地邀请知识分子畅所欲言并告诉党哪些党的政策有错误。毛主席向他的顾虑重重的崇拜者们保证，给予那些对党的权力不构成威胁的非党员知识分子以足够的发言机会。

1956年至1957年间，周坚定地支持毛对知识分子实行的这些自由政策，但是许多其他上层领导则明显地割断了与他

1956年5月26日，周恩来举行酒会，招待参加全国科学发展规划工作的300多名科学家。

们的联系。周是那么天真，以至于相信最近几年上层所有的工作已经完全被用来去建立世界上最大的政党中层领导这样强硬的共产主义者们，会冷静地准备被资产阶级的作家们、三年级的哲学系学生们及象牙塔顶的天体物理学家们所侮辱。有时，他也不是那么乐观。

那些非共产党政治家中有三人已经成了从法律上讲是共产党领导的联合政府内阁的部长，而且他们现在在全国人民代表大会连珠炮似的批评引导下已经行动了。但是，周并没有因几个月来提出的问题而开除他们。

于是，拥护周恩来的知识分子们在缄默了八年之久后随着"百花齐放"运动的兴起，又开始畅所欲言了，只是这一运动葬送在那些心胸狭窄的共产党员手里。他们急急忙忙劝导毛泽东：如果这种如虎似狼的自由主义任意泛滥下去而不加以制止，那么党和国家就会遭到崩溃的灭顶之灾。到6月份，周就不得不使出浑身解数使那些最勇敢的"花朵"即现在所说的"毒草"受到的责难降至最低限度。目光短视、教育程度低下的列宁主义式的政党走上自由大道是有限度的，即使神话般的传奇人物毛泽东自己对此亦无能为力，这不能不说是一个惨重的教训。

沙文主义在各方面大肆泛滥，例如由于经验浅薄的赫鲁晓夫出尔反尔，人们对苏联的指导帮助产生了一种反感。在6月的全国人民代表大会上，周说，"有些人反对学习苏联经验，甚至说我们建设工作中的错误和不足是学习苏联的后果，这是有害的观点"。中国最好的途径是明智地借鉴社会主义缔造国的经验，并且避免走许多不必要的弯路，但他反对原样照搬和一刀切。

在6月底，周告诫他的共产党同志们，"我们不是为了民主而民主，我们需要广泛的民主，因为我们想要团结一切可以团结的力量，来建设社会主义"。但是，听到他的话的人并不相信他们需要阶级敌人的帮助。

然而，革命取得了什么成果，人们始终不明白。周很悲观地总结说："有些人说我们的生活水平自解放以来降低了。"在党的代表大会上，贫困的农民及其代表们尤其提到了这一点，不过周在这次6月份的讲话中，阐述了在同等劳动生产力条件下，工农收入差别的问题，认为有差异是合情合理的，应该避免平均主义。其实，在后来召开的中央委员会上，周在论述工资问题时，曾强烈地抨击平均主义，但这份报告没有公开发表。他当时就受到党的左翼分子们的刁难。

为了给他梦寐以求的理想文明的社会主义社会奠定基础，他一直不遗余力，毫不动摇。8月份，他就中国少数民族问题所做的长篇讲话更是一个很好的例证，也是一次大曝光。此后20多年，他一直由

1957年8月，周恩来在青岛全国民族工作座谈会上做《关于我国民族政策的几个问题》的报告。

于讲话太诚实而受到国内反对者的抵制。他小心翼翼地分析了汉族沙文主义。大多数中国人习惯以"老大"的眼光对待中国边疆地区的西藏人和其他少数民族，这样自然形成了地方民族主义。民族主义和沙文主义两者都应被制止。总理语重心长地向占人口绝大多数的汉民族，指出了藏族、蒙古族和其他民族不信任汉人的原因。他承认，过去汉人侵犯过少数民族，不过他们也受到过反抗。他捍卫政府的长期目标，为此他解释道："同化如果意味着用武力，并使一个民族毁灭另一个民族，那它就是反动的；如果意味着民族与民族在朝着繁荣昌盛奋进过程中的自然融合，那它就是进步的。"

这是有远见的，正像周就一系列问题做过的讲话一样。然而就因为这些，他在党内的地位骤然下降。到1957年年底，他由于反"冒进"而不得不做检讨。至此，在"整风运动"和"百花齐放"运动中及在经济问题上（在这个问题上急躁的毛最终被说服了），他都是属于失势的那一方。

1958年2月，周的老朋友和同事陈毅接替他任外交部部长可能就是因为以上原因。随着两方面工作重担的不断增加，他也应该放弃他的双重职位，周在这个问题上做出让步是很可能的。但是在对外关系中，中国有种新的民族主义基调，这是显而易见的。那种同苏联、印度及西方关系的协调现在必须逐渐地由一种新的实力所取代。对此周可能已表示认

新中国成立后，陈毅是周恩来在外交工作上的得力助手。这是1956年，陈毅（中）和张奚若（右）在一起。

可，因为即使陈毅接替了他的外交部部长职务，但在对外决策中他依旧继续起着主导作用，如就那个时候的重大问题做出重要声明，与像尼赫鲁这样中国必须与

1958年5月5日至23日，中共八大二次会议在北京举行。会后，在全国各路线上迅速掀起了"大跃进"高潮。

之谈判的外国人物打交道。率领重要的中国代表团出国访问的仍是周，他曾先后到过非洲和苏联。在后来的"文化大革命"十年中，为了拯救陈毅，周为此做了顽强的斗争，尽管而后的事实证明这是徒劳的。1958年的决定，可能旨在减少周在国内所受到的责难。对他的批评家们来说，那或许是摆出的一个没有实际意义的姿态，或者可能是一个实质性的行政改进步骤，也很可能包括了这两个方面。无论如何，他有失体面但不少权威。

然而，关于1958年其他方面的情况，那就是毛发动了一场"大跃进"。在准备"大跃进"的乌云笼罩下，周辛勤地工作着，试图给中国经济带来活力。在严重地依赖苏联顾问和专家的情况下，周和他的专家治国论者们曾指导着中国经济走过相当传统的道路达八年之久，但成效甚微。1958年年初，为了加速工业和农业的现代化，毛赢得了党的支持创立了所谓的"六十条"。在这些问题上周倾向于谨慎。

但是周善于以某种方式起带头作用，其一是他提出了国家领导应当参加体力劳动。以往，党的领导疏远普通人民，党

1958年6月，周恩来在北京十三陵水库工地劳动。

内滋长着周所描述的"旧社会遗留下来的官僚主义、僵化、傲慢和娇气"。在1958年刮起的新热潮里，周至少有三次参加了体力劳动。头两次是在北京郊外的十三陵水库工地。那是一个5月的上午，周和身着工作服的毛出现在水库工地。有一则报道说，他"挖泥土然后把土放进筐里，额头上滴着汗珠。轮到他平整土地时，周恩来不仅把地面弄平而且还用锄头把它加固"。他后来又加入了运土大军——中国非机械化的建筑工地上的典型特征。（领导事先已安排工人们在他们的筐里少放些泥土，所以这些来访的领导们不得不要求多加一点土。）

几周以后，周又来到那个工地。这次他从党政部门带去了500人，在那儿待了一星期建筑水坝。当那些手掌柔滑的官僚们初次来到工地时，建筑工人的头头们向扛着红旗的周表示欢迎。

"首长，我们热烈欢迎您。"

"这里没有首长，"周告诫，"谁是'首长'？这里没有总理，也不存在首长，我们都是普通的工作人员。"周在一间小房子里住了一周，屋里仅有两条窄小的长凳，一张餐桌，一床粗劣的被子，一张书桌和两把硬椅子。他和工人们一起吃饭一起劳动，但是晚上他还得伏案研究政府文件，直至深夜。周的臂伤很能说明他这次劳动的辛苦程度非同一般，可是他仍设法拉着装满石头的手推车走在一块12英寸宽的木板上。工人们总是择些小石块递给周，筐篓也是慢慢地拿给他，以便让他能歇息一下，但这些计谋总是被他识破，大家又不得不依着他。

7月，类似的事情又发生了。那是在黄河大桥被冲垮的时候。周匆忙赶往现场，最后步行了两英里路，深夜才到达。人们递给他雨衣，但是遭到了他的拒绝。他说："大家不都是浸在雨水中吗？"当桥梁工人们讨论下一步的措施时，他坐在一旁的椅子上，试图鼓舞大家的士气。同年，周又和陈毅一起去河北省炼钢。

另外一次使周耗费精力的事是中苏关系突转紧张。1957年11月，在莫斯科召开的世界各国共产党会议上，周优先考虑的是试图"徒劳地去说服苏联不要在修正主义的道路上走得太远"。但是当他作为毛的副手到苏联做最后一次访问的时候，各种不可思议的背叛行为发生了。苏联驻华大使曾对赫鲁晓夫抱怨，说周是最善雄辩的苏联对手之一——而这至少可以说是一种不甚科学的分析。但是，照赫鲁晓夫自己的话说，如果毛真要使他的同事下不了台，抹掉他可能做出过的任何理解和让步，按毛自己的主张并且强迫别的党也这么做的话，那就失败了[①]。

① 这次莫斯科会议，周并没有去参加。

在莫斯科周保持着沉默。但是几个月后，隔断台湾和大陆的台湾海峡，尤其是那些被国民党占领的沿海岛屿的紧张局势上升成一场危机，这很可能又会把美国人卷进去。1958年赫鲁晓夫飞到北京，他要求中国不要在他试图劝说美国人搞缓和的时候刺激美国。令中国人感到骄傲的是，他们用讥消的话气跑了苏联领导人。

接着召开的"八大二次会议"认可了毛的"大跃进"，大会抵制了周的劝告而又得到了刘的默许。在周及他的专家治国论者们看来，毛确定的目标太高，例如，中国是不可能一下子把粮食产量翻一番的。1958年至1959年的冬天一过，人们便都能清楚地看出毛的目标确实高得令人好笑，作为一个经济当家人的诺言兑不了现。

还将会发生什么事呢？周企图取得领导地位吗？世界报纸推测周可能成为毛的接班人当上中华人民共和国主席，林彪元帅可能取代周当上总理。周在克服了自己的反感后，会在有限的共产主义纲领问题上继续同毛或者刘合作吗？中国共产主义的整个未来和周的个人历程都放置在同一架天平上。

18 拨乱反正
（1959~1961）

周 恩 来 传
A BIOGRAPHY OF ZHOU EN-LAI

周恩来调查粮食问题,察看小麦长势。

1959年年初,赫鲁晓夫问:"周同志,我们苏联培养出来的那些中国钢铁工程师都在哪儿?"周很不好意思地说"在农村培养他们的无产阶级觉悟"——在此期间钢厂却留给了那些没有经过训练的人来管理。早年,周曾详尽地阐述过,一个人要放下自己的资产阶级架子,就应当从事点体力劳动。但是,毛在贯彻这一政策时却做过了头。这时,苏联人坚持说,在为提高生产而开展的激烈的"大跃进"运动之后,中国的钢厂一片混乱。"大跃进"的开展,没有适当考虑到工厂和设备的管理。赫鲁晓夫指出:"我可以这么说,周本人也认为这件事是相当愚蠢的,但是他又无能为力——'大跃进'不是他的主意。"

毛白白浪费了苏联给他的援助。然而,1959年年初,周却在莫斯科请求苏联给予更多的援助,并保证更好地加以使

1958年9月2日,周恩来视察唐山钢铁厂。

用。这一情况标志着中苏关系在总体上达到了顶点。周满载而归。苏许诺帮助创建30家新工厂，并给予2.5亿美元的新的援助。

4月，全国人民代表大会选举刘为中华人民共和国主席，接任毛的职务（几年前，领导内部就已同意了，但是新的形势使这一职务的重要性发生了戏剧性的变化）。这个时刻，周选择了强调中国政治生活民主化的必要性的做法，他不仅这么说，也这么做了。当他驱车来到举行代表大会的地方时，一辆小车已停在他前面的入口处。他只好耐心地等待。当一个势利眼工作人员看到总理的车也在那里等候时，便洋相百出地赶忙领那辆车离开，让周的车通行。

"为什么让那辆车走开？"周问，"谁在里边？"当他听说那辆被无礼轰走的车内坐的是一位省级代表时，便生气地告诉那位工作人员："请你把他请回来。他是代表，我也是代表。"

周所做的关于"大跃进"的报告，很清楚地反映了他准备做出的判断，他用一种委婉的很有技巧的语言表达了自己的怨言和申诉。这一报告具有决定性的意义。它是专家治国论者们对一个迅速实现共产主义的试验的评价，这一试验可能引起了全世界的关注，最终也给中国带来了一点进步。

"把'大跃进'看作工农业总产值比例的增长和每项产品在以后每年里都必须提高，这是非常行不通的……许多重要的原料及其他原料、电力与运输能力仍然落后于国民经济发展的需要。"

应当制订出"旬、月和季度生产与建设计划"，成立新的检查团检查结果——这一措施将宣告经济无政府主义美梦的结束。"大跃进"中生产力的损失和浪费必将得到补偿，城镇也将不得不调出它们不熟练的劳力，使之重返需要他们的农村。

然而，即便是在不经济地浪费地发展且收效甚微的"就地"炼钢运动中,也还是有一些可取之处的。"土洋结合方法永远适用,我们用'土洋'表示的内容与形式方面的思想到了将来会与现在大不相同。"也就是说,小型村办工业生产出来的商品的质量应当提高。赫赫有名的土高炉必须改进设备,然后它仍"将在炼铁与炼钢中发挥一定的作用"。重点在于"一定"这两个字上。周详尽阐述了把更多的生产劳动引入学校教育中的重要性——"理论与实际相结合,并逐步实现脑力劳动与体力劳动的结合",这样的话,"学校就将逐渐成为培养共产主义新人的学校"。

尽管周期望立即使中国走向正规道路,但几个月后赫鲁晓夫却粗率地下令取消了苏联对中国研制核炸弹项目的援助。想当初,周是那样引人注目地获得了苏联提供大量经济援助的新许诺。然而,事隔5个月,苏联的援助就毫无指望了。

7月底,中央在庐山召开了一次紧张的会议。这次会议是

中国核工业创建于1955年。1958年由苏联援助的研究重水反应堆和回旋加速器先后建成,使中国核科学技术研究有了新的基地。这是原子核反应堆。

毛的"滑铁卢"[①]。主要问题是：毛会承认自己的错误吗？新的领导班子及政策是什么？毛就像一个患着病正在吃饭的人，既要吃药，又想吃饭，不知所措。他承认，大约在一年前，他接管了经济工作。以此为话头，他接着说，"但是，过去的责任在其他人身上"。"煤和铁自己不会走，"毛告诉中央委员会，"它们需要用车去拉。这一点我早就料到了。我和……总理对此关心不够，你们不妨说是我们忽视了这点。"当然，他也免不了为周美言几句。"当时反冒进主义者们（如1956年反对加速发展的初期计划）现在更加坚定了。恩来同志就是一个例子。他有巨大的能力……奇怪的是，当时批评恩来的人，这次都跟他站在了一起。"

大多数中央委员都认为毛做得太过分了，彭德怀发起了抨击。这激起了毛强烈的愤怒，并设法联合一些中间派。这些中立者仍不愿看到他们的领导决策在中央流产。毛坚持要求再次召开一个有他自己的支持者参加的会议。这一招使他获得了向那些在庐山会议上与他作对的人实行反击的机会。

庐山会议后，周虽变得不受信任了，但还是被留了下来，以保持事情在原有基础上的连续发展。毛是全权负责人，刘为他的

[①] 滑铁卢是比利时的一个村镇。1815年6月18日，拿破仑在此处被英国将军威灵顿公爵打败。此处以滑铁卢喻重大失败。

庐山会议旧址

副手。在继庐山会议召开的一次全国人大会议上，周尽可能地对此做了解释，对"大跃进"做出了公正的评价。

> 事实证明，大中小工业齐头并进，土洋结合，两条腿走路，有它们的优越性……工厂到处林立；节省了建厂时间……促使我们对物质资源进行广泛调查，促进了节约使用运输工具……钢铁竞赛是十分壮观的……人民对如何把中国从一个一穷二白的国家改造成一个工业国家的理解……在中国历史上是前所未有的。

但是，要想掩盖粮食收成的形势是不容易的。"由于缺乏丰收条件下收获的经验、劳动力分配不当……导致匆忙抢收、脱粒……估计也过高。"从整体上看，还是取得了很大成绩，"目前的经济形势十分喜人。我们的前途是光明的"。

几个月后，在回顾新中国头十年的历史时，周又重申了这一成就，并祝贺中国在共产主义指导下取得的巨大胜利：中国已成为世界第七大产钢国，第三大产煤国和第二大棉纺织国。在他机智老练的领导下，党在北京的宣传机构接二连三地采用统计方法公布了许多不可靠的想象中的成就，以隐瞒目前笼罩着国家的令人忧郁的经济停滞状况。

外交战线也需要周给予关注。随着周与尼赫鲁在通信中敌对情绪的上升，1959年8月，在中印边界西藏与纳法间的中印部队发生了武装冲突。1958年年底，尼赫鲁曾公开对中国在阿克赛钦修造的一条公路提出了异议，并对无视"麦克马洪线"的中国地图提出了质疑。这是一条已被独立后的印度接受为边界线的旧的国界线。不久，西藏叛乱平息后，达赖喇嘛又逃到德里，两位政治家之间的彼此猜疑进一步加深。尼赫鲁坚持要求对中国边界的位置做出详细解释。直至9月，周才迟迟复信。尼赫鲁接到信后，则被意想不到的事惊呆了，因为信里对整整12.5万平方公里的土地提出了争议。

在初期的一次会谈中，当尼赫鲁假心假意地谈到麦克马洪线时，周半开玩笑地插言："谁是麦克马洪？"他礼貌地指出，为什么老一代的英帝国主义者要支配两位推翻了殖民统治的主权国家之间的事情。印度人对英国的思想、体制，乃至名字的吸收程度一直令周惊叹万分。他在致尼赫鲁的信中说，边界问题是一个复杂的历史问题，中国和印度有着共同的体会，即英帝国主义"本应自然地引导他们"就边界问题"达成一致看法"，相反印度却要求中国接受被英帝国主义者单方面扩大了的边界线。信的末尾，周还用了五项原则，这些原则当初是由这两位政治家兴高采烈地公布于世的。信的最后，周还极力主张应当和平地维持现状，不应单方面或用武力方式破坏它。

尼赫鲁声称自己受到了很深的伤害。他回忆道：

> 独立的印度政府想从英帝国主义侵略中国而获益的说法，令我深感吃惊和忧伤。我们的国家和人民反对结盟。印度人民反对国内外一切形式的帝国主义的斗争是众所周知的，得到了全世界的公认……英国占领和统治印度次大陆违背了印度人民的意愿。这是毋庸置疑的事实。印度边界是由几千年来的历史、地理、风俗习惯及传统而确定下来的。

9月，赫鲁晓夫访华，他徒劳地想对周的同僚仍实行约束，结果毫无用处。当周开始解释中国对印度边界问题的立场时，这位苏联领袖无视送给他的地图和文件，说："你不能重造历史。"

大约就是在这个时候，周对一位外宾发表评论，指出当他得知尼赫鲁在英国出版的自传里说书中地图是符合中国对边界线要求的那份地图时，

1959年9月30日，赫鲁晓夫访华，毛泽东、周恩来、邓小平等在机场等待迎接。（杜修贤 摄）

深感意外。尼要么是一个两面派，要么就是没有看到那份地图。不管怎么说，周确实很惊讶。这位外宾说："周恩来显然对尼赫鲁的性格和反应困惑不解。他以为尼赫鲁的反应会像亚洲人（指中国人）。"尼赫鲁本人是自作主张、独立行事呢，还是受"帝国主义"所迫而这么做的？对此，周不得其解。他错误地估计了国会在边界问题上对尼赫鲁行动自由的约束这一政治作用。

翌年，周想通过孤立尼赫鲁来解决印度边界争端，包括同中国南部的其他邻国签订边界条约，以此迫使印度就范。1960年1月，中缅签署条约，3月中尼签约。这些条约在另外的环境下也可以为印度提供范例。但是，当周和陈毅于该年春访问缅甸、印度、尼泊尔、柬埔寨、越南及蒙古等国时，他们发现尼赫鲁还是那么固执。于是，周对新德里的访问，只是彼此重复过去的所有争端。当尼赫鲁抗议西藏至尼泊尔的公路将首次给中国提供了通往印度的道路时，周激动地回答："恰恰相反，它第一次为印度提供了通往中国之路。"

1960年4月，周恩来和陈毅访问缅甸时在吴努总理陪同下欢庆泼水节。（杜修贤 摄）

周强忍了尼赫鲁的责难，又不得不忍受尼赫鲁的助手德赛的一番长篇大论。此人说教式的方法惹得周愤然离席。周同尼赫鲁的亲信、外事专家梅农相处得也不融洽。令人费解的是，印度议会却流言四起：只要周恩来掌权，印中关系就不可能得到改善。

周所带到新德里来的大批外交部官员及使尼赫鲁感到头痛的数据都没派上用场。经过一周毫无结果的讨论，懊恼的周恩来说"我根本无法说服尼赫鲁"。他后来告诉一位记者，"我想他早已拿定了主意"。

彬彬有礼的尼泊尔人同周签订了条约。在柬埔寨，周还同诺罗敦·西哈努克亲王签署了一个条约。周是前来参加西哈努克亲王父亲的葬礼的。这位亲王把自己的三个儿子都送到了北京读书。

最后一站是蒙古。中蒙已经签订了一项友好条约和援助条款。此次来蒙，周穿着大大的羊皮袍，频频举杯祝酒。骆驼皮鼓和管风琴则在一旁竞相演奏《国际歌》。

由于受到赫鲁晓夫和艾森豪威尔的拒绝，受到资本主义及共产主义两大权力中心的排斥，中国便有必要在亚洲和非洲积极寻求更多的朋友。周在4月的全国人民代表大会上做报告说，这些国家"过去常常是帝国主义的后方"，但现在已成了反对侵略与殖民主义的前方，"我们打算尽力支持亚洲、非洲和拉丁美洲的所有民族独立运动"。

此时是周的第三世界外交出师不利的时期。例如，当叙利亚与埃及合并组成"阿拉伯联合共和国"时，周陷入了混乱之中。他发现自己在支持叙利亚共产主义者，由此遭到了纳赛尔的怨恨。在万隆时，周曾和他热情地相见，并在苏伊士运河事件的关键时刻又非常关心地相助过。周说，现在，纳赛尔则在阻挡"阿拉伯民族独立事业"。可见，周并不像他的赞赏者们所认为的那样机智老练。

周还遇到了这样一个困难：世界上大多数国家，包括不结盟国家，都被赫鲁晓夫与艾森豪威尔在戴维营的苏美缓和所迷惑住了。1959年年底，韩素音在北京向周坦白道："总理，我太轻信了，竟以为戴维营会谈对全世界是件好事情。"

"而后是沉默，"她后来说，"大家都一动不动，做记录的秘书愣住了，执笔不动。"周的助手"盯着我，周恩来的面容刹那间显得很疲倦，眼圈周围布满了细小的皱纹"。

"我们并不这么认为，"周说，"和解并不意味着出卖第三世界的人民。如果不是这样的话，它就不是和约，而是屈从。我们现在必须做出抉择：全世界的人民要么争取自己民族获得解放的权利，要么就将世代沦为奴隶……在这一点上，我们永不妥协。"韩素音说，她此时才理解西方记者们所说的"中国人不妥协"——或许还应加上，作为非欧洲文化先锋的中国人其自我领悟的作用。

然而，中国正在遭受饥荒。毛的以收归土地为代价多生产粮食的政策，受到了连续三年反常的干旱和洪水的惩罚，周称之为"19世纪以来最严重的一系列天灾"。当毛和其他人闷闷不乐时，周却艰难地维持着这个绝境中的国家。一位中产阶级专家自信地说："周……将找到一条整顿混乱局面的道路。他向来如此。"

有一次，周的秘书拿着一些药来到他的卧室。周正半躺在床上，戴着眼镜，全神贯注地阅读身边的文件，做着总结。

"让别人干这种技术性的具体工作不是更好吗？"助手建议。"你认为这种工作是具体的、技术性的？"周答道，"可是，它同样很重要。这是一项巨大的工作，它是解决几亿人民温饱问题的重要工作，如果我不亲自干，怎么能知道详细情况呢？"实际上，周正在计算全国的粮食配给量。

"这不是一件纯技术性的工作。"他补充道，呷了一口茶。三年自然灾害期间，周本人及全家都很少吃肉和鸡蛋，至少在家里是这样。邓颖超还主张通过少吃和节食来治疗自己的糖尿病。

中国的问题在增多。中苏之争逐步升级。1960年年初，愤怒的赫鲁晓夫从中国撤走了全部苏联技术专家。本已虚弱不堪的中国经济被更加削弱了。周后来解释说，"1390名苏联专家突然全部撤走……废除了257项科学与技术合作项目。从那以后，又大规模地缩减整套设备的供应，完全打乱了中国的计划，加重了它的困难"。

当时，周还想减小这一事态的严重性。在一次会见中，周告诉埃德加·斯诺，两个共产主义政党在理论上与分析上应当允许有差异，这是我们的希望。周接着说："一些苏联专家的撤离回国是一件很自然的事。既然来到中国，有朝一日他们也必定要回去，他们不可能在这里待一辈子。他们在中国工作了一定的时期，受到了很好的照顾。也许是因为这一年有大批人回归，所以才引起了西方国家的注意。"

这种搪塞和周是不相称的。或许这表明周正忍受着极大的压力，忘我地工作着。《展望》杂志认为他是想掩盖苏联专家离去的"悲哀"。

作家韩素音再次拜访了周，但周的身体已变得不如从前了。

> 他步履缓慢，面无表情地环顾四周，明显劳累过度。但是，他在竭力控制着。跟他在一起，任何狂暴怒气都会像闪闪发亮的冰块一样，消失得无踪无迹。累了或不安时，他的声音略微打战，但始终冷峻、压抑和低沉。
>
> 他是何等的瘦弱啊！我注意到，他的衣领此时已太大了，跟他的脖子不相称。昨晚他一夜没合眼……工作太多了。前天晚上也是如此。他每天只在午饭后睡两小时，即使如此，也还不能保证。但是，当他说到那些自以为能迫使"我们屈服的人"时，他的声音带着不可战胜的气魄。他认为，"尽管中国面临着种种困难，但它不会被吓倒，也不会被征服"。

他提醒她注意苏联在列宁时期遇到的困苦。"没有辛苦，就没有收获。"他说，她可以到中国任何一个地方旅行，还会发现许多问题，"但不是饥荒……'大跃进'已经给我们带来了结果，而人们对此却一无所知……那些认为中国已经失败的人，终有一天会吃惊的"。

几天后，中央在理论上来了一个大转弯。同意开始进行毛早年已经提出的计划，即农业是中国经济的基础，将来国家的投资主要用于最有效地利用土地上，只有这样才能建立起重工业。

也是在 1961 年年初，周率领 400 多名随员来到仰光。这是中国派往国外的最大的官方代表团。在这里，中国间接地谈到了对印度的看法。在仰光，中缅边界协议正式通过，还签署了一项 3000 万英镑的无息贷款（中国对非共产主义国家提供的最大一笔贷款）。意思很明白：印度不答应中国的条件是十分愚蠢的。

1960 年赫鲁晓夫突然召回所有专家，在某种程度上也影响了共产党自身的紧密团结。1961 年 10 月，周接受了一项棘手工作，即在莫斯科第二十二届苏联党代会上代表中国共产党发言。会议的第一天，为了避免同赫鲁晓夫握手，周早早退席。当这位苏联领导人攻击中国的盟友阿尔巴尼亚时，周激动地给予反击。对苏联天真地同新的肯尼迪政府举行认真的会谈，周给予嘲弄。之后，他谈到了共产主义阵营的团结问题：

绝不允许任何伤害这种团结的言行。（鼓掌）我们认为，如果兄弟党或兄弟国家之间不幸出现了争端或分歧，也应本着无产阶级的国际主义原则和平等与一致同意的原则，通过磋商加以解决。任何公开的、单方的指责一个兄弟国家都不利于团结，而且也无助于问题的解决。

在敌人面前公开暴露兄弟党或兄弟国家之间的争端都不能被看作是郑重的马克思列宁主义的态度。这种态度只会使亲者痛，仇者快。

第二天上午，周前往红场，不仅向列宁墓敬献了花圈，也向斯大林墓献了花圈。这是对赫鲁晓夫的公开斥责。赫曾竭力地贬低过自己的前任。会议结束前,周借口国内有急事,突然离开了莫斯科。于是,他同苏联领导人果断地断绝了关系。

1964年11月,周恩来访问苏联期间,拜谒列宁墓并献花圈。

19 非洲之行
（1962~1965）

中国人民的友好使者周恩来

经历了"大跃进"的疯狂及其灾难性的后果之后,周恩来在1962年这一年里显得不那么活跃了。一段日子里,他在休假养病。

在两年的时间里,刘少奇与他的副手邓小平试图对中国的经济和政体进行改革,以便使之更好地适应现实。为了有利于经济复苏和提高效率,他们不怕丧失某些党的意识形态原则。周恩来则对某些观点加以关注。

周恩来曾对一个善于同第三世界交朋友的英国高级外交官吐露过自己内心的秘密。此人叫马尔科姆·麦克唐纳,他父亲曾担任过第一位工党首相及战后一些英国首相的顾问。1962年秋天,周恩来对他说,一些人对在中国建立一个平等的共产主义社会所要花费的时间一度持过分乐观的态度。这些乐观主义者期

为总结"大跃进"以来的经验教训,1962年初,中共中央召开扩大的中央工作会议(又称"七千人大会")。这是毛泽东、周恩来、陈云在大会主席台上。

待人民不论从事什么工作都应毫不抱怨地接受同等报酬,因为他们的主要目标就是为自己的同胞服务。因此,这些一厢情愿的思想家取消了农民在合作化早期被允许保留的自留地。但实践证明,他们的这种做法是错误的。他们是一些错误地判断了人类本性的理想主义者。周恩来接着说,社会主义道路应该是一步一步地走,首先要教育群众,使他们达到一个公平社会的道德水平所要求的高度。在过渡时期,必须认识到群众仍是一些普通的人,他们中间有些人先进,有些人落后,因此"物质刺激"是必要的,鉴于那些一厢情愿的思想家曾经一度认为中国在十几年内就能跨入发达国家的行列,周恩来估计中国还将需要30~40年才能做到资金和消费品的自给自足,而要达到西方那么高的生活水平,还需要差不多100年的时间。

尽管麦克唐纳不同意他的看法,周恩来仍对他强调美国对中国的敌意。为了证实自己的观点,周恩来指出,在中国周围从西边的巴基斯坦到南边的越南、泰国、菲律宾都有美国的军事基地,对中国形成了一个包围圈。但周恩来对中美之间的敌对关系表示遗憾,因为他希望中美间的友好关系将为中国带来美国的现代化技术。

周恩来和各国朋友在一起(杜修贤 摄)

他对那种认为中苏分裂是不可修复的观点表示了不同的看法。他在1963年年末对路透社的总经理说:"我认为中国和苏联完全没有理由相互敌视。"然而过了不久,他就在外交领域就国际共运的领导权问题向苏联发起了强有力的挑战。

接着，经过两年相对平静的生活之后，周恩来突然重新活跃起来。他与外交部部长陈毅率领一个庞大的代表团于1963年12月11日离开北京①，开始进行一次异乎寻常的旅行。这次旅行历时72天，行程3.6万英里，共访问了13个第三世界的亚非国家及中国的欧洲小伙伴——阿尔巴尼亚。这次出访对其中一些国家来说是没有先例的，这些国家过去从未接待过一个中国领导人，而且这些国家的人实际上几乎连中国人都没见过。这次出访的目的是使第三世界的舆论同苏联脱钩，并说服这些国家投向中国一边。尤为重要的是，中国支持按照万隆会议模式来举行第二届亚非会议，并力图把苏联排除在会议之外，因为它是一个欧洲国家而不是一个亚洲国家。周恩来还希望减少非洲国家对台湾国民党政府的支持，以促使人民中国得以恢复联合国的成员国资格。周恩来还希望推销一个新奇的概念，即中国的援助比西方的援助更为可取，因为中国专家愿意按第三世界的生活标准生活——不要任何特权，而西方专家们做不到这一点。

①周于1963年12月13日离开昆明，出访14国，至1964年3月1日结束访问，返回昆明。

周恩来乘坐的飞机是一架租来的荷兰皇家航空公司的客机，这种飞机被欧洲新闻界不客气地描绘为一种"非常老式的由美国人制造、德国人驾驶的螺旋桨式飞机"，并被不恰当地命名为"波罗的海"号。周恩来在飞越印度开始其对开罗的主要旅行之前，在仰光与缅甸总统奈温共进了一次便餐。

这次旅行一开头就不顺利。纳赛尔总统甚至没有待在国内欢迎他的客人，而是在突尼斯同突尼斯人讨论怎样应付中国人来访所造成的尴尬局面。在万隆会议期间，他对中国很有好感，对1956年苏伊士运河危机期间中国给予的大量的物质援助也不无感激之情。他这些好感现在已让位给胆怯的不偏不倚政策，因为苏联人正在警告每个人不要与中国接近。与此同时，纳赛尔的手下以一种值得怀疑的敬意把周恩来安置在前国王法鲁克曾住过的宫殿里，然后又不那么得体地安排周恩来参观他们视之为骄傲与欢乐的由苏联援建的阿斯旺水坝。在攀登水电站的长台阶时，周恩来的病犯了。这位总理的鼻子往外流血，他的一个助手对他进行水敷治疗。有人递给他一瓶美国软饮料，结果被他挥手拒绝。他手下的一名官员解释说："他常犯这种病，问题不大，这就是他总是随身带着一名医生的原因。"他的身体不如"三年困难时期"以前那么健康了。

当周恩来后来终于见到纳赛尔时，他首先便在中印边界问题上受到挫折，在这个问题上纳赛尔强烈地支持印度的立场。周恩来对纳赛尔说，中国与埃及能赶上并超过西方，然后"我们将把世界的重心引回东方"。但引到什么程度？埃及人对此感到疑惑。

周恩来很快飞往阿尔及利亚，那里将举行拟议中的亚非会议。接下来周又飞往摩洛哥和阿尔巴尼亚。在阿尔巴尼亚他踏着舞步走进了1964年。他分别参加了三个不同的招待会，并在会上频频举杯，欢庆新年。（一个参加者回忆道："他舞跳得极好，并能当场跳阿尔巴尼亚的民间舞。他的酒量也不小。"）后来，周在突尼斯第一次碰到了麻烦，布尔吉巴总统当面对他说："中国的一些立场引起突尼斯人的怀

1963年12月，周恩来访问阿尔及利亚时，看望烈士子弟之家的孩子们。（杜修贤 摄）

疑，例如中国诉诸武力解决它与印度的边界纠纷，中国还反对禁止核试验公约。难道你不认为这个公约对全人类的愿望来说是一个保证？"（中国认为该公约是超级大国永远统治全世界的通行证。）

尽管布尔吉巴后来对记者说："我告诉他，我们对他的观点感到吃惊。我说你作为资本主义国家的敌人，西方的敌人，印度的敌人，赫鲁晓夫的敌人——每个人的敌人而来到非洲……别的人不会对你直言，但我会。你的观点在这个大陆是不会行得通的。"但是，具有讽刺意味的是，周恩来在访问中进行谈判设法得到的是突尼斯对中国的承认，这几乎是他整个旅行中唯一的立即见效的实质性收获。

周恩来勇敢地飞往加纳，开始了中国领导人对非洲的首次访问。恩克鲁玛希望能使周恩来对他自己所声称的加纳正在进行的社会主义建设表示认可，但这种社会主义在形式上与共产党国家的社会主义有很大的不同。因此，他的希望落了空。周恩来对西非其他国家的访问均进行得极为平淡。

1964年1月，周恩来访问加纳期间，和陈毅前往总统官邸拜会恩克鲁玛总统（左四）。（杜修贤 摄）

由于东非的坦桑尼亚、肯尼亚、乌干达和桑给巴尔还受着军人政变的威胁，在对埃塞俄比亚和苏丹进行了短暂的访问之后（在苏丹他感谢苏丹人杀死了查尔斯·戈登，这个英国将军曾在1860年劫掠了北京的圆明园），周恩来决定结束他的非洲之行。他从索马里飞离非洲,在那里他说了一句响亮的名言:"整个非洲大陆是一片大好的革命形势。"

1964年2月,周恩来访问索马里时向欢迎群众挥手致意。右一为阿里·舍马克总理。(杜修贤 摄)

他告诉索马里人:"在同一场革命中,我们亚非人民是同呼吸、共命运的兄弟,争取和维护民族独立,发展民族经济文化是我们共同的斗争任务。"这些话对他来说固然痛快,但承担这些关于共同利益的概念的基础尚未建立。这个讲话对非洲那些地位不稳的国家领导人来说,则认为任何革命都是针对他们的。

非洲国家向周恩来表达了他们要摆脱欧洲影响的愿望,也许是受到这种感情的鼓舞,周恩来引用了两句中国古诗:

沉舟侧畔千帆过,

病树前头万木春。

他补充说道:"全世界革命人民的队伍,有如千帆过海,浩浩荡荡;全世界人民的革命事业,有如万木逢春,欣欣向荣。"唉,可惜对大多数非洲国家来说,热带季节里不存在一个温和的春天去象征每年气候轮回的开始。周恩来这番话只能是说给他自己听的,正如在他之前对欧洲人所做过的那样。

因此,突尼斯的外交承认和埃塞俄比亚许诺的外交承认可算是这次费力的旅行所声称得到的全部成果。1964年2月4日,周恩来回到昆明,像在东非一样他取消了计划中对伊拉克、叙利亚和也门的访问。在访非期间，他还为第二届亚非会议积极游说。并极力表白中国的一个观点：非洲可以指望中国来代替苏联的援助，但他显然没有预料到尼赫鲁的印度已在非洲获得如此之多

1964年2月14日到18日，周恩来访问缅甸期间，和革命委员会主席吴奈温及其夫人、子女在一起。（杜修贤 摄）

的支持。因此，他回到昆明的第一个行动就是去仰光进行新的访问。

2月14日，周恩来在陈毅副总理和夫人陪同下到达缅甸。在那里他告诉听众："我们新崛起的亚非国家，都曾经历过帝国主义的侵略和压迫，摆在我们面前的共同任务是继续进行我们反对帝国主义和新老殖民主义的斗争。"每个人都看得出，这个"新殖民主义"是指"苏联"，但没有人愿意在反对西方帝国主义的共同斗争中损害与苏联人的友谊。

此时，奈温已见过了尼赫鲁，但印度总理拒绝与周恩来举行另一轮会谈。

周恩来再次飞越印度到巴基斯坦访问，最后以访问锡兰来结束他这次漫长而持久的远征。他对日本记者说"亚洲的革命形势一片大好"，这次惊人的外交马拉松举世无双，周恩来在一次持续性的旅行中横跨了3个大陆，访问的国家中大部分是陌生的新独立的国家，他所创下的体力上的纪录，可能任何一个大国的总理也无法与之相比。但他却没能完全达到这次访问的目的——迅速扩大中国的影响。

有时，与第三世界拉关系的努力似乎是注定要失败。智利共产党政治局委员、拉丁美洲卓越的诗人鲍勃罗·聂鲁达特别提到周恩来曾对一个自愿绝育的中国青年表示祝贺并把他树为学习的榜样，但聂鲁达对此加以指责。

另外还有尼赫鲁，此人似乎感染和影响了众多的周恩来想交往的非洲领导人。周恩来对锡兰来访者说："我从未碰见过一个比尼赫鲁更傲慢的人，这样说他我很遗憾，但事实就是如此。"

然而，周恩来总是喜欢坦率地交换看法，当得知一年多以前曾访问过中国的英国人马尔科姆·麦克唐纳在中印边界争端中竭力为印度辩护时，他说如果能与麦克唐纳就这个问题辩论那么几个小时的话，他将感到很"高兴"。

1964年8月，疾病再次妨碍周恩来履行其公共职责。他没有公开露面。北京的外交官说他进行了一次小手术，现在正在北戴河疗养。当他终于在秋天回到办公桌旁时，他指挥生产出一件使别的国家，不论是苏联、非洲、美帝国主义或是吹毛求疵的不结盟国家都要对中国刮目相看的东西，那就是一颗原子弹。在此之前的10年时间里，周恩来主持召开了差不多成百次国防科技委员会特别会议，讨论和制订有关制造原子弹的问题和计划。早在1964年夏天，他已经估计到中国自己的科学家不用苏联的帮助也能制造出原子弹来。因此，他写信给各国领导人，提出召开一个讨论有关全面禁止核武器的国际会议。此刻，1964年10月，电影和照片都证实中国成功地爆炸了它的核武器。当周

1964年10月16日，中国第一颗原子弹爆炸成功。

恩来看到蘑菇云升起时，兴奋地鼓着掌欢呼说"我们赢了"，他还急切地用放大镜仔细地检查了拍下来的照片。他再次重申了他的呼吁，要求召开一次国际会议，以使"拥有核武器的国家和很快可能拥有核武器的国家承担义务，保证不使用核武器，不对无核武器国家使用核武器"。

不久，周恩来再次出现在苏联，但这次去是会见苏联的新领导人勃列日涅夫和柯西金。俄国人明确表示他们不准备向中国做任何让步。当别的人都在为勃列日涅夫所提到的与美国的缓和而鼓掌时，周恩来正沉着脸保持缄默。他也没能说服苏联人取消他们计划召开的国际共产党会议。他认为这个会议是苏联加强对国际共产主义运动控制的一个手段。像以前一样，周恩来给斯大林的坟墓献上了一个有象征意义的花圈。

1964年11月，周恩来到莫斯科参加十月革命47周年纪念活动，苏联部长会议主席柯西金（左三）到机场迎接。

后来，当柯西金总理飞往北京去会见周恩来时，周恩来继续辩论说，苏联新领导人应该取消赫鲁晓夫筹划的、目的在于显示其政策急剧转变的国际会议。

1964年年底，周恩来两次接见埃德加·斯诺，每次与他交谈的时间都达四小时之久。斯诺发现周恩来身体很好，并对他生病的"谣言"置之一笑，但他的头上却已出现了几缕白发。

坦率地讲，作为总理，我并不完全掌管中国的经济建设……我学会了一些东西，但学得不怎么好……经济发展规律极其复杂。我们已经取得了一些经验……但还有更多的经济发展规律有待我们去探索。在过去的15年中我们干了不少好事，但我们也做错了一些事。

斯诺提了一个令人尴尬的问题：什么时候中国将像他们宣传的那样赶上英国的工业生产？周恩来承认："赶上英国已不再是我们注意的中心问题……我们的工业现代化也不能仅通过增加几种工业品产量的办法来实现。"

周恩来直言反对一些右倾做法，而这些做法却得到推行务实政策的刘少奇某种程度的鼓励。但周恩来倒是全力支持刘少奇的教育计划，他尤其赞成对中国的学校进行必要的改革。

1964年12月，周恩来在第三届全国人大第一次会议上。

当周恩来在1964年12月召开的全国人民代表大会上，把1959年至1962年的灾难称之为政治和经济上的失败时，许多人已经积极地赞成扩大农民的自留地，发展自由市场；有人甚至主张在农村实行切实有效的非集体化措施。

周恩来既不是一个死硬的保守派，也并非一个温和的自由派。当来访的欧洲作家K.S.卡罗尔问周恩来中国是否在实行斯大林主义时，周恩来借此机会做了一个使欧洲的左派人士获益匪浅的阐述。

中国革命并没有挥舞一根魔棒使社会上阶级消

失得无影无踪……我们剥夺了剥削阶级的剥削手段，但我们没有在肉体上消灭或者是驱逐他们。……当剥削者还能够用武力保护他们的特权时，他们毫不犹豫地使用最极端的手段对付我们。现在，政权在我们手中，我们把教育手段放在首位。我们告诉剥削者，如果他们愿意为祖国效力，就都可以被教育好。……我们只对涉及人民生命财产的严重犯法行为采取严厉手段。

周恩来要求国防部延长新兵的训练期限，但忠于林彪（毛泽东的国防部长）的高级军官拒绝了这项建议，并把这项决定以一种令人恼火的形式记录下来。周恩来看了以后非常气愤。然而毛泽东支持军人们的做法，这已不是他第一次否定周恩来的做法。1965年，周恩来对苏加诺总统试图建立一个与现存的联合国唱反调的联合国的主张表示支持。周恩来在1月份宣称现存的联合国犯了许多错误。

亚非国家对它已完全不抱希望。……它必须进行彻底地重新改组……现在这个所谓的联合国为美帝国主义所操纵，因此它只干坏事。必须建立另一个联合国，来与现在这个联合国唱对台戏。

周恩来还向日本人做工作，试图使他们对跟着美国的指挥棒转的做法感到羞耻。他曾接见过一个日本代表团，该代表团成员对20世纪30年代日本对中国的侵略表示歉意。周恩来回答说：你们发动的侵略战争给中华民族带来了深重的灾难，客观上也加速了中国传统的封建制度的灭亡，而且通过抗击你们的民族战争，中国人民获得了新生，他们提高了觉悟，加强了团结。他在接见另一个日本代表团时说："东方是东方，西方是西方，我们东方国家应该世世代代联合起来求得共同生存与共同繁荣。"为此，俄国人把他称为种族主义者。

1965年夏，周恩来再次踏上非洲大陆，为他所倡导支持的第二次亚非会议进行劝说。他访问了上一次访问错过去的坦桑尼亚，在那里他忍不住旧话重提："现在不仅非洲，而且亚洲和拉丁美洲的革命形势一片大好。"然后，他飞往开罗去为亚非会议做一些准备工作，却令人失望地获悉，他"在非洲最亲密的知心朋友"阿尔及利亚总理本·贝拉被迅速地推翻了。周恩来立即承认阿尔及利亚新政权，希望能继续召开亚非会议，但令他恼火的是他的外交官报告说，不论是在阻止苏联参加会议或是在谴责美国在越南的战争升级这些中国新近关心的问题上，中国都无法争取到大多数。周恩来与苏加诺、纳赛尔、阿尤布·汗乘坐同一辆车从开罗机场驶往一个会议厅去讨论是否能采取一些补救措施，结果答案是否定的。美国和苏联比他们要强大得多，甚至在第三世界的领导人中，美国和苏联比周恩来拥有更多的朋友。

如果著名的埃及新闻工作者穆罕默德·海卡尔的话是值得相信的，而且假设他忠实地记录了当时的情景，那么周恩来此时便表现得对他的国际外交略感失望。海卡尔说，周恩来曾经告诉纳赛尔，美国部队去越南，将像安全阀一样使中国免受核攻击。中国有了"一个武力所及范围内的打击目标……这些美国部队离中国如此之近使我们能拿他们当人质"。

同时，在1964年至1965年期间，周恩来好像又特别需要一次外交上的成功来巩固他在国内的地位，然而他的运气却不太好，在法国文化部部长安德烈·马尔罗（他曾写过一部关于

30年以前上海革命的小说）看来，周恩来的沮丧表现得很明显。在8月份与周恩来的会见中，马尔罗发现他"无可挑剔的温文有礼"（他大概是唯一的一个发现周恩来"感到倦怠"的西方人）。会谈中他说美国人正在成为"世界警察，为什么这么干？让他们回家去，世界将再次获得和平"。这时，在中国内部，领导层之间的危机正在临近。

20 "文革"之初
（1966~1967）

"文革"中的周恩来(杜修贤 摄)

1966年，毛泽东和刘少奇之间的斗争变得激烈起来。刘少奇对巴基斯坦和缅甸进行了一次官方访问，他显然希望像周恩来那样从这类出访中获取一定的声望。

当毛泽东在广东附近休养时，周恩来在对外政策方面的自主权越来越大。在一些日共成员拜会毛泽东，希望说服他更多地与苏联合作时，出现了一种令人尴尬的情况。当时毛泽东大发雷霆。因为他的部下对他封锁消息，他是从日本人嘴里才得知中国人已经与这些日本来访者签署了一个联合公报。在公报里，周恩来保证中苏将进行合作，以援助被围困的越南。而且，苏联给越南军队的装备实际上正通过中国的铁路运往越南。毛泽东当着日本客人的面对他的手下进行责难，这时周恩来的处境似乎不太妙。可周恩来的力量就在于他是毛泽东的副手中唯一能够习惯性地避免对这类挫折做出反应的人。他不对毛泽东的全面权威发起挑战，更不加入他的

《人民日报》刊登的《中国共产党中央委员会关于无产阶级文化大革命的决定》

反对派，而仅仅是平静地接受毛泽东的责难。

1966年5月，毛泽东发动了史无前例的无产阶级"文化大革命"。周恩来在一次讲话中曾谈到"文化大革命"的意义：

> 一场具有重大历史意义的社会主义文化革命正在我国兴起。这是一场意识形态领域里无产阶级对资产阶级的激烈而长期的斗争。我们必须在所有的学术、教育、新闻、艺术、文学和其他文化领域里大力提倡无产阶级思想，批判资产阶级思想。对国家来说，也是一个关系到社会主义革命的发展问题。

5月份，"文革"这场戏只是在北京这个相对小的舞台上展开的。当时的北京市委由彭真所掌握。毛泽东的激进追随者们使用各种可能的手段来驱逐彭真和其他较低层的刘少奇的支持者，以便用左派来代替他们。这一活动主要是在北京大学校园内进行的。北京大学人所共知的汉字缩写为"北大"。校园里大字报铺天盖地，批判北京的形形色色的"右倾分子"，激进的青年人认为他们的行为和决定既非社会主义又不民主。既然报纸和电台在很大程度上都为那些"右倾分子"所控制，那么这些大字报就为年轻的激进分子提供了一个可供选择的传播媒介。别的学校的学生和企业里的年轻工人来到北大抄下这些大字报，然后回单位散发，因此这些"革革命者的命的革命者"的目标、战略及他们的情绪很快就会传遍全城。

然后，红卫兵首次登上了舞台，在北京和别的一些城市里，他们围攻"右倾分子"、行政官员或企业负责人，把他们扫地出门并试图接管他们的机构。这样，"左派"取代了"右派"并向着一种更直接更彻底的社会主义航行而去。

第三部 开国总理

1964年开始的社教运动此时仍在全国范围内继续进行。由共产党积极分子组成的工作队到农村去纠正一些坏苗头，尤其是纠正由于政策有利于富裕农民不利于贫困农民而造成的贫富差距拉大的问题。据说，刘少奇对这次运动所持的态度惹火了毛。

6月下旬，周恩来出现在欧洲。在那里，他为中国正发生的事进行了辩解。他对罗马尼亚人说："我们决心清除几千年来剥削阶级用来毒害人民的所有旧思想、旧文化及旧的传统习惯，并用无产阶级的新思想和文化来取代它们。"但周恩来离开布加勒斯特时没有与罗马尼亚人签署联合公报，以表示他对东道国总理毛雷尔"不加掩饰的愤怒"，因为正如某些记者所描述的那样，毛雷尔想在中苏之间保持一种中立的政策。为欢送周恩来而举行的最后一次群众大会中断了两小时，原因是两国总理发生了争吵。最后，周恩来取消了他的告别演说。

在阿尔巴尼亚这片更为友好的土地上，周恩来能够发表更为积极的讲话。他说中国人民正在运用毛泽东思想粉碎那些阴谋夺权的资产阶级代理人的阴谋。

1966年6月，周恩来率领中国党政代表团访问罗马尼亚抵达布加勒斯特时的情景。（杜修贤 摄）

周恩来回国后发现派到农村的"社教工作队"犯了一个错误，他们的工作方法过于简单，而不是以教育为主。极"左"主义者以此为把柄对刘少奇展开了全面夺权行动。孙中山的遗孀宋庆龄抱怨说红卫兵毁坏了她父母的坟墓，他们认为那是属于"四旧"的东西。周恩来知道后进行了干预，他让人修复了坟墓并把墓碑重新竖了起来。红卫兵又把矛头对准一个著名的淘粪工人①，当时他已被选为全国人大代表，显然是因为他曾受过刘少奇的庇护。周恩来质问红卫兵："这就是'文化大革命'的目的吗？去攻击一个淘粪工人？"在他的干预下，这个工人从农村回到北京，并得到治疗和道歉。

这时周的很多时间是在与那些掀起了红卫兵运动的学校的学生一起度过的。

他在舞台上扮演这样的角色，鼓励学生们沿着正确的路线前进并要求他们要遵守纪律。他在北京设立了一个红卫兵联络中心，尽管此时已经明显无人能使所有这些年轻人按一个模式去思考和行动。有一天，他凌晨4点就去外语学院读大字报。他解释说："毛主席要我进行调查，我是来向你们学习的。"他是否已考虑到他不久将为他的平静、尊严甚至安全而与这些学生进行智力上的较量？当他在另一个学校吃午饭时，他像往常那样坚持要付钱并要求食堂开一张收据。8月份他至少接见了20批清华大学的学生并亲自去了四趟清华大学。在左派红卫兵之间的武斗中，有3名学生被打死了，他曾试图从中进行调解以平息此事。

有一次他冒着大雨参加清华大学批判大会，他既没打伞又没穿雨衣，只穿着他平常穿的灰制服，坐在一个临时搭起的平台的一把湿凳子上，任凭雨水打在身上，结果他

---

① 此处指的是全国著名劳动模范时传祥。

身上完全湿透了。数千名淋湿了的学生齐声呼喊："请总理打伞！请总理打伞！"周恩来说："你们不是送给我一个红卫兵袖套吗？既然你们在风雨中锻炼，那么让我也与你们一起锻炼吧。"

他在那里一直坐了3个小时才轮到他发言。群众显然都被他的行动所感动。最后，他领着大家一起高唱"文革"赞歌《大海航行靠舵手》。但是否能得到党的中央委员会大多数人的支持，是否能保证实施以"文化大革命"为先导的激进政策，毛泽东仍有担心。毛泽东仍然坚信，军队是忠于党的。北京不再是"彭真的堡垒"了。毛泽东本人也在1966年8月加入大字报运动，写出题为《炮打司令部》的大字报，发出了明确的无政府主义信息。这时，中央委员会在这些压力下，认可了这条新的路线。但这是在周恩来施展外交手腕进行谈判，制定了一系列重要而明确的对"文化大革命"的限制措施之后发生的。

这些限制措施就是在8月8日由一些领导人通过的所谓的"十六条"，它保证经济、政府部门，尤其是科学家将不受这一新运动的影响。这个妥协仅以微弱的多数得以在中央委员会上通过。林彪被指定为毛泽东的接班人，而毛泽东的前秘书陈伯达当上了中央"文革"小组的头头。在这场斗争中，周恩来没有被清洗，他继续主持政府和行政部门的工作。

许多持观望态度的知识分子，在正常情况下是周恩来的支持者，此刻他们消除了对"文化大革命"的疑虑。韩素音写道："显然，如果周恩来支持这场运动，那它就一定是正确的。"另一个评论家更精明地写道："周恩来跟着毛泽东走，但又落后三步。"他心里一定非常清楚他在过去20年中费尽心血建立起来的社会主义政府机构仍面临着威胁。毛泽东认为政府机构已经腐化变质、故步自封，应该完全推倒重来。"十六条"能在多大程度上起作用仍是个未知数。周恩来这时采取他惯用的策略，尽可能地保护政府机构。

如果不了解中国这场不同寻常的运动的复杂性，那就无法理解此后3年里周恩来在"文化大革命"中命运的沉浮。在那些动荡的日子里的任何一个时刻，至少有2~3个极不相同的主要事件正在进行之中，它始于毛泽东对某些作家的攻击，然后是北京市市长受到攻击，最后是刘少奇本人。但我们在这里必须提到社教运动，由于参加社教运动的领导人认识不同，最后该运动在性质上发生了变化。上面所说的毛泽东与刘少奇在"文革"中的斗争就是在社教运动的基础上发展起来的。同时从根本上看，权力的斗争、组合及意识形态运动使得中国各地不同的单位企业、地区能够暂时发泄他们平时所抑制的挫折感和敌对情绪。"文化大革命"是一盘由混乱、讨伐、争权夺利所组成的大杂烩。因此，周恩来讲话的调子因时而异也是不足为奇的。

1966年8月18日黎明时刻，周恩来去天安门参加第一次红卫兵大集会。在这类集会中共有达1100万①青年激进分子受到领导人的检阅。在这一次检阅中，周恩来与毛泽东、林彪、江青一起，首先检阅了100多万人的游行队伍。临近黄昏时，他乘的敞篷汽车，跟在毛泽东的车后面，检阅聚集在广场上的红卫兵。周恩来后来告诉别人："我不得不使劲地维持秩序，把嗓子都喊哑啦。"5个星

① 原文如此。

1966年8月18日，周恩来、刘少奇（中）、邓小平（左）在天安门城楼上（毛主席第一次检阅红卫兵）。

期后，他的嗓子也没有完全恢复。

> 毛主席教导我们，搞革命要靠自己，要相信自己。我们要教育自己，解放自己，依靠自己去进行革命……我们要坚决反对那些高高在上，自以为什么都懂，脱离群众，瞎乱指挥的官僚主义者。

这些话听起来似乎表明周恩来倒是相信"十六条"将使"文化大革命"的目标局限在党内，而不扩展到政府机构方面，它将是一场和平的革命，国家的经济和技术活动将受到保护。但在毛泽东和他的副手们的鼓励下，红卫兵变得胆大起来了。他们开始以毛泽东的名义控制各个城市，而在这个过程中，中央委员会的一些正确的决定逐渐地被抛在一边。

周恩来对于红卫兵没有实权，但他仍然负责向他们解释党的路线，不断提醒他们注意中央委员会制定的种种规定，例如不能围攻或骚扰各个部机关，因为他们有工作要做。他告诉他们在写大字报时要谨慎一些，因为其中一些大字报把国家机密的详情弄得举世皆知；在出版一些非官方版本的毛主席语录时也应谨慎，因为这些出版物可能会篡改毛泽东思想；对阶级敌人的攻击应该是有限度的。他还试图阻止红卫兵扩大他们的攻击目标。

> 用枪去杀一个人并不困难，只要瞄准目标就能做到这一点。用拳头打伤一个人也不困难，只要你有蛮力就行……但用暴力手段进行斗争仅仅触及人的肉体，而只有通过说服教育才能触及人的灵魂。

周恩来反复强调,红卫兵应该正确地区分好人和坏人。例如,他们不应该批斗那些已改造好的、与政府合作的地主,而应该去揭露那些隐藏在城市里的地主。"必须搞清楚他们是否在进行现行反革命活动。如果能证明他们大致是老实的,我们也应给他们一个机会。"对右派分子也一样,如果他们"老老实实接受监督改造,那就没必要再惩罚他们"。

批判资产阶级,但不应该没收他们的财产;流氓应该受到惩罚,但一些支持政府的党外政治家不应受到冲击;不能去抄知名人士的家,另外知名人士的纪念碑也不允许触犯。

那种认为当权者都是反动分子的想法是荒谬的,也是毫无价值的。在某种程度上对领导的信任感也是要有的。一个人是否革命并不是简单地由这个人的出身决定的。比如说,如果一个人被国民党封为革命者,那他就非常好辨认,但阶级出身不能作为判断一个人是否革命的唯一标准。周恩来认为"血统论"就是"宿命论"。他自己模糊的出身也成了这类讨论的话题。他认为红卫兵在招收新成员时对出身中产阶级的人不应该过于苛求。如果他们"起来反对他们出身的阶级并且表现良好的话",那他们就可以加入红卫兵(尽管不能优先),"因为他们不能选择自己的出身"。

麻烦的是,当周恩来更多地谈及生产的重要性和一些对革命热情加以限制的不受欢迎的规定时,林彪之流却在以一种更为蛊惑人心的启示录式的形式鼓吹"炮轰党委",打倒统治中国的"一小撮坏人",扫除"牛鬼蛇神"等,这正是那些赶到北京来的年轻激进分子所渴望听到的话。周恩来的那种学校女教师式的说教被那些声音所淹没,但他仍然坚持讲解他的那一套。

在 9 月中旬的另一次百万红卫兵大集会上,他声称"文化大革命"正在产生一种像第三个五年计划伊始时实现经济上的突破所需要的革命动力。

同志们,同学们!为了促进工农业生产的正常进行,大学和中学的红卫兵和革命学生不要到工厂、企业、县以下的组织机构和人民公社去交流革命经验以及建立革命联络……工厂和农村不能像学校那样停下生产,利用假期来闹革命。……双抢季节已经到了,红卫兵应该组织起来到农村去参加劳动,支援秋收。

比起极"左"主义者在大街小巷每个角落吹起的号角声来,周恩来的声音显得非常不合时宜,而且也不那么中听。周恩来的这些观点使得一些最激进的学生和他们的庇护者——极

1966 年 9 月,周恩来和陶铸、李富春、谭震林等接见来北京串联的各界群众和红卫兵代表。

"左"主义者中的一些二、三流角色密谋反对他。

这些人当中有一个组织叫作"五·一六兵团"。他们反对周恩来的活动在1966年的最后4个月里逐渐加剧，攻击他为"反革命两面派"。这些活动最初由科学院发起，但后来领导权转到了外语学院。一些高层人士如中央"文革"小组的成员王力、戚本禹也先后参加了这些活动。这两人都是狂热分子，显然他们都是极"左"主义者。毛泽东通过手下的林彪、江青和其他几个人对他们进行领导，但这并不意味着他们反对周恩来的行动是在毛泽东的鼓励下干的。他只不过是允许他们的激进主义得到一个发泄的机会，因为他也不能完全控制他的追随者，而且也不愿为此失去他们对"文化大革命"总方向的支持。

一个红卫兵后来承认：

> 上面要我们搜集所有那些大头头们的黑材料。指挥部给我们提供一部分文件，我们则出去找另外一些材料，诸如周恩来的讲话，会议记录，所做的报告之类的东西。我们仔细琢磨其中的每一个字，以发现我们想要的东西。对周恩来的每一次行动我们也不放过。1961年，周恩来在一次关于文学问题的讲话中说："现在有一种不好的风气，就是民主作风不够……好多人不敢想，不敢说，不敢做……"这是不是资产阶级的个人自由主义呢？我们认为这就是资产阶级的自由主义。他还说过："毛主席写的东西很多是几易其稿的。……伟大的政治家、艺术家对自己的作品的修改工作都是非常严肃的。"能否用战无不胜的毛泽东思想找出其中的错误呢？我们从他的讲话中抽出一些话，然后拼凑起来，得出这样的结论：周恩

来必须打倒。

攻击周恩来的大字报出现在9月的北京街头，他在与红卫兵的一次长谈中提到了它们。这次谈话从9月25日晚上10点延续到第二天凌晨2点半，下面是他的话：

> 我今天坦率地和你们谈一谈，世界上还有哪个国家有这么自由？什么样的大字报你们都可以写。有些人甚至写了"炮打周恩来"的大字报。当然我已经知道这件事，但我并不在乎。……
>
> 有人贴出这么一张大字报……要求完全摧毁伊斯兰。世界上有许多伊斯兰国家，其中包括印度、巴基斯坦，它们的人口接近四亿。怎样才能完全摧毁它们呢？答案是：这是不可能的。……
>
> 大型集会……可能产生世界范围的影响。我们只好进行干预。上海把一万名资本家拖出去游街。中央知道了这件事，打电报给上海，表示反对，因为它牵涉的范围太广，可能影响到世界舆论。……资本家不应该被拖出去游街。因为我们国家已经很强大了。这类事情完全没有必要。……我们是要消灭阶级，但不是从肉体上消灭一个人。

周恩来批评这些青年人错误的阶级分析方法，并详细讲述了他自己的阶级出身。这在某种程度表明了他残存的负罪感：

> 我曾犯过路线错误，但仅此并不足以判断我是革命还是反革命。在南昌起义时（1927年）……我犯了

错误，带部队去打城市而不是开到农村去，但这不是路线错误。……我在党的六届四中全会上也犯了错误，然而蒋介石还是要抓我。你能说我是不革命的吗？

这时他也谈到他的父亲——从阶级地位上看是一个小官僚，其他亲戚也是如此，"我没有孩子，只有两个侄子，一个侄子没有工作；另一个是解放军，这也解决不了他的工作问题。我虽然是总理，但对这些，也帮不上什么忙"。

他一再把话题扯回经济问题上："工农业和服务行业的人不能停下来不干活。不然我们吃什么？"

周恩来总理从未像今天这样繁忙。为了筹备国庆节的庆祝活动，一些年轻战士住进了中南海招待所。周恩来深夜到那里查房，替他们盖好被子。在北京饭店举行的一次没完没了的两派交锋的会议上，当双方正进行辩论时，周恩来坐在台阶上忙着吃一碗面条。当知道饭店的服务员在革命宣传鼓动下提出他们不再给客人擦皮鞋、应铃或上菜时，周恩来心平气和地做了解释。

由于那些有经验的高级行政与技术官员被狂热的红卫兵拉去批斗，进行人格侮辱、殴打甚至关押起来，政府部门逐渐瘫痪下来了。经过几个月白热化的"革命"之后，国务院的工作人员只剩下七分之一的仍在工作。周恩来最后伤心地说："只有财政部长李先念被留下来帮我。"

对他来说，没有什么事是小事而不值得他费心。他带着一种显而易见的平静来处理向他提出的所有要求。他尽其所能坚持处理政府的日常事务，尽管能帮助他的只是那些剩下来的空架子机构。他所处理的事从柴米油盐到人造卫星，从少数民族事务到接待外国客人，什么都有。中国的一些父母向他抱怨说，他们的孩子被赶到了边远省份。他无一例外地向他们所有的人保证要调查并解决他们抱怨的事。

他经常彻夜不眠，与学生、工人、政府官员、地方代表谈话，调解红卫兵敌对派别

周恩来和即将赴外地串联的北京中学红卫兵座谈，向他们宣讲党的政策。

之间的冲突并促成他们的和解。他还命令保护具有历史意义的历史文化遗产，防止它们被激进分子毁掉。在长途电话里他说服一个狂热分子不要毁灭花园城市杭州的历史遗产。当时住在中国的两个外国人精确地描述了周恩来的活动：

> 成百万的中国人相信他本人是这个巨大的国家里唯一能够解决他们的难题的人无数的人指望他了解他们的个人困难，指望他回答他们那些诉苦的信件，或答应为他们的孩子——在华北游荡的红卫兵搞到被子。

当10月1日的国庆节到来时，周恩来仍然能够以一种不受限制的乐观语调讲话。他说"文化大革命""灭掉了资产阶级的威风，清除了旧社会遗留下来的污泥浊水"。一股学习毛主席著作的热潮正在掀起。全国七亿人民有了一个完全不同的精神面貌。但两天后，他又继续在有关"文革"的文件中批示，强调有关规定。

红卫兵不能进入有解放军守卫的机关，不能穿军装携带武器，因为你们不是正规军。……司法权属于法院……宣传机构、党报、新华社、广播电台不能为任何红卫兵组织所使用。

他告诉红卫兵不要去西藏，这个禁令后来被江青轻而易举地取消了。

极"左"主义者现在决定要提高赌注，把"文化大革命"在中国社会全面铺开，否定了周恩来要求"文革"不去影响工人农民的恳求，8月份制定的"十六条"被抛在了一边。负责"文革"小组目前工作的毛泽东的前秘书陈伯达指责一些人认为"文化大革命"会妨碍生产，陈伯达宣称"害怕群众就是害怕革命"，陈伯达所说的这些人显然包括周恩来在内。红卫兵报道了下面一段毛泽东和周恩来之间在10月24日的一次会议上的对话：

毛泽东说："真正的右派分子只占总数的百分之一、百分之二或百分之三。"

周恩来插进来说："现在可比这要多了。"

毛泽东回答："不管他们有多少，我们都将战胜他们。"

在讨论了政治事务之后，他们开始商量红卫兵的大串联问题。周恩来很重视这件事。

他说："应该做些适当的准备。"说他是这个政权的管家，真是一点错也没有。

毛泽东问道："有什么可准备的？在哪找不到碗饭吃？"

这就是两个互为补充的革命者之间的差异，他们当中有一个是带有普通人的那种冲动和即兴创作方面的天才；一个则是沉迷于计划，像清教徒一样律己的人。

周恩来提出了一个聪明的建议,让红卫兵仿效长征,步行而不是乘火车进行他们的串联。这样既可以缓和铁路运输的紧张局面,同时又可以耗费年轻的激进分子的精力,使他们不至于造成太多的破坏。他在参加国民党的缔造者孙中山100周年诞辰的纪念大会上,发表了大胆的讲话,他痛斥上海的红卫兵闯进孙中山的遗孀的住宅。他说:"一些年轻人的所作所为简直不像话。"

但是,他不得不再次被迫让步。不久,林彪宣布红卫兵可以像他们批评党那样来批评政府。这就抽去了由8月份妥协而产生的"十六条"的最后一根支柱。周恩来在会上坐在一旁一言不发,脸气得通红。

1966年11月12日,周恩来亲自主持孙中山100周年诞辰纪念大会,并做了重要讲话,重申党的统一战线政策的重要性,指出必须坚持发展社会主义时期的统一战线。

这是"文化大革命"开始以来周恩来第一次被置于这样一种境地,类似的情况以后又屡次出现。很明显,这个运动已越过了此前毛泽东与其他人共同商定的界限,正是这个界限才使得这场运动不是那么不可接受。在周恩来看来,现在正在发生的事是错误的,是与社会主义的概念相对立的。它只会给社会主义脸上抹黑,而在中国人及外国人的眼里,社会主义理想是他毕生为之而奋斗的东西。毛泽东圈子里的那些狂热分子,他们的思想深受过去中国封建时代的影响。当他们现在手中握有大权时,便任意痛斥无辜的男男女女,殴打、关押、折磨、杀害他们所讨厌的人。他们进行这些反公民的活动时毫不考虑法律程序,有时甚至把道德准则也抛在一边。

周恩来有两种选择,不过他的两种选择都受到极大的限制,因为他既缺少一群有组织的追随者,又未控制军队。他可以采取这样一种态度，要求毛泽东放弃这场运动或是使红卫兵就范，但这将使周恩来变得对毛泽东毫无用处，而且使他毫无疑义地被划到妨碍"文化大革命"的反对派阵营里。毛泽东的追随者里已经有人把周恩来划入反对派阵营，周恩来这么干的话将会被从他有影响的位置上赶下去，失去对政府的控制，很可能还会被红卫兵关押起来，送进监狱，受到虐待，甚至死亡也不是不可能的。

所有这一切可能会使周恩来在西方人中享有更高的声望，他将会作为一个理想主义的殉道者而结束他的一生。然而，这种不昧良心的戏剧性行为不是中国政治的传统。中国人比起欧洲人来更为现实，不那么以自我为中心。以周恩来那样的身份做出那样的姿态，这在长期习惯于专制统治的人民看来只能是无能为力或哗众取宠。

另一种可能是继续假装支持这场运动，同时努力控制它的越轨行为，减少其危害，医治它所造成的创伤。这就是周恩来选择的道路。

从那时起，作为一个官员，他耐心地坚持自己的立场，最后满意地看到事实表明他的观点是正确的。在这个过程中，大批在"文革"中遇到麻烦的无辜的人们及有用的制度被挽救下来。周恩来付出的代价是不得不赞同极"左"主义者的纲领，并与取代被害者的那些凶手们一起在公开场合露面。为此，一些西方人从未原谅他。但是，大多数中国人却牢记孔夫子的一句话"获罪于天，无所祷也"。大家都极其欣赏由于周恩来的老练，说到底也由于其责任在肩和更为险峻的处境所产生的结果。

因为周恩来原来曾支持社教运动，因此激进派把他看作一个不可信任的机会主义者。在"文革"问题上，当形势变得严峻而关键的时候，他就会变成一个"文革"的背叛者。相形之下，开明派把他尊为这个政权所信奉的哲学中一切好的、具有建设性的东西的救星，而芸芸众生则会对他的摇摆不定感到迷惑不解。

要想在毛泽东和他的妻子之间打入一个楔子则要困难得多。江青越来越公开坚持她在激进事业中的权威，使周恩来不可避免地要与她发生冲突。例如，在12月的某一天，一些江青的追随者要去逮捕彭真市长，对此周恩来宣称："谁也不能开这样一个任意抓人的先例！"他把彭真秘密转移到一个安全的地方。但他做这类事情能否成功要取决于左派分子抓人的决心的大小。他也曾不得不违心地同意红卫兵讯问和折磨他的五个同僚，这五个人都是他领导下的高效率政府机构的中坚。周恩来曾坦率地对来访的日本人承认，在那种时候，个人将不得不根据大多数人的意见来决定自己的"进退"。"文革"结束后，邓小平评价说，周恩来有时被迫做一些违心的事，是为了减少"文革"所造成的损失。

周恩来一直没有遭到什么毁灭性的麻烦，因为毛泽东和江青都需要他。甚至在某种程度上默许对他的羞辱的时候，他们也需要利用他那别人无法比拟的才能。但周恩来没能在最高层次为他的副总理、部长和副部长们寻得同样的庇护。这些人现在都忙于应付来自红卫兵方面的压力。其中一些人，比如说农业部长谭震林，不善于接受批评和进行自我批评。外交部部长陈毅是另一个突出的例子。他在言行上不慎重，极易被红卫兵抓住把柄。尽管他在工作上是周恩来的左膀右臂，周恩来竭尽全力去保护他，最终却无济于事。

这样，便开始了一个痛苦的过程。12月份的时候，他不得不让步，同意组织一个集会批判廖承志——旧学校出来的中国最优秀的外交官之一，并组织一次示威来反对他的另一个在

周恩来尽最大努力制止林彪、江青一伙挑动批斗党政军领导干部的行为。这是 1966 年 12 月他和受他保护的陶铸（右一）、陈毅（右三）、贺龙（右四）在批斗大会上。

体委工作的被保护人。那时经常出现这样的现象，如果某一天周恩来告诉工厂继续生产，并要求红卫兵不要干扰工厂的生产，第二天早晨他就会发现《人民日报》上白纸黑字写着：要像在城市所进行的事业一样，农村也要开展"文化大革命"，同时，工厂也要进行。

1967 年，"五·一六兵团"反对周恩来的活动达到了高潮。1 月 6 日，一个 15 米长的大横幅出现在天安门广场上，要求打倒周恩来，他的支持者们贴出大字报进行反击。一张大字报题为"炮打周恩来就是炮打无产阶级司令部"，另一张题目为"谁反对周恩来我们就砸烂谁的狗头"。可能是对周恩来的公开攻击引起了极"左"主义者领导人的担心，极"左"主义者的一个领导人开始出面干预此事。

但周恩来仍然被迫在这些年轻人面前为自己进行委婉的辩护："我为党工作多年，取得了一些成绩，同时也犯了不少错误。我在晚年要努力保持我对党的一片忠心。这是我的肺腑之言。"

由于红卫兵要求批斗刘少奇、邓小平的呼声越来越高，周恩来的处境变得更为艰难了。有一次，他不顾这些要求，并坚持说："你们可以批判刘、邓代表的资产阶级反动路线，但你们不应该要求把他们本人交给你们控制。"这时，台下响起一片诘难声。他的回答是："我在这里代表党中央讲话，这些叫声吵得我无法讲下去。"他后来又接着说，陈毅和其他副总理一度偏离了毛主席的路线，但现在他们已经承认了错误，并在"紧跟毛主席"，在毛主席指导下进行工作，应该给他们一段时间来证明他们自己已经改正了错误。

然而，为刘少奇和邓小平说情则要困难得多，但他还是继续替他们讲话。当他把斗争目标限定为"刘邓的资产阶级反动路线"时，台下的一些红卫兵叫道："打倒刘少奇！打倒邓小平！"周恩来立即转过身去背对着听众。当口号变为"打倒资产阶级反动路线"时，周恩来才转回身来面对听众。

他说："你们刚才喊的口号是有区别的，我们应该批判资产阶级反动路线……然而，另一个口号是有问题的……他们两个仍然是中央常委……你们当着我的面喊这样的口号使我很不好办。"

至于他自己的支持者的命运，周恩来也是心中有数的。周恩来设法把对农业部部长谭震林的全面批判推迟到6月份，然而这个不幸的人不久之后还是从公众场合消失了。周恩来还用搪塞与拖延的手段，挽救了财政部部长李先念和石油部部长余秋里。这两个人在20世纪70年代末80年代初毛泽东去世以后的政坛上扮演着重要角色。最值得一提的是陈毅的情况。为了保护他，周恩来先是拖时间，然后又暂时同意让陈毅接受批判，但最后又向上面求情以挽救他。他曾主持一个批判陈毅的群众大会，后来他还同意再开几个批判会，但必须由他来主持，必须事先提出具体而详细的批判内容，并且规定三个月以内只开这一个批判会。

他还指责红卫兵劫持他的铁道部部长。他说："我费尽办法来找他的下落，结果却找不到。你们这样做究竟有什么好处呢？"

1月12日，周恩来发出有关"恢复名誉"的指示，为那些被非法审讯或是被错误批判的领导人重新上台铺平道路。这在当时是很需要勇气的。

在新的一年到来的时候，还可以看到早些时候中央委员会做出的把"文化大革命"在中国社会全面展开的决定所带来的全面冲击。周恩来手下的政府官员现在要应付从工厂杀出来的革命造反派，而不是从学校里冲出来的红卫兵。这场革命的新的参加者有着与红卫兵完全不同的目标。例如，周恩来不得不花时间去起草和解释"关于工资问题的紧急指示"。他希望以此来满足造反派关于以计件工资制代替合同工资制和学徒制。实际上，他不得不暂时回避这个问题而仅仅做些装门面的改动。幸运的是，这些新造反派都是工人，他们在工厂的有组织和艰苦工作的压力下已经学会了如何遵守纪律，因此很容易通过现存的组织渠道与他们打交道。周恩来针对他们提出了一条极其恰当的几乎可以说是巧妙的口号，"夺权应该自下而上地进行，但是必须自上而下地根据毛主席的指示进行"。

然而，如此大规模的社会动乱不仅使周恩来心烦意乱，同样也使得毛泽东感到心烦意乱。毛发现无政府状态似乎已渗入社会的每个角落。有着顽固的地方主义思想的激进分子试图在上海创立一个巴黎公社式的政权，而别的城市更乱得一塌糊涂。为此，他决定停止所谓的"夺权"，这回自然又是军队应召而来去使所有这一切越轨行动停下来。

由于1月中旬发生了一起幸运的事件，使周恩来得以深入新局势下的第一线。据说江青和陈伯达对人民解放军的一位主管政治工作的将军进行了批评，起因似乎是这位将军借口为了"某些安排"去见周总理而没有出席中央"文革"小组的一个会议。事情发生几个小时之后，周恩来在第二天凌晨召开了一个有900多名高级军官参加的会议。现在还不清楚他开会的目的究竟是为了澄清关于该事件的报告的错误，还是为了替毛泽东的妻子和秘书的不慎重的言行做辩解。但毫无疑问他是在极"左"主义者和军方之间进行协调的关键人物，而且他也无可怀疑地借重了他的黄埔老关系，他过去的学生现在很多是遍及中国各省的军队指挥官，这种关系为他提供了一个特殊的条件。这是军队公开介入"文化大革命"的一个信号。1月底，周恩来高兴地带着毛泽东的新指示出席了一个军队的会议，他在做简短的讲话时，意味着他有新的权力（尽管他还不是特别满意）。他说，党的老干部不能吃"老本"，要立"新功"，并且应该允许革命群众"先夺权"，然后再向国务院报告（这是对周恩来的权力监督的老公式的一个颠倒）。周恩来在解释政策时比过去走得更远，但他却很清楚他之所以能这样做是因为得到了毛泽东的同意，这使他更容易按照他自己的意愿去把握事物的细节以及对政策进行具体落实。不久他就开始行使他新获得的权力，给介入"文革"的部队下命令。例如，命令部队的指挥官把部队带回军营。

1967年1月初，上海《文汇报》被造反派"夺权"，揭开了所谓"一月风暴"的序幕。

林彪现在已经取代刘少奇成为毛泽东指定的接班人，革命派及大小官员的野心发展得如此之快，以至于现在难以把他们有条不紊地压下去。周恩来不得不同意一个政治新方案，要求革命造反派、军队、政府机构组成三方联合来掌权。这样就把军队干预这枚苦果巧妙地包上了一层年轻的革命派所设想的与当权者平起平坐的糖衣。英国的中国问题专家罗德里克·麦

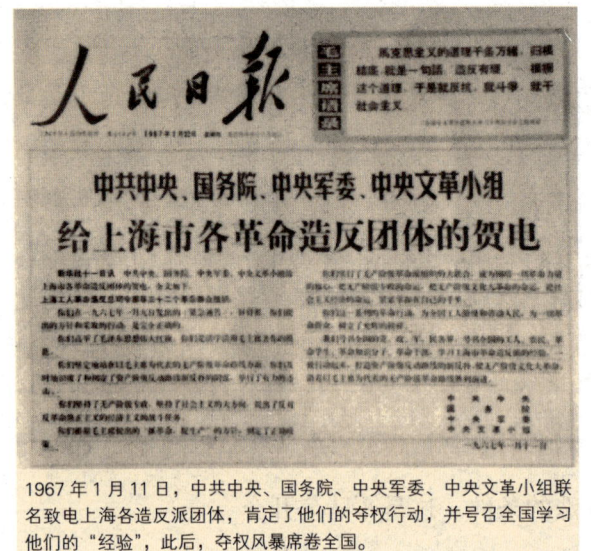

1967年1月11日，中共中央、国务院、中央军委、中央文革小组联名致电上海各造反派团体，肯定了他们的夺权行动，并号召全国学习他们的"经验"，此后，夺权风暴席卷全国。

法克尔在《新政治家》杂志中，对周恩来进行了一番描述，他写道："周恩来像个绝妙的骑手试图骑在一匹脱缰之马的背上，并最终制伏它。"另一个英国记者，《泰晤士报》的理查德·哈里斯，把周总理比为"一个裁判员，他吹着哨子到处平息事端。在中国各地的激进派与稳健派发生冲突时，他站出来制止冲突，以免耗费比赛时间"。

由于处于一种新的地位，周恩来显然变得活跃起来。在与毛泽东进行的一次关于夺权问题的谈话里（该谈话后来被红卫兵发表），他详细地阐述了自己关于对党的官员应分别不同情况，区别对待的主张，赢得了毛泽东的赞同。

毛认为，夺权后应采用不同的方法与当权派打交道，比如说在批判他们的同时，仍然让他们在监督下工作，也可以撤他们的职，但仍然让他们工作。

"这是一个好主意。"周恩来接着说，"撤他们的职，但仍然让他们继续工作，在工作中继续考验他们。这为他们改正错误提供了一个机会。如果革命造反派承担的工作量太大的话，他们将会变得被动，成为工作的奴隶。因此让一些当权派继续工作，但在工作的同时接受批判，这样更好些。"

"我们必须对这场革命的目标、它所带来的问题以及如何处理这些问题保持清醒的头脑。我们必须制定出具体的政策。现在虽然夺了权，但在一些单位内这场竞争可能会很激烈。"

周恩来最后又温和地补充了一句他真正感兴趣的话："此外，我们必须注意抓革命、促生产。"

到2月份，周恩来再次抱怨政府工作无法进行，因为如此众多的官员成了"文革"的牺牲品，以至于不得不让低级职员来干行政领导工作。他的睡眠时间进一步压缩，他经常连续工作30小时甚至更长的时间。他经常错过吃饭的时间，或者只吃一小碗粥和一些剁碎的蔬菜，这样他可以边吃饭边工作。他明显地消瘦下来。后来医生发现他患有心脏病，但没有任何人能阻止他工作，甚至邓颖超的亲自请求也不行。

因此，他身边的工作人员在2月底开始对他进行"造反"，他们在他的门上贴了一张大字报，内容是：

周恩来同志：

我们要造你一点反，就是请求你改变现在的工作方式和生活习惯，才能适应你的身体变化情况，从而你才能够为党工作得长久一些，更多一些。这是我们从党和革命的最高的长远的利益出发。所以强烈地请求你接受我们的请求。

当周恩来的夫人看了大字报后，她在"改变"两字下面画了一道红杠杠。两天后，经过与邓颖超商量，他的工作人员又写了一张"补充建议"，把它贴在门上的大字报旁边。他们在"补充建议"里要求他减少夜间工作，在做完一项工作以后，"不要接连工作"，对每日的工作安排，"应该留点余地，以便因长期劳累过度、积劳成疾，周恩来日渐消瘦，出于对他的健康的担心，周恩来身边的工作人员写下这张大字报，提醒他注意休息。

处理临时急事"；避免出席会议之后立即会见客人，以便能够"喘息"一下；缩短会见时间，以使人们在会见时说话简短一些。

第二天，为了表示对工作人员意见的重视，周恩来在大字报下面，工整地写上"诚恳接受，要看实践"8个字。他其实根本没打算去履行。

3个月以后，他的侄子和侄女来看他，责备他说："你的行动达不到同志们的要求。""你应该像他们所说的那样去做，否则你就不是'造反派'的真正支持者。"但周恩来却避而不谈这个问题。

此外，他还试图尽可能地减少红卫兵引起的混乱对外交政策造成的影响。在就健康问题与他的工作人员交换意见的那几天里，他去外面出席一个盛大的群众集会，并发表了讲话。他在讲话中抗议苏联干扰中国驻苏大使馆的工作。红卫兵把在北京的苏联大使馆包围了两个多星期，以报复苏联的行为。两国间外交关系的破裂迫在眉睫。周恩来主张节制，他表示不应有过火行动。当红卫兵不顾禁令，试图冲击苏联大使馆的院子时，他马上赶去用喇叭劝说他们不要这么干。两天以后，红卫兵解除了包围，一场严重的外交冲突才得以避免。几天后，周恩来在同造反派们谈到国防工业时说，"财政、外交、国防工业等部门的行政机关属于中央领导，不许在这些部门夺权"。

2月中旬，他主持召开了一个有党、政、军负责人和中央"文革"小组成员参加的碰头会，讨论革命和生产问题，谭震林当时已经差不多忍无可忍了。他在会上谈到自己如何为在"文革"中碰到的事而伤心痛哭。他终于忍不住而大发脾气,他说:"你们的目的,就是整掉老干部,把老干部一个一个打掉。连参加革命 40 多年的老革命也让你们弄得妻离子散。"说完,他抓起他的外套和公文包就向大门走去,一边走一边说他再也不能忍受下去了。周恩来耐心地把他叫回来,但他发的这一通脾气使得别的领导人也公开地对极"左"主义者的做法进行谴责。

在这次会上,当周恩来问毛泽东的前秘书陈伯达是否看过党的理论月刊《红旗》杂志上刊登的一篇文章的清样时(这篇文章号召全面批判资产阶级反动路线。该文章发表后,为红卫兵的暴力活动开了绿灯),陈伯达回答说没有看过。

"那你为什么不让我看看?"周恩来厉声说,"这是一个极其重要的问题。"如果陈伯达没有时间看这篇文章,他应该把文章转给别的领导人看,这样就可以避免下面各单位任意解释政策。

对周恩来来说,加强集中制与"发动群众"是息息相关的,不应该强调一面而忽视另一面。1967 年年初,他在一次延续 40 天的马拉松式的辩论会上斥责红卫兵要对煤炭部长张霖之的死负责。他对他们说:"你们自己也不会容忍被下一代拖着在大街上走。"当周恩来看到这位部长被折磨致死的照片时,据说他似乎心凉了一半地惊呼:"这叫我怎么向党中央解释?这些同志都死得不明不白呀!"他还直率地说,在彭真市长的脖子上挂上写有

1967 年 2 月,周恩来开始召集、主持中南海怀仁堂碰头会,即由部分中央常委、国务院副总理、军委副主席以及中央文革小组参加的讨论党政业务问题的会议。

他的罪状的牌子以此来嘲弄他是错误的。在谴责这种公开羞辱老干部的做法的时候，他是在含蓄地指责明显偏袒这种做法的林彪。

"五·一六兵团"继续用大字报攻击周恩来，但是3月中旬有人出来维护周恩来，把他称为毛泽东"最亲密的战友"。在一次会议上，周恩来再次支持毛泽东，保证了毛泽东的政策得以通过。他再一次（但这一次是当着陈伯达的面）对农民说，春耕比夺权或革命更重要。他又当着江青的面对红卫兵说，他们应该回学校去。

> 你们已经为"文化大革命"立了大功。不管别人怎么批评红卫兵的过人行为，也不能抹杀红卫兵的丰功伟绩……我们希望你们在复课的同时开展整风运动……你们要自己教育自己。

4月份，周恩来试图调解敌对各派之间的冲突。他当时面临这样一种局面，即十几个省的敌对派别之间的谈判没能达成任何协议，而另外7个省的敌对派别之间的谈判还没有涉及任何实质性的问题。如果周恩来有野心的话，那么现在是他夺权的最好时机。被"文革"搞得心烦意乱的将军和政府官员中的大多数人将乐于聚集在他的周围，努力重建国家的政治机构。但周恩来天生不愿意追求显赫的地位。因此，他仍待在他原来的位置上，公开地做一个吃力而不讨好的联络员，从而保证极"左"主义者、军队及未被扫地出门的政府官员之间的最低限度的合作。

攻击周恩来的大字报仍在继续出现。4月中旬召开的红卫兵代表大会发出了一个特别指示："周恩来总理是毛主席亲密的战友，你们不应对他有任何怀疑。贴大字报攻击周总理将被视作反革命行为。"但是最坏的情况还在后头，周恩来这时面临着自"文革"开始以来一直没有遇到的危险。

21 "文革"受困
(1967~1968)

周 恩 来 传
A BIOGRAPHY OF ZHOU EN-LAI

"文革"中被誉为"大树参天护英华"的周恩来(杜修贤 摄)

对周恩来来说，1967年的"五一"劳动节庆典没有什么可值得高兴的，他不得不出席毛泽东为一个年轻的中国外交官姚登山举行的招待会。姚登山刚被印尼政府驱逐回国，因为他在中国驻印尼大使馆领导了一次夺权行动，并在一篇感情色彩强烈的沙文主义宣言里抗议印尼政府歧视华侨。姚登山的行动是对周恩来制定的中国对外政策的公然挑战，在周恩来看来在印尼进行的这类行动不仅是毫无用处，而且在寻求增进对印尼政府的影响力方面起着截然相反的作用。但姚登山现在与毛泽东和江青手挽手地站在一起，个头比他们还高，因回国以来受到的欢迎而扬扬得意。周恩来只能站在一旁勉强打起笑脸，中国人碰到极其令人窘迫的情况往往都是如此。那天晚上，在一次官方举行的游行中，人们看到他令人提心吊胆地靠着敞篷卡车栏杆，心不在焉地挥舞着一本毛主席语录，身边站着中央"文

1967年5月1日，毛泽东为姚登山举行的招待会。

革"小组的成员江青、康生、陈伯达。

另一只大黄蜂也开始围着周恩来的脑袋嗡嗡转，他就是广东的一个红卫兵头头。过去，周恩来曾不明智地赞扬过他，现在则把他称为"黑帮"（甚至极"左"主义者后来也指责他骄傲、凶暴、乱搞男女关系）。在一个有各省左派组织参加的会议上，这个头头指责周恩来指挥着一个非法司令部来阻挠"文化大革命"的进行。他声称，"由政府的头头来决定造反派是否应该夺一个部的权，这是错误的。周恩来应该像别的高级领导人一样，必须对'红色资本家'犯下的罪行负责，而不要在如何处理他们的问题上对我们指手画脚。……我们要声讨并摧毁他的司令部"。

不久之后，外语学院的红卫兵乘卡车来到外交部，冲进档案室，抢走机密文件，希望从中找到不利于刘少奇、周恩来和陈毅的证据。在5月份，这样的行动至少有两次。"五·一六兵团"现在得到了被任命为外交部总务司副司长的姚登山的支持。

周恩来对所发生的这一切极为愤慨，他又对红卫兵说：

  外交部由我直接负责，他们这么干是夺我的权。他们直接给驻外使馆发报，结果被退了回来，而姚登山到处做报告，蓄意制造麻烦。他有一次去外贸部做报告，其报告不仅观点错误而且还有煽动性，对此我当场批评了他。他提出"打倒刘、邓、陈"。作为一个司局级干部怎么能随便提出这样的口号呢？谁允许的？至于发电报给驻外使馆这件事，更是闻所未闻的。你们造反派做事总喜欢走极端。

在另一个场合他质问这些年轻的造反派：

> 中国是由毛主席领导还是由你们领导？党中央和我尽可能地与红卫兵见面，但你们正相反，凭着自己的主观愿望去达到自己的目的，而不与党商量，你们经常冲进政府机关，抓人并抢走许多党和国家的重要文件。这些未经思考的行动只能使敌人高兴，使敌人从中渔利。大量消息流到外国的报纸上，使英美帝国主义和苏修从中受益。

1967年夏天，毛泽东的追随者之一王力授意一些群众组织鼓动了很多人到政府领导人居住的中南海西门驻扎。表面上，他们的目的是要揪走刘少奇，但"五·一六兵团"的成员相信周恩来将出来对他们讲话。因此他们在中南海西门外支起帐篷，并告诉年轻的追随者："他一定会和刘少奇一起出来，这样你们就可以把他揪走。"但周恩来既不交出刘少奇，自己也不冒险出来。红卫兵在外面闹了3个星期之后终于撤走了。一个特别固执的红卫兵领袖名叫蒯大富（他甚至不在乎毛主席对他的支持并因"文革"初的造反而声名远扬），他在1967年5月这个多事之秋也转而反对周恩来。因为周总理曾经没批准他的某项要求，所以他发誓要在一年内进行报复。

王力

"五·一六兵团"把周恩来称为"一个可恶的资产阶级绅士"，这遭到了外交部出版的小报的反击。甚至陈伯达这样一个标准的极"左"主义者，也不得不赶来救驾。他说："周总理在国内外都受到高度尊敬，他是中国人民的代表，负责执行毛主席制定的政策……在任何情况下都不允许有任何人找周总理的麻烦。"

北京中南海工字楼。"文化大革命"初期,经周恩来安排,一大批政府部长和爱国民主人士曾在此"休息",这里成为他们在动乱年代的"避难所"。

① 此处指的是傅崇碧,"文革"中他在周恩来的领导下,曾保护了大批老干部。

在这件"清白"外衣的掩护下,周恩来制订了一个极其秘密的计划来保护那些老干部,他们中的一部分遭到了红卫兵的折磨、毒打和羞辱。周恩来指示自己的警卫人员备一辆车以便随时出动,去抢救那些老干部。有一次他甚至动用一架直升机来抢救老干部。最后,有20名部长被他保护下来。这年夏天,有的老干部被红卫兵抓走,有的则被转移到一个安全的地方。这个地方甚至对江青也保密。当毛泽东从北京卫戍区司令员①口中得知这件事以后,他说:"总理做得好!你们卫戍区保护得好!"

这年夏天,周恩来用老、中、青三结合来取代他在春天建立的三方联合,原来的三方联合被证明是弊大于利,而此时已不必再借助它来掩饰军队对地方的干预。

1967年夏天,香港的地位问题显然也是周恩来关心的对象。在"文革"初期,周恩来就对香港的来访者表示,中国不希望这个能给中国带来大量外汇的英国殖民地的地位发生任何变化。但后来,激进的香港左派开始自行其是,就像性急的姚登山在印尼所做的那样,他们在香港开展了周恩来所不希望挑起的斗争,而周又不能对这场斗争泼冷水,因为这只会证实姚登山和"五·一六兵团"关于他对欧洲殖民主义者卑躬屈膝的指控。因此,他对香港的革命事业发表了委婉的讲话。

香港和九龙从来就是中国的领土。我们的香港爱国同胞的一切正当权利，尤其是他们学习和宣传毛泽东思想的权利不容任何人侵犯……在震撼世界的无产阶级"文化大革命"中取得了巨大胜利的中国人民决不能容忍英国殖民主义者对自己的香港同胞进行的残酷迫害。香港的命运将由我们爱国的香港同胞和七亿中国人民来决定，而决不是由一小撮英国殖民主义者来决定。

这类言论引起了伦敦的《泰晤士报》的抱怨。"就他的言论而言已不再中听，周恩来先生咕哝着对极"左"主义者的教义表示赞同，而不再出面阻止北京的外交使团感到头痛的过火行为。"

"五·一六兵团"这时也加强了他们的攻势。他们在大字报里耸人听闻地写道："向周××提十个问题，其一你究竟是哪个阶级的代言人？"周恩来对此进行了反击，他说："关于'五·一六兵团'这个反革命组织，在这里我不想多谈。参加他们活动的只有那么一小撮人，这没什么值得大惊小怪的。"（台湾的国民党当局也在火上浇油，造谣说周恩来在一家瑞士银行开有私人户头，因为"他现在感到不安全，所以为自己留了一条后路"。）

然而，这个"资产阶级代言人"的谈判技巧在调停地方纠纷时派上了用场。当时，位于中国中部的武汉市的共产党组织内部发生了骇人听闻的流血冲突。有两个老资格的极"左"主义者（其中一个是与周为敌的王力）被派去调停，但当地陈再道将军支持的群众组织逮捕了中央"文革"派去的王力。周恩来立即赶去解救以恢复中央的权威。

像以往一样，周恩来的策略是找出双方的理亏之处，迫使双方都做出使对方满意的让步。几天之后，陈再道将军到了北京，他被迫在一个长达9小时的由周恩来主持的中央委员会会议上为自己辩护。一个极"左"主义者打了陈将军一记耳光以博得江青的欢心,但周恩来厉声制止说:"我们又不是3岁的小孩子,怎么能这么做呢?"

从武汉回来后,周恩来竭尽全力去重新夺回对外交部的控制权。由于他前一段时间忙于国内事务,各省的调停工作也少不了他,这使得他的敌人接管了外交部,但他在8月份成功地也几乎是强行地夺回了对外交部的控制权。自然,红卫兵也加强了他们对陈毅的骚扰活动。在一次批判会上,他们挂出一条"打倒陈毅"的标语,周恩来看见后拒绝进入会场,直到这条标语被取下来后他才进场。还有一次,当陈毅莫名其妙地受到围攻时,周恩来愤然退出会场,并派警卫人员保护陈毅离开会场。

但有那么几天,周恩来的外交政策遭到了灭顶之灾。好斗的中国青年激进分子对在北京的外国外交官和记者大打出手,令人又回忆起义和团的时代。最恶劣的事件是红卫兵在8月中旬火烧英国代办处并殴打代办处的部分英国官员。当周恩来得知这一情况之后立即赶往现场。他气得浑身发抖,命令红卫兵撤走。人们只见他发过几次脾气,而这是其中的一次。

6个月过后,他才觉得可以安全地去拜访英国代办约翰·丹森,就该事件向英国道歉并保证赔偿损失。

中国南部(尤其是广东)激进的年轻人的行动也对周恩来的外交政策造成了损害。8月25日,

1967年8月22日,在极"左"思潮影响下的北京红卫兵围攻冲击英国驻华代办处。

周恩来在北京对广东来的激进组织的代表说：

> 你们甚至比孩子还要无知。为了在你们中间搞武斗，你们抢劫作为外援运送给越南的支援物资。这些行动不仅对我国的外援计划产生了不利影响，而且也极大地损害了我国的声誉。

接着8月26日，一千余名红卫兵群起围攻周恩来并把他困在办公室达两天之久。这标志着反周的活动达到了高潮。当时，据说毛泽东和林彪都不在北京，周恩来得不到援军。当时最急迫的问题是关于反对陈毅的运动，红卫兵再次坚持与周总理全面讨论这个问题。周恩来不吃、不睡、不休息地与一群接一群地轮番上场的红卫兵进行激烈的辩论，直至最后他们全部败下阵来。这样，几小时后，他的心脏病发作就不足为奇了。（有一次，周恩来乘坐的飞机驾驶员发现周恩来的座位上放了一个氧气瓶，周恩来的护士解释说，周恩来总是随身带一个氧气瓶以备不时之需。）但是，他这次很快就恢复过来了。

周恩来这时仍不得不提防来自"五·一六兵团"的攻击。由王力支持的"五·一六兵团"是一个极左组织，他们的目标是把周恩来赶下台，但周恩来的心脏病给毛泽东敲起了警钟，他站在周恩来一边反对王力，这对周恩来来说是一个重要的转折点。他设法安排陈毅做了一次有些敷衍性质的"检查"，使得陈毅得以摆脱红卫兵的控制。江青也不得不站在周恩来一边谴责"五·一六兵团"。

11月份，他在北京对一帮争吵不休的广东红卫兵讲话时说："今天，我们应该有一点小民主。我们不应该再抓人了。"两个星期后，他在规劝一帮因争权夺利而辩论不休的铁路工人时说：

> 运输工作是一件大事。毛主席和林副主席都非常关心这件事。……有3600个车皮还闲置在那里。东北的煤和石油都无法外运。这对我国的生产和建设造成了极其严重的影响。

1968年1月，周恩来再次在公开场合大发脾气，原因是某些红卫兵妨碍了一些重要的军事装备的生产。在国家科学技术委员会和一些负责工业的部门，红卫兵抢劫枪支弹药，用于敌对派系之间的武斗。周恩来对这些情况非常痛心。他气冲冲地说，这是"把无数车该运到越南的物资白白地浪费掉"，并极为罕见地大发脾气叫道："我实在是烦透了，烦透了。"

在红卫兵大串连的高峰期，为缓解其对工农业生产的冲击，周恩来直接部署、过问铁路运输工作，成了这个时期的"铁道部长"。

在这样一种时候发脾气是很正常的。3月份（临近他的70岁生日），江青设法迫使周恩来最信任的跟随他几十年的警卫员离开北京，否则就要对他进行审讯。周恩来在他离开之前请他吃了一顿饭，并紧握着他的手对他说："注意保重身体，要经得住考验，将来还有很多工作等着你去做。"周恩来后来承认："我以前很少哭，因为我曾饱受战火的熏陶，但这次我却忍不住掉泪了。"

周恩来在保护他的朋友时不能走得太远。有一次近百名外交部的官员贴出一张保陈毅、反极"左"的大字报，周恩来批评他们说："这张大字报在原则上是错误的，它是一种来自右的干扰。"同样，他在公开场合不得不对所谓的"翻案风"也表示反对，这次"翻案风"曾使得几个"文革"的受害者恢复了职务。如果平衡被打破，不管这种打破是来自哪个方向，这个政权脆弱的稳定性就会受到威胁。

有时，甚至周恩来自己的追随者也在无意中给他带来麻烦。4月份，广东各派红卫兵的一个联合组织（它们的联合是由周恩来促成的）在庆祝该组织成立1周年的大会上，为周恩来年前的广东之行而向他致敬。他立即打电报去说，他只是根据毛主席的指示做了一点工作，会议上"一小部分人"借周年纪念来"突出我的名字"的做法是犯了"一个大错误……这是与'文化大革命'的精神相违背的，我坚决反对这种做法"。

周恩来不屑于突出个人的形象，他把这种事留给那些在政治上捞资本的林彪和江青去干。与此同时，他则顽强地为在全国范围内减少"文革"造成的混乱而努力工作。

但是，派仗仍在继续，倔强的红卫兵领袖蒯大富在5月份号召向敌对派别进行一次决定性攻击。他这么做的原因之一是以此作为"与周恩来算政治账"的一个手段。

在下面的一份报告里记录了1968年7月25日周恩来在北京同广西红卫兵的一次有意义的会见。广西的红卫兵曾使连接广西与别的省以及与越南的铁路中断达两个月之久。他们还被怀疑进行了纵火及其他各种不服从中央命令的行动。这使他们到北京去之前声名就已在北京传开了。

周恩来对他们说："你们必须承认，尽管我们给你们打了那么多电话和电报，尽管你们20天以前就接到了通知，你们还是中断了铁路交通，使火车不能通过柳州。你们是否真的把抢来的援越物资给私分了？"

一个红卫兵领袖承认他手下的铁路造反派抢了"4000多

1967年8月18日,军用物资专列在广西遭到拦截哄抢。图为被哄抢后的专列。

箱","我们请求原谅",但他坚持说其余的物资是对立派"造反大军"抢的。然后总理问,对立的两派是否能进行合作?另一派的一个发言人答道:"这件事可以办得到,但我们的安全没有保障。"

周恩来问头一个发言人:"你的黑后台是不是还在幕后指挥你?……你必须对我们讲实情。你能不能保证两边都不妨碍恢复交通?"

那个年轻人否认他曾阻碍交通,但一个官员插话说他们曾使用一个装置使火车越轨。

"对,有那么回事,"周恩来说,"要不是解放军在50秒之前赶到,火车就会出事。"

那个年轻人解释说:"那是一个不懂事的学生干的。""你说什么?"周恩来大声地说,"不懂事?这是一次反革命事件!"

周恩来接着转过去问"造反大军"的头头:"我问你,你们参加了抢劫援越物资,但你们是否能交回你们抢走的物资?你们抢了11800箱,这可不是个小数目。……你必须在一两天内交还所有的物资,你们很清楚火车上装的物资是运给越南的。……你知不知道抢去的物资是怎么分的?"

一个官员说他们抢物资是沙文主义行为,因为他们知道那是运给越南人——也就是运给外国人的!另一个官员说抢劫是经过周密组织的,因为整个行动花了不到一个小时。

周恩来追问道:"你们以为能骗过我而不受惩罚?你们以

为能靠撒谎蒙混过关？现在你们必须做两件事：第一，归还所有抢走的援越物资；第二，你们必须恢复铁路交通……保证运输畅通……"周恩来接着说，"让我们说说桂林的问题。"当时桂林各对立派别的人都在场，他们中的一个头头赶忙主动表示他们保证他们的人将在当天下午3点钟以前撤出所占领的桂林市的一所监狱。周恩来让他们打电话回去保证，当一派在撤离监狱时，另一派不得进行攻击。说到这，其中一派指出另一派抢了6000多支步枪。

周恩来表示："两派的错误都不少，你们到了悬崖勒马的时候了。你们中的一些人犯了罪，现在给你们一个改正的机会。你们可以将功赎罪。"他又转过去对桂林铁路局造反派的一个人说，"是不是你的人抢走了45号机车？"

"只抢了一次。"那人回答说。

"哦，只抢了一次，但一次就够厉害的了！因为你们两派忙于搞武斗，不管业务，而那个火车司机是特意从齐齐哈尔调去帮忙的。你们却用机关枪威胁那个司机，抢走了机车。你们还砸烂客车车厢的门，砸开一个工具箱，拿走一把斧头。只是在我打长途电话给你们并且在一夜不睡觉的情况下你们才交还了抢去的东西。为什么你们犯了这么严重的错误还不做自我批评而宁愿去指责对方？"

周恩来不得不亲自处理诸如此类的具体事务，去抑制恶性的红卫兵派别冲突。由于红卫兵只顾追求自己的利益，

1968年2月，周恩来在国务院工交、财贸、农林和直属单位大会上讲话，强调"必须真正地解放大批干部"，依靠他们把工农业生产"推动起来"。

不惜中断生产、运输和商业，使政府基本职能和外交工作置于一个危险的境地。周恩来为保证政府基本职能和外交工作的正常运行进行了不懈的努力。

1968年8月，苏联入侵捷克斯洛伐克，再次引发了一场东欧危机。捷克斯洛伐克共产党内的一些人希望建立一个限制较少的政府，从苏联那里争取更多的自由。这些行动得到了中国领导人的支持，并且他们也觉得有必要强调一下苏联的好战性，以使处于"文革"动乱中的中国人民团结起来去保卫国家的安全。因此，周恩来立即发表声明，谴责苏联的入侵，把它称为"苏修叛徒集团是赤裸裸推行法西斯强权政治的典型"。

也许正是由于来自外部的威胁，周恩来才有勇气力求结束"文化大革命"。他在9月份对形势进行了一次全面的分析。他在一次群众大会上说，自上海无产阶级从党内走资派手中夺权以来的20个月里，"我们终于粉碎了党内一小撮窃居高位的领导人复辟资本主义的阴谋。我们可以肯定地说，旧世界正在走向灭亡。"当时中国各省都在成立由各派革命分子组成的革命委员会，这个大会就是为了庆祝最后两个省的革命委员会成立而召开的。

从那时起直到去世，周恩来在公开场合露面时都穿着一件做工精细的毛式制服，上面别着一个不大的红色像章。像章上除了毛主席的像外，还有一句"文革"中特别流行的也是他最喜欢的口号——"为

"文化大革命"中身别"为人民服务"红色像章的周恩来（杜修贤 摄）

人民服务"。

　　周恩来在"文化大革命"中扮演了许多种不同的角色。假如能对这一最为野心勃勃的社会主义教育运动加以正确的操纵，并使中国人将来所赖以生存的经济和科技不受冲击的话，他就会完全赞成这场使大批中共党员经受极为严酷的、触及灵魂的考验和改革。但周恩来又是一个超级的保护者。他保护同志，保护机构，甚至保护文物财产，使之免受政治运动发展所带来的不必要的损害。他为他的同志提供庇护，但又不是不加区别，而是在自己的政治处境所能允许的范围内行事。他的警卫把他比作一棵保护了许多优秀干部的"参天大树"。如果不是周恩来运用他的影响力和政治技巧对"文革"的危害加以限制的话，那么"文革"将会在历史上写下更为残酷、血腥的一页。

　　可悲的是，周恩来未能保护那些与他最亲近的人。1968年10月，他的养女孙维世死于红卫兵的酷刑之下。她曾是一个备受江青妒忌的话剧导演。据说周恩来既无法为她说情又无法阻止此事，只是听到了她的死讯后，才迅速派出一队医生去进行尸体解剖，但已经太晚了——她的尸体已被火化，而所有与她的被害有关的人员也都溜掉了。

　　"文化大革命"中所发生的事是如此复杂，使人们几乎不可能对它做一个简单的分析。但是，看清它的最好的方法是重新观察一下三个融合在一起的、性质截然不同而又都刻有"文革"标记的现象。首先，我们看到的是一场为改变大部分党员和非党员头脑中的传统观念以及封建主义和非社会主义思想而进行的意识形态运动。这场运动的最终目标是使民主、社会主义和集体主义精神达到一个更高的水平，周恩来是这一愿望的拥护者。

　　后来，周恩来就是从这个意义出发，把"文革"解释为一个漫长过程的第一步,认为它"不可能一下子解决所有的问题"。几年后,他在与费利克斯·格林谈话时引述了毛的革命思想,并说道:"类似这样的革命应该一次又一次地进行,而且每一次都应达到一个更高的阶段,每一次都应比前一次更深入。"周恩来在这里并不是违心地讲话,而是以一个热心的社会主义者的身份讲这番话的。他在这里以他一贯的乐观主义态度假定下一次革命可以避免无政府主义和权力斗争。

西方观察家一般都认为周恩来是一个温和派,但在这场特殊的斗争中,他与毛泽东站在一起。这可能是因为他更信任、尊敬毛泽东。周恩来与他亲密地共同工作了35年,而刘少奇与周恩来却不太熟悉。

最后,还有一类低层次的"文化大革命",这一革命发生在远离北京的地方。它打破正常的法律和秩序的限制,允许一些个人和派别进行报复活动和夺权行动。这场革命最初像是一次有益的周期性放血,但最后却演变成一场全国性的混乱,于是周恩来转而坚决反对它并在最后取得了成功。

1972年的周恩来

周恩来后来对埃德加·斯诺也不得不承认:"由于工厂武斗,交通混乱、停工,使1967年和1968年的工业生产有所下降。"而降低中国人口增长的计划也由于红卫兵的随意行为而受挫。

"文化大革命"还造成了另一个损失——它拖垮了周恩来(如果换成一个普通的人,可能早就一命呜呼了)。周恩来再也没能恢复他往日的活力。在生命的最后7年,他本可以在国际舞台上大获成功,但他却过得相当平凡，主要忙于补救"文革"造成的损失，同时还要为自己在"文革"中造成的政治地位变动争得一席之地。

22 握手言和
（1969~1976）

周恩来传
A BIOGRAPHY OF ZHOU EN-LAI

操劳国事的周恩来

1969年春,在中苏边界北端冰封的乌苏里江中一个叫珍宝岛的小岛上,中国士兵与具有优势的苏联军队之间进行的战斗使人们发现了中国的脆弱性。中国的邻居并没乘机利用中国这些年因红卫兵横行而造成的防务上的弱点,但周恩来和他的同僚们认识到必须恢复沟通中国与外部世界的渠道。这些渠道有时甚至被一些小事所堵塞。在珍宝岛危机时曾发生过这样一件事,柯西金总理试图通过中苏之间的热线电话与周恩来联系,但他只

《人民日报》发表的关于抗议苏联政府挑起中苏边境冲突事件的报道

是徒劳地发现中国的电话员拒绝替他转过去,因为他是"修正主义分子"。

1969年秋,世界各地的共产党领导人云集河内,参加越南主席胡志明的葬礼,中苏之间的外交关系得到了一个修复的机会。柯西金总理有意地在周恩来到达河内之前离开河内,但最后他又折回到北京。在北京机场的休息厅里,他与周恩来进

1969年9月11日，周恩来在北京机场会见柯西金。

行了一次长达4小时的会晤，就导致两国边界冲突的问题进行了激烈的争论。

周恩来坚持要苏联承认19世纪中俄的"不平等"条约在道义上是不公正的，但他又许诺说中国将不会要求收回根据这些条约被苏联强占的土地。可按传统习惯的分界线作为重新解决边界问题的基础。同时，双方应该通过下面这些办法来保持边界现状，即各自把军队撤到一个双方同意的距离以外，并承诺在这些实质性谈判进行期间不使用武力或进行敌对宣传。柯西金显然在口头上同意了所有这些建议。但当他回到莫斯科后，苏联的宣传机构又恢复了对中国的攻击。

同时，1969年4月召开的中国共产党第九次全国代表大会解决了"文化大革命"后政治上的人事安排问题。这是一次奇怪的大会。林彪在会上满面愁容，坐立不安，周恩来也露出一副不常见的生气的模样，只有毛泽东显然仍像以往一样挥洒自如。由他们组成的三驾马车显然是出了毛病。周恩来被大会选为秘书长，并在新选出的五人政治局里排列第三①，从而排在"文革"中的风云人物陈伯达和康生之上。修改后的党章把林彪指定为毛泽东的继承人。周恩来对这一显然不合理的条例没有提出异议。据说他曾告诉他的追随者："不要过多地讨论这个问题，让它通过吧！"

周恩来仍与林彪和极"左"主义者保持联盟关系，因为只有这样，才可能在中国进行重建工作，但与他们打交道无疑是件既艰难又乏味的苦差事。他的一个崇拜者后来这样写道：

①原文如此。应为政治局常委。

"他甚至能与魔鬼共事，并从中获胜。"

那年秋天，在中国被监禁了差不多两年的英国人——路透社记者安东尼·格雷获得了中国政府的释放，周恩来成了这次

1969年4月1日至24日，中共九大在北京召开。

有意思的文化冲突的受害者。红卫兵扣押格雷并对他进行精神折磨一事在欧洲引起了极大的震动，经过周恩来的不懈努力，格雷终于获得了释放，欧洲人对他的获释普遍感到欣慰。在他获释后的一次外交宴会上，周恩来急切地走到英国代办身边用他那缓慢的英语对他说。

"好啦，格雷出来了，他自由了。"

"是的，"丹森回答说，"但他还没离开中国。"

"嗯，如果他愿意的话，他可以继续待在这里。"

"我可不敢肯定他是否愿意待在这里。"

说到这里，周恩来走开了一会儿，但后来他又回来向丹森问道格雷是否也出席了这个宴会，丹森给了他一个否定的答复。在另一次招待会上，周恩来又提出了同样的问题，他似乎是想为这个年轻的英国人在中国所受的苦做些补偿，也许是要向他表示个人的歉意，或是给他提供一个单独会面的机会。

毛泽东开始把周恩来叫作"管家"，这是一个善意的称呼。有一个欧洲外交家曾经这样评论道：如果把中国比作一个家庭，那么，"深受人民喜爱的周恩来就扮演了一个母亲的角色，而一开始受人尊敬、后来又让人害怕的毛泽东则扮演了父亲的角

色"。周恩来这时开始不动声色地重新安置他的那些饱受红卫兵折磨的副部长们和其他高级官员。1970年夏，林彪和陈伯达因行动不慎而在毛泽东面前失宠，这使周恩来的地位得到了进一步的加强。周恩来这时发现自己的身体状况极差，一天早上，他去出席一个会议时突然晕倒在走廊上。一小时后他醒了过来，意识到自己还有一个重要的会议要出席。于是他从床上爬起来，不顾周围人的劝阻，坚持说自己没事，叫了一辆车又赶去参加那个会。

不久，周恩来揭开了他外交生涯中最著名的一页。周恩来与柯西金会谈后双方的立场都未改变，仍然保持对立状态，这就意味着中苏关系不可能有任何重大的发展，但中美关系则应该另当别论。林彪及其手下的大部分人仍倾向于与他们以前的莫斯科老师和好。毛泽东和周恩来对此事未置可否，直到1970年年底林彪咄咄逼人的野心和来自北方的威胁，使得中国领导人开始认真考虑与美国恢复邦交的可能性。此外，周恩来手下的专家估计，由于国际力量的重新大组合，使得美国现在对中国的威胁要小于苏联的威胁，周恩来反复考虑与美国进行高级会谈的可能性——只要华盛顿采取主动那就好办了。

这个暗示是当年8月传达给埃德加·斯诺的。当时，他在北京的一次乒乓球比赛上见到了周恩来——"他的头发开始渐渐地变白，身穿一件夏天的运动衬衣，一条灰色宽松裤，下面是白色的袜子和凉鞋。"周恩来对美国国内政治极为关心，并提醒斯诺注意由北而来的对中国的威胁——来自苏联的威胁。

"如果中国要找一个盟友，"斯诺问道，"找俄国谈判的可能性大还是找美国的可能性大？"

在当时，这个问题还几乎是一个碰不得的禁区，提出的问题很可能被简单地打发掉了。但是，斯诺提这个问题所选择的

1970年10月1日，毛泽东在天安门城楼上会见斯诺（左一）及其夫人（右二）。

时机真是再合适不过的了。

"我也一直在问我自己这个问题。"周恩来的回答使人松了一口气。

这出公共关系的小戏的另一幕发生在国庆游行那天拥挤的观礼台上。当时，周恩来走到斯诺身边，拉着他的袖子，把他和他的妻子领到毛主席身边待了一会儿。这就向无数的中国人和美国人清楚地暗示下一步会是什么。

几个星期后，周恩来又与斯诺进行了一次内容广泛的谈话。在谈话中，他为中国的经济形势进行辩护，对花费巨大的粮食进口的原因加以说明，他还表示伟大勤劳的中国人民也需要外国的技术。他还自豪地宣称，中国既无内债又无外债，中国既吸取了"文革"中好的教训，同时也纠正了一些暴行。他对他的国家的这番热情洋溢的描绘被及时地披露在美国的报纸上。最后，周恩来说中国准备与美国就美国武装"入侵"台湾问题进行谈判。

有一次，周恩来与斯诺的会面从晚饭一直进行到第二天早晨6点，斯诺最后也支持不住了。

他低声说道："我应该让你去睡一会儿。"

周恩来仰面笑道："我已经睡过了，而现在我该去工作了。"

由于中美之间没有直接的交流渠道，周恩来给尼克松总统的口信及尼克松的回信，不得不各自通过巴基斯坦或罗马尼亚的使者转送。在一封通过这类手段于12月初送达白宫的信中，周恩来强调他不但代表自己，也代表毛泽东和林彪讲话。他说中国"一直希望并一直试图进行和平谈判……以讨论中国台湾的那一部分领土的有关问题。尼克松总统的特使将在北京受到最热烈的欢迎。"尼克松同意派他的国家安全顾问亨利·基辛格秘密地访问中国，为后来总统的访问做准备。

在国内，周恩来与林彪的争吵越来越公开。1971年3月，周恩来结束对越南的访问，坐飞机回到国内。据说林彪为了消灭这个敌人，曾下命令等飞机一回到中国境内就将它击落，但当接受这个命令的将军看到飞机的民航标志后没有开火，而是强行命令飞机降落。困惑不解的总理走出飞机之后，将军递给他那份林彪的电报。据说周恩来把电报拿回去，让人在自己死后交给毛泽东。这个故事大概情况就是如此，至少这种说法在北京流传甚广。

1971年夏，毛泽东终于勉强地同意对外与西方实行缓和，对内实行经济非集中化。周恩来受委托与各省对林彪既不喜欢又不信任的将军们建立一个联盟，以支持新政策的实施。

这时，陈伯达激进的法西斯主义思想甚至变得更加极端。为此，毛泽东转而把他的这位前秘书完全抛在一边。陈伯达在1971年4月被清洗[①]，这项工作是由周恩来领导的一个小组负责进行的。周恩来让人查清了这个林彪的头号支持者的罪状。

① 应是1970年8月召开的中共中央九届二中全会上。

1971年的五一庆典

在1971年的"五一"节的庆典上，形势进一步明朗化。按照礼仪，毛泽东走在最前面，林彪跟在后面——手上挥动着毛主席语录，脸上带着腼腆的笑。周恩来走在第三位，但他不像往常那样与前两个巨人离得那么近，而是拉开三步远的距离，并略微偏在一边。

同时，周恩来以积极的姿态邀请美国乒乓球队访华，从而揭开了中美关系的序幕。他在接见他们时说："你们开辟了中美两国人民关系的新篇章。我相信我们这次重新开始的友谊将得到我们两国大多数人民的支持。"

不知所措的运动员们没有反应过来。这时，周恩来又进一步问道："你们同意我的话吗？"

他们中立即响起一片赞成声，并邀请中国乒乓球队对美国进行回访。正如基辛格所说的："周恩来知道如何做出姿态使你不能拒绝。"

现在，周恩来又在美国记者和来访的专业人员中间施展起他的全副外交手腕。这是他自1946年离开南京后，第一次重操旧业[①]。6月21日，他与《纽约时报》的西摩·托平、《每

[①]旧业，指周恩来20世纪40年代在国民党政府所在地南京与美国外交官、记者所打的交道。

1971年4月，周恩来接见应邀来华访问的美国乒乓球全体代表团成员。（杜修贤 摄）

日新闻》的威廉·阿特伍德以及《华尔街日报》的鲍勃·基特共进晚餐。这次晚餐可算是他这类活动的一个代表作。席间，他精彩地为中国的时局和政策进行辩护，并聪明地对美国想当世界警察的念头加以取笑。

周恩来深情地回忆起年轻时在南京度过的岁月，他说："现在，作为总理，我就没那么自由了。"说到这里，他指着客人手中的一个笔记本说："比如，我现在说一句，你们就记一句。"

但周会访问美国吗？

"我敢肯定会有那么一天的。"他答道。

他在向客人推荐茅台酒时说："这种酒不上头，尽管你可以用火柴点着它。……实际上，喝了30年的茅台以后，我现在要戒掉它了。……在精神上，我永远年轻，但是我的精神赖以生存的物质基础变得越来越衰弱了。"

尽管他是这么说的，他还是兴致勃勃地把杯中的茅台酒一口干掉并声称："我要喝就真喝，决不装样子。"

周恩来的人情味令客人们极为感动，托平接着问他有关人口增长的问题，他解释说，中国的某些地方仍像以前一样，在那里如果一对夫妇不能生出一个传统家庭所要求的男孩来，那他们就会接着生下去，直到他们生出男孩为止。他们可能会一连生出9个女孩，"这时，妻子已经45岁了，也只是到了这时，她才停止生男孩的努力，这平等吗？"

托平听到这儿，有点不好意思地承认，他自己是5个女儿的父亲。

"没有儿子？"周恩来抬了抬他那黑黑的浓眉问道。

"托平疲倦了。"一个美国客人打趣道。

"不。"周恩来尖刻地说，"是托平夫人感到厌倦了，我代表妇女讲话。"

类似这样的会面还有许多次，而这类对话也一直是双向进行的。周恩来向这些外国新闻界人士详细说明了中国的政策、需要和成就，同时他也向这些见多识广的记者请教他们对美国政治的一些更为"深刻的"个人看法。一个美国生物学家惊奇地说："他问的问题范围非常广，他甚至问及谁将在1972年大选中获胜之类的问题。"周恩来曾经笑着对英国人马尔科姆·麦克唐纳说，他十分清楚尼克松要求在1972年访问北京的动机之一就是为即将到来的总统选举捞取选票，但他希望中国可能会因此而从美国那里赢得"部分有用的让步"，而不必做出相应的回报。

一个月以后，一个美国学者在华盛顿举行的参议院听证会上警告说，不应过于乐观地把周恩来看作一个实用主义者和一个讲道理的人。"实际上"，弗朗茨·迈克尔教授说他，"是一个很难对付的领导人。"但迈克尔所代表的观点在美国舆论界的优势地位正在动摇。周恩来那过人的才能使他不仅在国内压倒了林彪和陈伯达，而且在国外也击败了那些反对他的人。

7月9日，在亚洲执行一项外交使命的基辛格从伊斯兰堡秘密地飞往中国（人们以为他因为肚子痛而待在巴基斯坦休养）。他的外交病到中国后弄假成真，变成一次真正的肚子痛。当周恩来在他到北京后仅4小时就来宾馆与他会谈时，他所

1971年7月,周恩来会见秘密来华访问的基辛格。(杜修贤 摄)

有的不适感都被抛在脑后,他们前后共谈了17个小时,这两个敌对意识形态阵营的代表简直喜欢上了对方。对于两大敌对阵营的发言人来说,能像周恩来和基辛格那样彼此沟通的并不多见。基辛格站在门口非常富于象征意味地伸出他的手,周恩来立即露出微笑握住了基辛格的手。他们两人这时都想起了杜勒斯。基辛格后来评论说:"这是抛弃过去的包袱所迈出的第一步。"他意识到周恩来的矛盾心理——当台湾海峡两岸仍在对抗、越南战争仍在进行之际,自己却在和中国25年来的头号敌人进行会谈。

基辛格注意到这种矛盾心理表现在"周恩来时而陷入沉思,时而神情恍惚"。然而没有一次周恩来表现得有丝毫的不耐烦,或者是暗示他还有别的事情要做。"我们的会议从来都没有电话干扰,也从来没有因为他要处理这样一个大国的必要公务而中断。"基辛格面前是为会谈而准备的一大堆文件,而周恩来面前只是简简单单的一张纸。在后来几次会谈中情况也是如此。

周恩来固有的由中国古老文明所带来的文化上的优越感给基辛格以深刻的印象。这种优越感以及伴随而来的"优雅而轻松的举止和似乎不费力就能抓住事物本质的技巧",缓和了敌对意识形态所带来的紧张气氛。基辛格还对周恩来发出了如下感叹：

> 外弛内张的神情，钢铁般的自制力，就像是一根绞紧了的弹簧，他的谈话轻松自如，但细心观察就知并不尽然。他听英语时，不必等到翻译出来，脸上的神情就显得已明白语意，或立即露出微笑，这很清楚地表示他是听得懂英语的；他警觉性极高，令人一见就感觉得到。显然，半个世纪来烈火般激烈斗争的锻炼，已将极为重要的沉着品格烙在了他的身上。

对周恩来来说，在这个不寻常的客人身上所具有的美国式的鲁莽外表下面，隐藏着成熟的欧洲智慧和知识。在基辛格第二次访问中国前夕，周恩来与一些来访的美国客人聊天时不时高兴地笑着拍手说："哦，这真不错，这些东西在我与基辛格会见时用得着。"他们两人显然都在与对方进行的外交斗智中得到了一种孩子气的满足。然而，在他们第一次会面时，他们仍不免闹些误会。基辛格犯了一个初次来访的旅行者所犯的典型错误。他把中国比作"一块美丽的但对我们来说却又神秘的国土"。周恩来立即举起手来告诫他说："你会发觉，它并不神秘。当你熟悉它之后，它就不会像过去那样神秘了。"在后来的会面中，他又提到了这个话题。

但在后来，当周恩来想知道尼克松访华的随行人员有多少时，他也犯了一个错误。他估计会有50人左右，这叫美国官员们不禁感到

周恩来陪同毛泽东会见基辛格（杜修贤 摄）

遗憾。而正确的答案是，尼克松想带700人同行。

周恩来邀请基辛格访华并与他就政策问题进行了长时间的讨论，最后在尼克松总统访华问题上达成了原则性协议。这标志着周恩来政治上的一大成功，在这场戏中没有扮演任何角色的地位不稳的林彪将军被周恩来的胜利所激怒。他夸口说（或者是威胁说）"如果周恩来能邀请尼克松，那我也能邀请勃列日涅夫"。也许，他认为周恩来已经走得太远了。不管怎么说，他不久之后为夺取最高权力进行了最后一次尝试，但当时的情况至今仍搞不清楚，因为存在着几种相互矛盾的说法。当时的情况似乎是，林彪在1971年8月计划轰炸毛泽东的专列。毛泽东当时正在中国中部地区旅行，据说是林彪的女儿及时地把情况报告了周恩来，这才救了毛泽东。然后，到了9月12日，与妻子、儿子及一些高级军官在北戴河海滨休假的林彪，在当天黄昏的时候，调了两架三叉戟飞机到北戴河机场，准备进行一次秘密的夜间飞行。周恩来得知这一情况后，顿时起了疑心。

中国政府的官方说法是：林彪试图逃往苏联，也许他是希望说服苏联人对中国进行干预。但他乘坐的那架飞机当晚就在蒙古坠毁了。正如周恩来后来在他的官方报告中所说的，林彪"背叛党和国家，像叛徒一样投向苏修的怀抱"。

不管怎么说，林彪死了，周恩来继承毛泽东的主要障碍已不复存在。兴高采烈的德国大使在大使

林彪的坐机——256号飞机残骸

馆举行的一次宴会上不顾外交礼节地向周恩来祝酒说："周恩来的时代已经到来,这对中国来说是件好事。"大部分中国人心中肯定也是这么想的。

然而,林彪的死在当时是令人尴尬的。有谣传说,由于广东省的一些高级将领因他们的亲林倾向而迅速遭到清洗,因此广东省可能要分裂出去。这就需要周恩来使用他的全副本领来保证那些各省的解放军指挥员不至于觉得他们受到排挤。当然,周恩来还要应付他那些令人厌恶的同盟者——以毛泽东的妻子江青为代表的激进的极"左"主义者。后来,江青与张春桥、姚文元、王洪文(这些人都来自上海)一起,以臭名昭著的"四人帮"而闻名于世。

周恩来重新安排其老部下的工作得以逐渐走上正轨。廖承志在8月份得到了重新任命;董必武被宣布为国家副主席;而别的老同志,像朱德、聂荣臻也都重新回到他们在军事委员会和核武器发展计划委员会的位置上。这些成就都是在"四人帮"还不那么活跃和羽毛尚未丰满的情况下取得的。

但对周的某些朋友来说,这一切却太晚了。1972年1月,陈毅去世了,他一直未能从"文革"的创伤中恢复过来。"我们应该化悲痛为力量",周恩来在悼词中这么说。追悼会结束后,毛泽东仍呆呆地坐在会场,两眼茫然地盯着花圈,好像不明白为什么会发生这样的事,或许他还沉浸在某种悔恨之中。最后,周恩来上去扶着他的胳膊,小心地把他引离会场。

1972年1月6日,陈毅在北京逝世。周恩来亲致悼词。

周恩来后来对一个美国来访者说:"我们所有的人,包括我自己,都犯过错误。……怎么会有绝对的权威呢?……毛泽东可能会在某些问题上是权威,但对于那些他不熟悉的问题,他怎么能算是权威呢?……这里还有一个时间问题,你可能今天是权威,但这并不意味着你明天还是权威。"

对任何负责中国安全的人来说，这是一个可怕的时期。国家仍处在分裂之中，更糟的是，周围还有大国势力的威胁。谁也说不准在林彪事件的刺激下，克里姆林宫会进行什么新的冒险。周恩来对一名美国记者说："你能这样设想一下吗？苏联军队直插黄河北岸，美国人打到长江南岸（可能从台湾或印度支那出发），同时，日本侵入并占领山东的青岛，印度也参加进来并占领西藏。"他对另一个来访的记者说，"我们已经做好一切准备，同时迎击四面来犯之敌。"

10月份，基辛格为了制定理查德·尼克松访华的最后细节，再次来到北京。他在下榻的房间里发现一份英文的宣传公报，号召世界人民"打倒美帝国主义"。他把它交还给中国人，并干巴巴地评论说，它一定是原先的房客留在那里的。几小时后，周恩来在会见美国代表团时把传单说成是"放空炮"，他还说应该注意中国的行动，而不是它的言辞。同时，他还表现出他为会谈做了精心的准备。他看过《巴顿将军》这部电影，因为他听说尼克松很欣赏它，他并且像往常一样记下了那些随同基辛格访华的中国问题专家的大量背景材料以及他们在政府中的职务。这使得所有这些人在离开时心里感到暖洋洋的，同时又不免有几分得意。

这次会面给基辛格以深刻印象的是周恩来具有抓住事物之间相互关系的不同寻常的能力。他是一个为信仰而献身的理论家，他运用他的信仰支持他度过几十年的斗争生涯，并把他那热情的性格锤炼成为"一个我所遇见的最敏锐而又能对现实冷静估价的人物之一"。周恩来懂得政治家不能创造时势，他经常引用中国的一句老话："舵手必须顺水行舟，否则会有灭顶之灾。"

然而，周恩来本来已经同意把美国人为尼克松访华而起草的一份公报草案作为讨论的基础，因此基辛格认为这份公报草案没什么大问题了。但是到了后来，当周恩来再次与基辛格会面的时候，他发言尖锐激烈，长达1小时——据他说，这是根据毛泽东的明确指示行事。他宣布美国人的做法是不可接受的，除非公报摆出双方根本性的分歧，否则就是"不真实的"。与其假装观点一致，还不如正视现实的分歧。基辛格完全不能接受这些观点，但这时正好到了吃烤鸭的休息时间。饱餐一顿之后，周恩来提出了一个新的草案，上面阐述了中国的立场，但也留出空来让美国人阐述他们的立场。基辛格先是吃了一惊，但马上又为这种独出心裁的方式所吸引，并决定同意采用这种方式。

基辛格这时又以他的一个著名的提法从周恩来那里捞回一分，他的提法是这样的："美国认识到，在台湾海峡两边的所有中国人都认为只有一个中国，美国政府对这一立场不表示异议。"这个提法实际上摘自美国国务院20世纪50年代的一份文件，但它仍给周恩来留下了深刻的印象。尽管它实际上并不意味着美国政府改变了政策，但它似乎正是中国人所要的东西。因此双方就草案的主要内容达成了协议，这就是后来的《上海公报》的基础。

当基辛格准备动身前往机场时，周恩来用英语对他说："欢迎你快些回来共享会谈的愉快。"

几个小时之后，联大投票决定接纳中华人民共和国在联合国代表中国为联合国的会员国，这就结束了22年抵制中国的历史。对周恩来来说，这是个有保留的胜利，尽管他为此进行过不懈的努力。多年前曾随同"迪克西"观察团到延安与周恩来会谈的美国外交官谢伟思那天正好在北京再次与周恩来见面。他开玩笑说他希望能在纽约见到周总理。听到这话，周恩

1971年10月25日，第26届联合国大会通过决议，恢复中国在联合国的一切合法权利。图为五星红旗在纽约联合国总部大楼前升起。

来像往常一样以一种突然而自信的姿势迅速转过身来说："绝不可能！绝不可能！只要台湾大使馆还在华盛顿，你就决不会在美国见到我。"他很清楚，他的成功是有限的，前面还有许多路要走。

中国在联合国成功的因素之一自然是由于第三世界中要求接纳中国的呼声日益增高，正如周在1971年接见赞比亚来访者时所说的："我们都是发展中国家，同属第三世界。"他在访问亚非国家时也曾反复强调过这个观点，但他这个求团结的策略却又不是不负责任的。有一次，卡扎菲上校的一个副手来中国要求买一枚原子弹——"只不过是一枚战术原子弹。"周恩来有礼貌地通知他，中国不卖原子弹。利比亚要靠自己生产这种武器。

1972年2月21日，一个历史性的时刻到来了。理查德·尼克松总统走出了他的专机，置身在北京那寒冬的空气中，成为第一个访问中国的美国总统。当尼克松下到舷梯的一半时，站在舷梯脚前未戴帽子的周恩来便开始鼓掌表示欢迎。尼克松停了一下，然后也鼓掌相报。走到舷梯下面时，尼克松向周恩来伸出了手。"当我们的手相握时"，他后来写道，"一个时代结束了，另一个时代开始了。"周恩来胯部向前稍提，肩膀略向后移，头颈挺得笔直，整个姿势给人一种略显随便的印象,一种"哦,是你啊!"的态度,与尼克松过分急切的神态形成鲜明的对照。当他们一同乘车进入北京城时,周恩来评论说:"你的手伸过了世界最辽阔的海洋来和我握手——25 年没有交往了。"可见,杜勒斯的阴魂存在了多么长的时间。

使一个世界上最有权力的政治领导人,同时也是一个长期以来对中国共产主义怀有深深偏见的国家的元首来中国进行官方访问(他的政府甚至还没有承认中国)并与中国领导人就悬而未决的双边问题进行谈判,这是周恩来长期外交生涯中最辉煌的成就。甚至周恩

1972 年 2 月,周恩来在机场迎接美国有史以来第一位出访未建交国家的总统尼克松。(杜修贤 摄)

来自己也用同样夸张的语言把它称为国际关系中令人高兴的一个突破。

他们双方很快就变得不那么拘束了,并像通常在此类场合一样开起玩笑来。基辛格的秘密访问及他把他的离奇失踪解释为是出于浪漫的原因成了他们俏皮话的现成材料。尼克松说,他作为总统,如果用姑娘做掩护的话,就会碰到麻烦。周恩来立即补上一句:"特别是在大选的时候。"

显然在周恩来眼里,中国之行是尼克松竞选战略的一部分。当尼克松说到中国乐队正在演奏的一首曲子正是他 3 年前就职典礼上选中的那首曲子时,周恩来立即举杯说:"为你下一次就职典礼干杯!"他对于能从苏联人那里把尼克松拉过来同样感到高兴。他夸耀说:"你先到这里来了,莫斯科气得要命!"

尼克松对周恩来的魅力不像基辛格那么着迷。他们相处的50个小时使他对周恩来的局限性有了一个更为深刻的认识。尼克松发现，尽管周恩来"才华出众、精力充沛"，但他的观点"被他那刻板的意识形态框框严重歪曲了"。

尼克松写道，在周恩来看来，法国对美国革命战争的干预不是由法国政府而是由拉斐特率领的志愿军进行的。周恩来还把林肯的胜利归功于人民站在他这一边——而尼克松则把林肯看作一个领导进行了南北战争的彻头彻尾的实用主义者，他解放黑奴只是一个军事战术上的策略（比方说，林肯没有解放北方边境各州的黑奴）。

但在政治上相互信任方面，他们两人相处得极其融洽。尼克松向周恩来承认："我们的国务院像筛子一样极容易泄密。"周恩来对尼克松要送给他一支他签署过一些普通法案和其他一些东西的钢笔的做法感到困惑不解，他从未听说过这种习惯。当基辛格向他解释时，他似乎仍然兴趣不大——因为这听起来实在像是在干涉美国的内政似的。或许美国人可以在回国后另外再送给他一支笔吧？

台湾问题是他们之间的一个大问题，基辛格为公报准备的

周恩来陪同毛泽东会见尼克松和基辛格（杜修贤 摄）

那个提法，使得两国政府不受台湾问题的阻碍而走到了一起来，尽管全面解决台湾问题仍遥遥无期。周恩来说："我们是个大国，台湾问题我们已经等了22年啦，我们还可以继续等下去。"甚至在今天，中国的立场也仍然如此。

在告别宴会上，尼克松对周恩来说："我们没有理由成为敌人，我们双方谁也不想要对方的领土，谁也不想支配对方，谁都没有统治世界的野心。"周恩来对这些话的反应则不那么热烈——可能是由于他的同僚仍对美国心存疑虑，因此他不愿意在与美国缓和这个问题上走得太远。

这一戏剧性的变化极大地提高了中国在与苏联打交道时讨价还价的能力。因此，中美修好对中国来说仍是一大胜利。而对中国国内一些难以驾驭的非共产党人士来说，认为这是美国式伪善的一次大展现。在与中国谈判并决定帮助中国发展经济之前，美国不坚持要求先清除中国的共产主义的做法是令人吃惊的。对中国主张现代化的人来说，这是激动人心的时刻，因为他们长期以来怀有这样一个愿望，就是中国与美国这个毕竟对世界的现代化做出了最大贡献的国家的联系终将得到恢复，而现在他们的愿望终于实现了。中美交好生动地证明，尽管中国有着它的历史独特性及僵化的意识形态，但它已不再孤立，这是周恩来的一次巨大的胜利。这时，不论以什么标准来衡量，周恩来在中国权力结构中取得的优势比以往任何时候都大，也更为明显。这与"四人帮"的权力与威望的下降形成了鲜明的对照。

在周恩来与尼克松的会谈中，有一个小话题曾反复多次出现，这就是周恩来的年龄问题。尼克松随行人员的年轻化给他留下了深刻的印象。例如，总统的助手德怀特·查平只有31岁，而且看上去还更年轻一些。周恩来抱怨说："我们的领导

1972年2月,周恩来同美国总统尼克松在上海举行会谈并签署联合公报即中美《上海公报》。(杜修贤 摄)

人中,老年人太多了。在这一点上,我们应该向你们学习。"尽管他在长时间的会谈中仍能够保持机警和集中注意力(而双方的一些年轻人却打起瞌睡来,尤其是在吃过烤鸭之后),但他也偶尔走走神。当他们去看由江青领导的歌剧时,据说周恩来告诉尼克松,赫鲁晓夫7年前①来过这同一个剧场,并且是坐在尼克松坐的同一张椅子上。

① 原文如此。

美国人注意到周恩来经常吃一些白色的小药丸,他们猜想那是治高血压的药——尽管他对尼克松说,那是治支气管炎的。有一次,周恩来表示希望尼克松和基辛格都能留任,以使这些谈判的果实完全得到收获。但他又补充说:"肯定会发生一些变化。比如,如果我突然死于心脏病,你们将不得不跟一个不同的对手打交道。"

周恩来的健康状况确实不妙。在尼克松离开北京几天之后,周恩来的医生告诉他,他得了不治之症——癌。人人都注意到总理的变化。他的一个西方问题助手在一次晚餐时说:"周恩来的皮肤变得几乎有些透明,他工作太辛苦了。我们怎么能阻止他工作呢?"周恩来对一个来访者承认,他的医生已禁止他坐飞机了。英国广播公司的记者安东尼·劳伦斯注意到，周恩来那曾经极其生动的眼睛——"它们活泼得像是会说话一样，现在已经变得呆滞、疲倦了。"

但周恩来仍没有放弃他的嗜好，他继续以身作则地向别人推荐茅台酒。他在7月份对美国客人说："你们都怕癌症，因此你们美国人不吸烟。你们的香烟盒上还印上一个警告，但没有迹象显示吸烟缩短了你们的寿命。"在同一个月，他对北京大学的领导说要增加一个理论科学系，几周后他又写信要求科学院立即加强基础科学的研究。

即使在这样一种情况下，周恩来对一些小事也非常重视，8月3日晚上，周恩来的汽车与一位骑自行车的姑娘相撞，他把她送到医院进行透视检查，后来又焦虑地打电话询问结果，还命令警察不要找那个姑娘的麻烦，姑娘擦破的衣服也得到了赔偿。第二天，周恩来又派了手下3个助手去探望那位姑娘。

就在这同一个月，一个美国的中国问题专家"年轻而又对中国充满热情的"罗克珊·威特克来中国，打算采访中国妇女，并且几次见到了江青。这个第一号妇女有了这样一个机会，说出一些不该说的话。

1972年10月，周恩来把一首诗读给一些美国客人听。这首诗是另一个著名的中国宰相在公元3世纪写的：

神龟虽寿，犹有竟时，
烈士暮年，壮心不已。
盈缩之期，不独在天；
养怡之福，可得永年。①

① 曹操《龟虽寿》："神龟虽寿，犹有竟时；腾蛇乘雾，终为土灰。老骥伏枥，志在千里，烈士暮年，壮心不已。盈缩之期，不但在天，养怡之福，可得永年。幸甚至哉，歌以咏志。"

在他的暮年，如果他在长期的关键性日程安排表上做到重点突出的话，那么在中国究竟要花多长时间才能达到尼克松随行人员表现出的美国标准这一问题上，周就能变得更现实一些。有一次，他对一位美国朋友说："中国取得了一些进步，但要想接近美国的物质标准，我们却还有很长很长的路要走。我们这一代人肯定看不到这一天了。甚至有可能要几个世纪才能看到。"

1973年，周恩来在党的第十次全国代表大会上进一步加强了他的地位。在会上，一些年轻的"文革"暴发户在争夺政治上的肥缺时与他发生了冲突。报纸上有一篇文章含沙射影地批评他说："社会上的阶级敌人，尤其是党内机会主义路线的代表人物总是想复活儒家思想，以阻止毛主席革命路线的确立。"（对许多中国人来说，在当时的象征手法当中，孔子代表周恩来，而在报纸上刊登批孔文章又很容易。）但周恩来则借题发挥，在针对林彪的最终结案中，周恩来宣称：林彪不仅投降苏修，还以一个极左派的面目来掩饰自己的右派面目。周恩来轻而易举地瓦解了"四人帮"的攻势。

在这次大会的照片上，毛泽东身边分别坐着周恩来（他坐在原先由林彪占据的椅子上）和王洪文。王洪文来自上海，是"四人帮"中最年轻的一个。毛泽东这样对待周恩来好像是在显示他同意由周恩来接班。但这位老主席直到临死前也不让任何

毛泽东、周恩来、王洪文在中国共产党十大主席台上。（杜修贤 摄）

潜在的继承者享有十分的把握，他继续对江青和她的"四人帮"在一些问题上给予支持，而在另一些问题上他对周恩来的做法也表示同意。在周恩来把果断行事的邓小平重新安排进政治局时，毛泽东未出席大会的讨论。仅仅在几年前还被骂作是走资派刘少奇可憎的副手的邓小平，现在以救世主的面目重新出现在政治舞台上。周恩来很欣赏他的能力，对他崇尚实用的观点也可以接受。此外，邓小平在军队里深得人心。

周恩来机敏地在大会上说，所有的政策讨论都已有定论。他解释说："毛主席为我们党制定了整个社会主义历史阶段的基本路线和政策，并且为各项具体工作规定了具体路线和政策。"这样就没有争论的必要了，也没有人能指责他背离了毛主席的路线。但他下面的推论显示毛主席的路线已经失败了："我国在经济上还是一个穷国，还是一个发展中的国家。"事实上，周恩来正回到他那出色的而在20世纪50年代却被极大忽略了的政策上去，他认为必须"加强计划，加强协作，健全合理的规章制度，更好地发挥中央和地方两个积极性"。十大通过的新党章删去了毛泽东思想是当代马列主义顶峰的提法，再次平静地恢复了毛泽东的本来面目。然而，周恩来在个人讲话中，仍不忘恭维他一番。

人们只能在周恩来报告中关于国际局势的部分听到防御性的调子。这说明他与尼克松的调侃仍不受党内一些人的欢迎。"山雨欲来风满楼"，他用这句诗来说明当时世界正处在"天下大乱"之中，中国对此应该表示欢迎，因为它使得敌人乱成一团。天下大乱使得第三世界组成一个反对超级大国的统一战线一事显得更为重要，这也是周恩来晚年不断强调的一个主题。中国接近美国只不过是这个长期战略中的一个战术："缓和是暂时的、表面的现象，大乱还将继续下去。"周恩来举出列宁领导的苏维埃俄国在1918年与德国签订的《布列斯特和约》作为中国与美国的有益的妥协的先例。他还觉得有必要指出，在和约问题上，列宁曾经在人民委员会中居少数。是不是周恩来在与尼克松搞缓和这个问题上得到的多数太微弱？他给他的中国听众们留下了一个他们所欣赏的比喻："中国是一块肥肉，谁都想吃，但是，这块肉很硬，多年来谁也咬不动。"

同样在1973年，周恩来正式与数量惊人的居住在中国的西方专家重修旧好。他们中的大多数人以帮助外文出版部门编辑和翻译宣传材料为职业。他们中有一些人变得比极"左"主义者还极"左"主义，并且还不明智地参加了"文化大革命"；另一些人要显得更谨慎一些，但他们在红卫兵的仇外沙文主义狂潮中深受其害。在三八妇女节这天，周恩来举行了一个盛大的招待会，承认在不久前，有人做了一些有损外国专家的坏事，他代表政府对他们表示歉意，并答应要纠正错误。他边说边穿行于各桌之间，走遍了60张桌子，向每一位在中国工作的外国朋友祝酒、问候，并与这些外国朋友握手拥抱。他以他的一贯作风要求他们把他们所受的苦当作一次磨炼，认为他们是创造新中国的一个有机组成部分。

周恩来承认，中国在对待外国人问题上存在着沙文主义和激进主义。他问道："一个中国人与外国人结婚有什么错？"阻止这种事将不利于中国为人类做出应有的贡献。但人人都知道，绝大多数负责日常事务的党政官员可不这么想。

出于设计一个遏制超级大国尤其是遏制苏联的全球战略的考虑，周恩来这时变成了一个意想不到的欧洲联合的拥护者。他对荷兰来访者说："美国和苏联都不可信，欧洲必须集结起它自己的力量。"他邀请法国总统乔治·蓬皮杜和数以十计的欧洲著名人士访问中国，希望能说服他们停止彼此之间的争吵，加强他们对苏联的防备。

对周恩来来说倒霉的是，尼克松的"水门事件"使得他在这个美国总统身上花的工夫几乎白费了（因为中国人非常看重与外国首脑的私人关系）。

1973年9月，周恩来在机场迎接法国总统乔治·蓬皮杜。（杜修贤 摄）

他在10月份直率地对《纽约时报》记者说，"水门事件"将不会影响中美关系，它是美国的内部事务，它在中国甚至不为人知，因为中国的新闻界对此不加报道。他认为最好不要去讨论这个问题，不过他希望尼克松能够渡过难关。

当基辛格在这年秋天再次访问北京时，他发现周恩来的健康状况似乎不太妙。"他过去具有洞察力的思想火花正在消失。"但基辛格自己也有些失常，犯了策略上的错误。他显然对周恩来正在政治上深受其害的"反孔运动"做了错误的估计，他把毛泽东的中国仍看作是一个十足的儒家社会。这样的哲学妙语在一两年前可能会让周恩来高兴，但现在则有些过分。那可怜的翻译甚至还没来得及译完基辛格的评论，周恩来就回以一通激烈的驳斥，这是他第一次在基辛格面前失态。

在周恩来与毛泽东的关系上，这是一个最奇怪的时期。看起来很像是毛泽东一方面支持周恩来的务实政策，另一方面又不愿给他过分的信任。主席的头脑似乎异常，其中一半带有激进思想，而他对这种思想的实施者——他的妻子江青的感情似

婚姻美满的周恩来夫妇

乎也令人难以捉摸。

1973年秋天的某个时候,毛泽东得知江青与罗克珊·威特克的谈话一事,这似乎是她突出自己政治形象的一种露骨手法,就像毛自己在20世纪30年代通过埃德加·斯诺那支热情的笔所做的那样。毛泽东显然决定要与江青离婚,但周恩来认识到这样做将引发中国激进派的全面骚乱而难以收拾。因此,他强烈反对这种公开展示党内分裂并可能刺激江青走极端的做法。几周之后,毛泽东写了一封尖刻的绝交信给他的妻子,据说其中有这么一句伤心话:"我倒是很羡慕周恩来的婚姻。"

周恩来不但婚姻美满,他在阻止他的亲戚做任何有可能被解释为利用了他的特权的事时所采取的方式也是不同寻常的。在经过了5年的农村下放生活之后,他的侄子写信给他,希望能像"文革"前那样回到城里生活。周恩来因为不愿意被人看到他对自己的亲戚有特殊照顾,于是就拒绝了侄子的要求①。

1974年年初,江青手下的左派分子加速了他们倒周的步伐。对他们来说,周恩来只不过是一个待在总理办公室代表着过去的老人。在清除儒家思想影响的幌子掩护下,"四人帮"越来越放肆地影射攻击周恩来,并在一旁幸灾乐祸地欣赏他生病又工作繁忙的痛苦。

有一次,周恩来正在与一位外国客人谈话,江青在一旁挑衅说:"我从未读过'四书五经'(在周恩来所受的教育中,

①原文如此,事实是周得知正在插队的侄女参了军,就劝其仍回农村。

自然包括这些经典），可能总理是我们当中唯一读过这几部书的人。"

周恩来避开这个圈套，转而问"四人帮"中最有学问的张春桥是否读过，张春桥撒谎说："没有，我没读过，但现在我必须研究它们，以便摧毁它们。"

但"这个否定'文革'的最大的儒家"（这个称呼是指周恩来）略施小计，终于扭转了"四人帮"造成的不利局面。他接手这场反对身为儒家的他的运动，并把这场运动定义为反对林彪思想的运动。周恩来在这么做时是如此的积极，以至于极"左"主义者的航行方向也被他所掌握。这样，他就在每个人的头脑里留下了一个疑问：究竟他是不是这场声讨运动的真正目标？

但是，这场运动仍不可避免地造成了某些损失。周恩来所鼓励的与西方国家进行的一些文化接触遭到破坏。在周恩来支持下被邀请来中国拍片的意大利电影工作者米开朗琪罗·安东尼奥尼和其他几个艺术家都倒了霉，而贝多芬与舒伯特也都成为这次攻击的受害者。甚至周恩来进口成套设备来发展新兴工业的政策也被诋毁为"崇洋媚外"和"洋奴哲学"的典型。

"四人帮"还给周恩来制造种种困难，不让他那么容易地与毛泽东进行日常谈话，而这种谈话在政治上对周恩来来说又极其必要。这样，他们就成功地剥夺了周恩来的一部分胜利果实。然而，尽管如此，"四人帮"也不得不承认，周恩来的地位是难以动摇的。1974年春，周恩来的健康状况急剧恶化，不得不住院治疗。6月和7月，他的癌症加剧，但他仍在病床上坚持工作，并继续会见外国显要，尽管他这时已不再能像过去喜欢的那样一谈就是三五个小时。

7月底，他还以他特有的作风，顽强地在建军节招待会上露面。在招待会上,他步履艰难、劳累过度,会后他仍旧回到病床上去。几天以后,他在医院对美国参议员麦克·曼斯菲尔德说:"我们两国之间的大门永远也不应再关上了。"他心中最大的遗憾就是,某些事本可以完成却没有完成。

4天以后,尼日利亚的戈翁将军被告知,周恩来进行了一次手术,现在正在恢复之中。外国新闻界声称周恩来患了胃癌,但中国外交部否认了这种说法。伦敦的《泰晤士报》报道说,周恩来正在接受钴辐射治疗。

当布托总统和其他外国领导人在毛泽东的书房拜访毛泽东时,邓小平极力试图去填补周恩来留下的空白。周恩来的敌人也满怀希望地集结起来。"四人帮"授意他们的追随者写文章反对"当代大儒"。有一份省报也不失时机地斥责"一个地主分子,他经常装出十分老实和诚恳的样子

1975年9月7日,周恩来在医院会见外宾时说:"现在,副总理(邓小平)已经全面负起责任了。"(杜修贤 摄)

……却在暗中用他的假仁假义来蛊惑年轻人。"据说有一部电影,描写一个轻信的农民老党员(代表毛泽东)被一个狡猾的叛徒引入歧途,而这个叛徒又是从国外回来的(这暗示周恩来在法国的留学生涯)。

"四人帮"中最年轻的王洪文则赶往毛泽东在长沙附近的隐居地去报告一个新的"阴谋"。他说:"周总理虽然有重病,但他仍然'忙'着找人谈话。常去总理家的有邓小平、叶剑

英、李先念等同志。"这些都是有丰富经验的专家治国论者，他们在"文革"中都受到了冲击，现在都由周恩来重新安排了工作。但是，毛泽东对这次告状没有做出使王满意的反应。

邓小平在12月份告诉一个来访的日本人说，周恩来已经住院6个月了，现在只通知他一些非常重要的事情。然而，周恩来决定按自己特有的方式再做最后一次拼搏。第四届全国人民代表大会定于1975年1月中旬开幕，这是周恩来为排除"四人帮"急不可待而又带有破坏性的干扰，进一步把中国引向下一发展阶段的新的政府机器的最后一次机会。为了做到这一点，周恩来不得不挣扎着进行他最后一次飞行，前往长沙去争取毛泽东的支持。一名机组人员回忆说："总理显得十分消瘦，头发已经花白，步履也变得艰难，双手微微发颤，在登机时他得要人扶着。"当有人问到他的病情时，他回答说："疾病嘛，就要和它做斗争。……一年没有坐飞机了，长期躺在医院里，现在好些了。"他的手颤抖得非常厉害，使他几乎不能剥开女服务员递给他的糖。但到了12月26日，他终于使得毛泽东明确表示同意他的宪法草案及一些新的人事安排。毛泽东同时也为自己保留了发布理论方面的"重要指示"的渠道，以保证激进思想不受国家事务的干扰而生存下去。

1975年1月13日，周恩来在第四届全国人民代表大会上所做的报告可以说是他的政治遗嘱。他把"文革"称为一场反资运动，他没有把经济提到政治之上，因为阶级斗争和社会革命仍是必不可少的。"只有抓好革命，才能搞好生产。"他接着提出了一个激动人心的计划，"在本世纪内，全面实现农业、工业、国防和科学技术的现代化，使我国国民经济走在世界的前列"。这就是以后中国一直牵肠挂肚的所谓"四个现代化"。新的宪法则保证农村生活的基本单位——公社将可以对更小的

1975年,第四届全国人大会议在北京召开,周恩来总理在做报告。(杜修贤 摄)

次级单位(生产队)实行最大限度的物质刺激,并保证自留地和副业生产的安全。这就保证了在中国的发展中采取一种混合经济的形式。

这是10年以来召开的第一次全国人民代表大会,周恩来引用毛泽东在20世纪60年代初的讲话来证明70年代的新政策的合理性。这样,他使人们注意到"文化大革命"已经结束了。实际上,周恩来的胜利意味着大部分军队指挥员已经集合在他的政府机构的后面,来支持一个关于中国未来的、要求达到稳定和明显进步的蓝图,而不愿光看到意识形态方面热烈的景象。邓小平被提名为第一副总理,成为周恩来有力的副手,同时他还被任命为总参谋长。毛泽东仍待在远离北京的地方,也许他不愿意出席这次大会来使这些事情合法化,尽管他在大会进行期间身体很好,并接见了西德的一位政治领袖。

这可能是周恩来最大的遗憾,因为这就存在这样一种可能性,即"四人帮"仍在一定程度上可以利用毛泽东的权威来破坏这些新计划。大多数人这时仍设想周恩来会比毛泽东活得长一些。毛泽东比周恩来大5岁,而且总的来讲,他的身体不如周恩来健康。然而,这时医生肯定已经告诉周恩来他的最后日子还有多长。他一定考虑过如果他先于毛泽东而离开人世会发生什么事情。在毛泽东不喜欢的邓小平的管理下,这座精心建设的大厦能否经得住衰老的毛泽东的妻子及

"四人帮"的攻击。

周恩来这时在接受中国专家治疗的同时，也接受外国专家的治疗。1975年2月，他又动了一次手术。他后来对医生说，他们应该去中国南方的云南省对锡矿工人中的矽肺病发生率做更多的调查，尽管他已经病入膏肓。有报道说，是一个后来叛逃到美国的年轻医生发明的一个治疗尿毒症的中草药药方又延长了他几个月的生命。在他生命的最后阶段，他不让他的理发师来为他理发刮脸，因为这会使他们彼此心里都不好受。

"文革"后期的毛泽东与周恩来，这是他们的最后一张合影。（杜修贤 摄）

外国来访者仍不断来看他。病危的周恩来向泰国总理克立传达了一个激动人心的信息。他说："你回国后告诉所有的人，特别是要告诉你的儿子和孙子，中国永远不去进攻泰国。"

克立很机智，他要求周恩来把这个承诺写下来给他。周恩来悲哀地承认，"我的手打战，我病得太厉害，不能动笔"。然而，他还是在一份关于与泰国的外交关系的协定上用颤抖的手写下了他最后一次官方签名。这件事发生在7月。

几周以后，周被告知，一个反对古典浪漫小说《水浒传》的新的政治运动已经在中国展开。具有讽刺意味的是，这个消息是一个专程从国外赶来为他治病的外国癌症专家告诉他的。毛泽东以前很欣赏《水浒传》这部书，但现在他把这部书看作"对投降主义的宣传"。实际上，周恩来虽然住在医院里，叶剑英、邓小平、李先念等经常去看望他，告诉他各种情况。他找

1975年6月,周恩来在医院会见泰国总理蒙拉差翁·克立·巴莫。这是他最后一次会见来访的外国总理。(杜修贤 摄)

来了《水浒传》的各种版本,在病床上翻阅。

他感叹道:"恐怕我的病已经治不好了。"

但是,他又必须忍受另一种"商量",尽管它令人讨厌。党中央设立了一个由"四人帮"中的王洪文为头头的监督委员会来负责周恩来的治疗工作。一名医生后来回忆说:"周总理是被逼死的。……他们不让他休息。……甚至在我们给周总理输血时,江青也会挂电话来命令在她与总理说话时停止输血,而她尽扯些无聊的事,她却把这称为'国家大事'。"传说有名医生还声称,中国最优秀的癌症专家提出的治疗方案没被采纳。

他这个老人并没有屈服。据说1975年11月的一天,他令人难以置信地出现在首都市中心的北京饭店,他在那里吃了一顿饭。但他是在休息吗?噢,不是!他还有一些刚从公文包里拿出来的文件要看!

1975年12月31日,他仍在医院。那天的报纸上发表了毛主席在"文革"前写的两首诗,周恩来在弥留之际还花了不少时间来听人朗诵这两首诗。一首是《重上井冈山》,20世纪20年代毛泽东在那里建立了他的游击根据地。这首诗是以这样两句结尾的:

世上无难事,
只要肯登攀。

第二首诗是关于中苏关系的形象化比喻，挖苦了赫鲁晓夫的土豆烧牛肉式的共产主义，它的结尾是"试看天地翻覆"。据说周恩来在弥留之际，由于病痛而不能入睡，他突然挣扎着说出"诗词"两个字来。病床边的每个人都意识到，这是指毛主席的那两首诗。因此，他们轮流读这两首诗给他听。听到第二首诗的最后一句时，周恩来大声地笑了起来——这是他这段时间以来第一次能笑出声来。

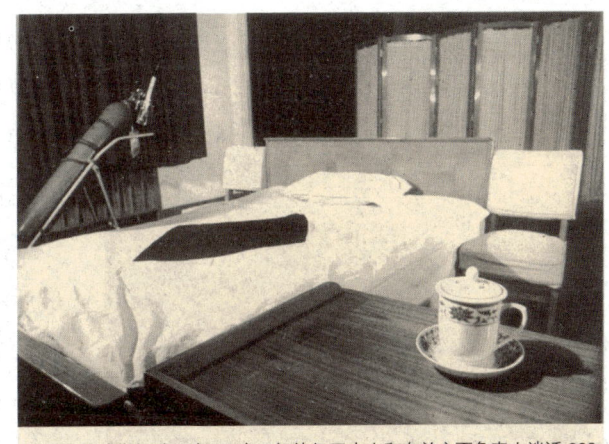

周恩来住院期间动手术 14 次，但他仍同中央和有关方面负责人谈话 233 次，会见外宾 63 次，开会 47 次。这是他在 305 医院住过的病房。

这个故事可能是他的追随者杜撰出来的，以反击"四人帮"关于周恩来仇视毛泽东的宣传。或者是（如果这个故事是真的话）周恩来本人想达到这样一种效果，即周恩来无疑是对毛泽东心血来潮的理想主义产生出一种强烈的亲切感，这种理想主义毕竟在它的光辉时刻曾激励过周恩来本人。

但是，另一种说法则不太可信。听说，有一份据推测是周恩来在病床上口授给邓小平的遗嘱在周恩来去世前的最后几个小时不见了。这似乎是苏联或国民党的宣传机构编造出来的。据传，周恩来在这份遗嘱里说"一个像'文化大革命'那样的错误不应再重犯了"，还说他把中苏关系正常化当作"最大的外交目标"。从他的一贯谨慎来看，这种说法实在是站不住脚。

下面这个同样难以证实的故事也令人感到有点不知如何是好。这个故事说，在周恩来生命的最后几天，毛泽东来医院陪他度过了几个小时。有一个故事说，毛泽东在周恩来去世前半小时还与他待在一起。另一个故事的说法正相反。据说毛泽东

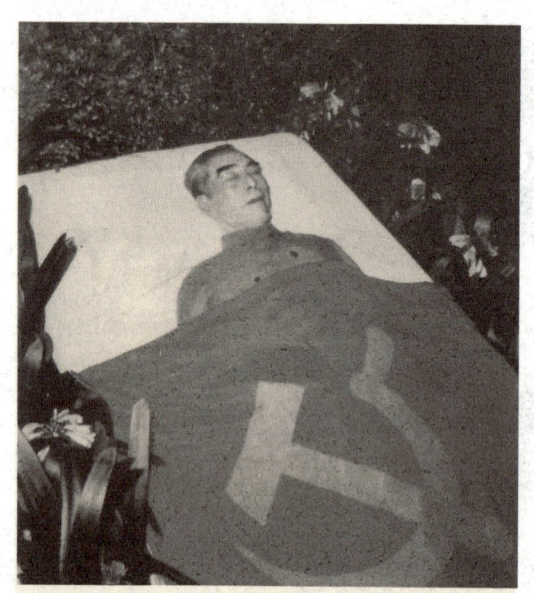

1976年1月8日，周恩来与世长辞。（杜修贤 摄）

像他在第四届全国人民代表大会上所做的那样把他的老战友冷落在了一旁，在周恩来住院期间，毛泽东因种种原因没有去医院看他。

甚至还有一种说法，说周恩来在最后的时刻，忍着病痛，与坐在床边的妻子低声地唱起《国际歌》来。

上面说的这些情况只是可能发生过。但是，1976年1月8日上午9点57分，这个在20世纪的中国最受人热爱、最有才能、最成功及最无懈可击的政治领导人终于离开了人世，享年78岁，这一点是确信无疑的。他去世的消息第二天才公布。然而，不论是有关他的诗词、歌曲还是他的遗嘱，都没有被采纳发表过。

尾 声

邓颖超为去世的丈夫周恩来敬献的花圈

随着周恩来的去世,有关他的传奇也接着产生。"四人帮"几乎不能相信自己的运气有这么好,他们最强大的反对者竟然比他们勉强的保护人毛主席先离开了这个人世。因此,接下来要做的第一件事就是如何处理周恩来的遗体。能不能把它毁掉而不引起一场抗议活动呢?

官方宣布将举行6天的悼念活动,而这是此类情况下规格最低的。在这6天中的某一天,一辆白色带蓝道的小救护车,载着一口简单的黑色棺材开出医院,穿过北京宽广的大街,后面跟着几辆小汽车,里面坐着邓颖超和其他一些老同志。没有仪仗队,没有哀乐,只有沉默的市民站在大街的两旁——据说共达150万人,这些人都是听了口头传闻之后特地赶来为已故总理送行的。在那个

1976年1月11日下午,北京百万群众冒着凛冽的寒风,自发地聚集在长安街两侧,挥泪送别周恩来。

令人悲伤的夜晚，他们冒着零下12度的严寒，默默地等候着灵车的到来。

灵车挂着黑色和黄色的饰带，满载着花圈，在天安门广场绕行一周，然后沿着长安街向落日下的西山方向开去，最后到达八宝山革命公墓。

有谣传说，是政治局下命令进行火化的，这样在中国历史上，周恩来这个角色就不会那么受人怀念。这大概预示着周恩来的政策也将遭到厄运，他的遗孀不得不向群众解释说，是周恩来自己要求进行火葬的。官方没有宣布有关的葬礼事宜，但许多中国人都带着一束束传统上表示哀悼的白色绢纸菊花赶来了。遗体仅供人瞻仰两天，有1万名受到优待的"群众代表"被允许向周恩来的遗体告别。

周恩来的骨灰被送到古老的紫禁城的一个宏伟的殿堂里存放了3天，那个殿堂曾是皇帝拜社稷的地方①。前来吊唁的中国人及外国人穿过朱红色和黄色的院子，登上石阶，然后走到红色的骨灰盒前默哀几秒钟。党旗半掩着骨灰盒，后面悬挂着一幅周恩来50岁时的照片。

1月15日，周恩来的骨灰被送往他工作过多年的人民大会堂，他的追悼会也将在那里举行。追悼会只有一小群官员和代表参加，由邓小平致悼词。毛泽东引人注目地没有出席追悼会，尽管他曾出席了陈毅和其他老同志的类似这样的追悼会。况且，他还在前几个礼拜接见了多达

①指北京市劳动人民文化宫，古时称太庙，明清两代为皇家祖庙。

邓小平在周恩来追悼会上致悼词（杜修贤 摄）

10人的外国使节。接着，上面又命令结束悼念活动，外国来访者也被要求不要表达他们对周恩来的敬意。

最后的行动是根据周恩来的要求把他的骨灰撒向中国的江河湖海——这是打破中国根深蒂固的传统的一个革命性的要求（甚至台湾也没有被忽略，因为有一部分骨灰撒在台湾海峡里）。周恩来还特别声明，不要为他建造纪念碑。

首都各界群众在劳动人民文化宫举行隆重的吊唁仪式

邓小平在葬礼上的讲话意义不同寻常，因为那是他再次下台之前最后一次在公开场合露面，过了几年他才再次公开露面。毛泽东曾顶住了以他的妻子为首的"四人帮"要让周恩来靠边站的种种认真的尝试，而他对邓小平就没有那么多顾虑了，因为邓小平对社会主义建设的看法可以归结于他的那句名言："不管白猫黑猫，捉住老鼠就是好猫。""四人帮"的宣传机器迫不及待地开动起来，他们声称所谓的"四个现代化"计划后面是一整套修正主义纲领，周恩来是一个"走资派"等，还有诸如此类的攻击。但周恩来的崇拜者在三、四月间，利用每年一度的纪念死者的清明节进行令人吃惊的感情大示威，以反击"四人帮"对周恩来的攻击。1万多个纪念已故总理的花圈被放在天安门广场的人民英雄纪念碑周围。党的宣传家们徒劳地规劝人们"清明节是鬼节"、纪念死者是"一种过时的习俗"。但是，各种自制的白色、红色及黄色的花圈仍源源不断地送到广场来。

在天安门出现了这样一份悼词，它写道："他没有遗产，他没有嗣息，他没有坟墓，他也没有留下骨灰，他的骨灰撒在祖国的山河中。他似乎什么也没有给我们留下，但是……他拥有全中国，他儿孙好几亿，遍地黄土都是他的坟。"

纪念碑的基座很快就被花圈所淹没，堆积的花圈高达15英尺。在这次自发的纪念活动中，人们朗诵并张贴的诗词数以千计。下面是其中的几首诗：

　　一代英豪创天下
　　万人虑
　　谁接班？

另一首是：

　　啊，这是敬爱的周总理
　　对我们亿万儿女
　　最大的希望呵！
　　也是我——一个年轻的共产党员
　　将为之献身的
　　最崇高的理想！

还有一首是：

　　尸骨未寒，
　　忍痛悲歌。
　　只见舞台上留下一个空座。……

还有另一首是：

　　他的工作尚未完，

群魔已乱舞,
哪里去寻另一根擎天柱?
神州大地,
八亿人民共享,
这同一份无尽的思念,
这同一份强烈的情感!

到了4月5日,激进分子觉得已经受够了,他们派部下在黎明前撤下花圈,并用武力把这次讨厌的纪念活动镇压了下去。看起来,"四人帮"似乎是赢了,但是赢得不彻底——因为这时出现了一个华国锋,他不久前才从省级领导岗位上被提拔上来,名气相对较小。毛泽东选择他当总理是一个妥协的产物。这样,他就不必在邓小平和"四人帮"的候选人张春桥之间做出选择了。然而,当毛主席在该年年底退出历史舞台时,温和派和反对极左派的力量,打着周恩来的"四个现代化"的旗帜,发起了一场决定性的清除激进分子的运动。这场运动持续了好几年。

在周恩来逝世一周年之际,数千人举着装饰着黑色饰带的他的画像,来到天安门表达他们的不尽思念。他们中的一些人高呼:"周总理还活着!他活在我们心里!"

人们沉浸在失去周恩来的悲痛里

结束语

　　周恩来经常被描绘为一个杰出的中产阶级学生，由于偶然的机会而加入了马克思主义阵营，后来又花费他毕生的精力执行他的无产阶级同志们所制定的政策，但他又从未向他们的最高权力提出挑战，因为他的心理障碍使他不愿意亲自去领导一个共产主义的政党。

　　周恩来由于他那精细而又西方都市化的作风，自然而然地在中国共产主义运动中显得与众不同。在某种程度上，他从不勉强自己对政策的制定施加影响，至少在公开的场合如此，尽管在中央委员会的秘密会议上他可能不那么谨慎小心。

　　但纵观周恩来的一生，我们就会发现情况要复杂得多。答案必须从他的童年开始去寻找。周恩来童年那独特的经历在某种程度上可以解释他后来在中国政治舞台上那别具一格的表现。正如英国的中国问题专家詹姆斯·麦克唐纳有一次在评论一些已出版的介绍周恩来的书时，曾富于洞察力地指出的那样：周恩来的外交才能不能仅仅归因于他受到中国传统文化的影响，而"必须找到一些别的解释，这些解释可能存在于他早年的生活之中。一旦搞清楚了这个问题，我们可能就会找到周恩来的自我克制能力的根源……这样，我们也能搞清楚他选择共产主义道路的原因"。

像大多数中国人一样，周恩来在一个大家庭里长大。在这个大家庭里，他的父母和他只构成一个更小的单位，这样就能提供足够的保障来使大家庭里每一个人都能感到一种最低限度的集体安全。不管碰到什么困难，都会有人来帮忙。尽管在大家庭里存在着这样一种公社式的保护制度，然而周恩来却令人伤心地遭到遗弃和排斥，这使他的心灵受到了很大的冲击。他先是被他的生身父亲过继给别人，当时他生下来才几个月；然后，在他懂事之前，他的养父又撒手归天；后来，在他10岁的时候，他的生母和养母又在很短的时间内相继去世。由于中国家庭单位独有的特点，所以用一种过分自信的弗洛伊德式的解释来说明这一切是不明智的。尽管如此，我们似乎还是可以明显地看出周恩来在小时候一定非常想得到一个只属于自己的父辈人物。我们还可以合情合理地继续猜想，周恩来可能对过去怀有某种怨恨，尤其是对他的生父，他的生父不幸碰巧是他这两对父母中最没有能耐、最不关心他的人，然而这个人又是唯一活下来的并在他成年后干事业时来纠缠他的人。他后来的一些习惯，如过分地爱整洁、节俭、敏感、令人难以置信地热爱工作，等等，都可以从这里找到根源。

这样，年轻时的周恩来就以一个善于组织别人而达到自己目的的激进的爱国者的面目出现。他曾说过，交朋友是为了孤立敌人。为了革命，应该准备牺牲生命。尽管他作为一个讲信誉的人在中外享有盛誉，但他仍和别的政治家一样，为国家利益而使用策略。例如，他在20世纪50年代声称中国击落的美国飞机驾驶员是间谍。然而，与他的一些同志们比起来，他仍例外地算得上是一个最值得尊敬的人。

这位激进的、充满爱国心的周恩来在接触到马克思主义以后，就把它作为改造社会的最现代、最时髦的信条而从心底里喜

结 束 语

欢上它。周恩来一直对外部世界怀有强烈的好奇心，这一点与毛泽东或他那些共产党同僚们比起来显得更为突出。卢西恩·派伊教授曾经评论说："他在国外待的时间比他那些政治局同僚们在国外待的时间的总和还要多。"

周恩来在中学的时候又接触了西方的政治科学。后来，他有意识地选择那些受到西方影响的中学或大学就读。他自然而然地为西方的最新思潮——马克思主义所吸引，相信对于极度落后的中国来说，只有最好的药方才会起作用。

纵观周恩来的一生，我们可以看到他不断地与西方发生联系。他曾就读于张伯苓博士的南开中学，而这所中学是在西方人的帮助下开办的；后来，他又在日本、法国、比利时、德国、苏联生活过。不仅如此，他甚至还利用西方国家在中国的租界来逃避敌人的追捕。这类行动最早开始于1919年的"五四"运动期间，他曾躲在天津法租界的一所房子里召开学生会议。8年以后，他又使用一个同样亲法的女士在上海法租界的屋子来开展革命密谋活动。同年晚些时候，他还使用鲁茨主教在武汉的住宅作为避难所。1927年南昌起义失败后，他也曾短暂地求助于飘扬在香港的英国旗帜的保护。如果没有这些帝国主义领地的保护，周恩来的一生也许就没什么可写的了。

此外，我们还应看到周恩来对苏联人的依赖。例如，苏联人曾通过共产国际指示他发动南昌起义。南昌起义是周恩来革命生涯的一个高潮。他以非凡的决断给这次起义打上了他独特的印记。尽管起义很快就失败了，但它树立了一个新的模式，为后来最终取得胜利的共产党起义开了一个先例。它也是周恩来长期革命生涯中唯一的一次以最高领导人的面目出现，而且他这次的最高领导地位得到了承认。

甚至在南昌起义之前,周恩来那人所周知的拒绝担任中共最高领导的行为就已经开始。在第五次党的代表大会上,他听从陈独秀的领导,而不是站在陈独秀的反对者一边,这令他的朋友们非常吃惊。一年以后,他支持李立三上台。又过了一年,也就是1930年,他又支持诗人瞿秋白上台,但他拒绝和别人一起谴责李立三。接下来是王明的崛起。1931年,共产国际代表支持王上台,周则在幕后对党的事务进行事实上的领导。实际上,正如他在20世纪30年代拒绝抑制李立三的过激行动而使他的部下失望一样,在20世纪60年代,同样的事又再次发生,只不过是李立三换成了毛泽东。在后一件事上,他可以用缺乏足够的力量为理由来解释,但前一件事只能解释为他这样对待他的前上级会使他在心理上受不了。

周恩来认定自己只适合当一个行政领导,而不是象征着全民的最高代表。他曾不止一次地看到后者的地位都是短命的(在1927~1931年期间,这样的人在中共党内有4个)。此外,他还是一个辛勤耕耘的人物,他宁愿把时间花费在建设性的劳动上,并从中得到满足,而不愿搞作为最高领导人所必须用全部身心投入的政治斗争。

1935年,周恩来在遵义戏剧性地由毛泽东的上级和批评者一变而成为毛泽东的下级和支持者。这种引人注目的关系决定了人民中国的整个轮廓和进程,而这一关系的线索可以追溯到遵义会议以前。周恩来在1930年年底处理富田事件时采取的方式及他在1932年宁都会议上扮演的角色,都表明他对毛泽东的批评总是温和的。而且,他还从毛泽东身上找出某些优点来加以赞扬。他从不像毛泽东的一些激烈的批评者那样对毛泽东怀有恶意。因此,毛泽东很有理由感谢周恩来的公正和灵活性,他在很久以后自己

结 束 语

也这么说过。

遵义会议最紧迫的问题就是军事上的战术问题。很显然,毛泽东的游击战术在后来证明比周恩来的常规战术更为实用。但是,一旦周恩来自己掌握了游击战术,或是形势发生了变化,共产党面临的局势变得乐观、正常起来时,他完全可以再次抛开毛泽东,但他并没有这样做。他在四川曾有过这样一次机会。当时,长征已到了最后的阶段,张国焘的红军与中央红军会师后,张阴谋夺权,但最后周恩来站在毛泽东一边反对张国焘。另一次机会出现在1943年至1945年的延安"整风运动"期间。当时,王明再次出来争夺党的最高领导权,但周恩来没有站在他的一边。鉴于张国焘和王明都曾是周恩来的早期合作者,而毛泽东在中国共产党领导圈子里总是表现出一副粗鲁不雅的样子,这样的人本来只会引起周恩来那样有教养的人的反感,甚至会令他那样的人感到可笑,但周恩来却站在毛泽东一边反对张国焘和王明,这只能解释为周恩来在长征途中培养起对毛泽东的一种忠诚。在经历了一段时间的伙伴关系之后,周恩来可能就为毛泽东所固有的权威感及他那真正的超凡魅力所征服。

共产党第一次在上海和南昌举行的试验性城市起义后的10年时间里,周恩来根据自己的亲身体验,认识到中国农民革命所提出来的挑战是巨大的,也认识到它之所以优先于城市革命的原因。在这场农民革命中,找不出比毛泽东更好的领袖。周恩来可能还发现,在政策的制定和党务工作的许多方面,毛泽东比其他人更高明一些。他们之间的关系从一开始就是互为补充的,正如别的同志在遵义所看到的,周恩来曾主动放弃最高领导权,在后来的长征中安于毛泽东军事上的副手地位。

在新中国成立以后,周恩来不得不对付来自诸如林彪等方面对毛泽东最高权威的挑战。一开始，周恩来就被证明是毛泽东必不可少的支持者。例如，1948年的西柏坡会议上在是否继续进行反对国民党的内战问题上，他站在毛泽东一边。他在1957年的"百花齐放"运动中以及60年代后期的"文化大革命"中都支持毛泽东。在20世纪70年代，他又支持毛泽东反对林彪。周恩来只在1958年的"大跃进"运动中曾站在毛泽东的对立面。他是那么强烈地感到这场运动的不明智，以至于他不同寻常地默默地组织起各方面的反对力量，并以一种毛泽东不得不接受的方式提出他的反对意见。

但他与毛泽东的伙伴关系仍继续存在。现在人们可以从他们这种关系中发现一些不成文的默契。其中之一似乎是这样的：只要周恩来与毛泽东保持一种良好的个人工作关系，他就可以自行处理他与毛泽东的追随者之间的关系。在周恩来告诫党内年轻一代的讲话中引人注目地充满了这方面的记录。他要求他们保持自己的批判能力，不要让毛泽东或毛泽东的神化和形象夺去他们的判断力，对事物的判断只应由他们自己独立完成。一旦毛泽东被抬到某种极受尊崇的地位（这种情况尤以1943~1944年的"整风运动"及后来的"文革"为甚），那么周恩来的这些忠告就容易引起误解，他也容易因此被一些人当作敌人来看待。

另一个基本的默契是周恩来可以与主席进行激烈的争论，甚至可以在委员会里不同意他的意见，但周恩来绝不会拉帮结派去反对他。周恩来在党内政治斗争中从没组织过一个正式的属于他自己的小集团，尽管他倒是有一批庞大而松散的追随者。一旦某种特殊的目的需要的话，他可以在某种程度上把他们和谐地结合起来，据说他1958年在武汉就曾这样干过一次。大批居于领导岗位的人效忠于他。他们这样做不是出于旧式的哥们儿义气，而仅

| 结 束 语 |

仅是出于对周恩来的敬佩和感激之情，因为周恩来在过去曾给他们以教诲、忠告或信任。这种情况的起因可追溯到巴黎，在那里的中国留学生中，中国共产党的追随者几乎全都受过周恩来的影响，这些人后来都在中国政府和军队里担任要职，他们当中包括邓小平和朱德，而朱德就是周恩来介绍入党的。

此外，尽管周恩来从未企图控制一支属于自己的部队，但他却在黄埔军校给大部分红军将领上过课。在以后的岁月里，他又继续领导他们并向他们灌输军事理论。因此，他几乎在中国的任何地区都可以找到一个有用的军界朋友。20世纪60年代后期，当周恩来的个人安全受到来自林彪方面的威胁时，他的这些同情者便尤其显得重要。但他们也不是那种不管碰到什么问题在任何情况下都愿意全力支持他的人。周恩来除了要求他们凭自己的良心原则办事外，从不提任何别的要求，而在一个充满了各种矛盾和斗争的党内，这一点对毛泽东来说是很重要的。

周恩来能够表明他对毛泽东的位置没有任何野心。他不拉帮结派，也不出版"选集"之类的东西。他不断地公开表达对毛泽东的人格和领导地位的尊重。埃德加·斯诺把他们俩的关系描绘成一种共生的关系，而阿兰·皮尔费特则把毛泽东看作一个通过"周恩来这个罗马教皇"行事的圣灵。

在那些曾在党内等级制度中居于毛泽东之上的人当中，只有周恩来一个人能留在毛泽东的班子里继续任职。如果我们说毛泽东信任周恩来，那未免有点言过其实。但在经过多年的风雨之后，这两个人倒是变得越来越离不开对方。周恩来接受了这样一个事实，那就是，中国共产主义的活力将不得不由一个农民领袖来提供。这个人知道农民是如何生活的，并清楚他们在想些什么。而另一方面，毛泽东则需要一个能在世界上代表中国共产主义运动的外交家。周恩来并不奉承毛泽东，但他熟悉毛泽东的个性。毛泽东一方面不信任溜须拍马之辈，另一方面又对潜在的背叛十分敏感。周恩来能够熟练地平息这些不安全因素，而毛泽东为周恩来提供了一个坚如磐石般的长者形象，周恩来童年的经历或许已使他对这样一个形象十分向往。

他们之间的关系最后甚至在"文革"的重压下也没有破裂。为了整个运动的利益，而不是为了个人或某个圈子的利益，周恩来在中国政治斗争中的做法是那么的坦荡，行事是那么的开诚布公。因此，他在一定程度上避免了人们的批评，使得他能够在这场浩劫中生存下来。陈伯达说过："没有人会相信任何反对周恩来的材料。"他还应当知道，"甚至老头子也不相信"。

因此，周恩来与毛泽东之间可以做到不拘礼节。一个法国人在回忆他与毛泽东的一次会面时说：周恩来坐在毛泽东身旁的一张椅子上，懒懒地翻着一份报纸，他显然对谈话不感兴趣。这个法国人评论说："想一想什么人敢坐在戴高乐身边读报纸。"

然而，在毛泽东对周恩来的高度评价后面，可能还深深地隐藏着他对周恩来过人的技巧、风度和智慧的妒忌——这可能就是他拒绝参加周恩来葬礼的原因。毛泽东需要周恩来，他利用他并赏识他，甚至逐渐地不再把周恩来看作是一个威胁，但他大概从未喜欢过他。在自己也行将就木之际，毛泽东可能觉得自己不再有必要做那些他并不真心喜欢做的事情，或是做那些不再对他未了的心愿有所帮助的事情。但这只能是个猜测，因为他的妻子完全有可能简简单单地阻止他参加周的葬礼，而她有许多理由这么做。

只要承认"错误"，就能使自己待在原来的位置上，周恩来就绝不去错误地把政策上升为原则，或是宣布自己站在反对派的一边，或是做出诸如此类难堪的事情。他可能承受着某种自责的

结 束 语

折磨，这个因素使得他献身于改善别人生活的事业中，信奉一种自己不是完人的哲学，并逐步掌握了一种组织、调动别人为自己的理想服务的技巧。正如詹姆斯·麦克唐纳所注意到的：周恩来扮演着两个角色，在政策决定之前他是顾问，在政策制定之后他又是政策执行人，这两个角色都起着"公仆的作用"。这反过来又可以联系到周恩来身上那部分助人为乐的品质，以及他那偶尔对当时一些中国男人所不关心的妇女工作也给予的关注。

婴儿时的周恩来被父母送人这件事可能也是他产生同情并与社会上的少数派打成一片的能力的源泉之一。令人吃惊的是他经常与少数派的人交朋友，其中有穆斯林马骏、基督徒张伯苓博士。这两人都是南开中学的。还有武汉的传教士洛根·鲁茨主教。周恩来结识来自别的国家和别的文化的人的能力是杰出的，在中国没有哪个共产党领导人像他那样有那么多欧美朋友。

但是，这一切并不意味着他在共产党内解决社会问题时会抛弃共产主义的信仰，并变得心慈手软起来。周恩来早在1931年就曾在上海这个因黑社会谋财害命而闻名的城市以实际行动表明，他能够为了严明党的纪律而冷酷地执行必要的处决。达赖喇嘛后来也发现周恩来比起毛泽东来，是个更难对付的谈判对手。周恩来在执行党的政策时总是与毛泽东和其他领导人保持一致，从不打折扣——除非是政治局同意他这么做，比如在几次统一战线时期就是如此。

周恩来有时候倒是在社会经济改革的时间和优先权问题上与毛泽东和其他领导人有过不同意见，或者周恩来希望改革得快一些，而毛泽东则希望慢一些，或者是正好相反。但这些不同意见只涉及如何实现社会主义这一大家都同意的目标的手段和速度问题，而不涉及共产主义本身这个心愿。关于这一点，他们两个人心里都同样清楚。如果说毛泽东是个出色的但又有点反复无常的船长，那么周恩来就是个有耐心的大副，由他来保证发动机的正常运转及船员们的辛勤工作并负责补充给养。

关于周恩来不是西方政治术语中的"温和派"的证明，我们可以在"文化大革命"中找到。他在1964年11月的讲话中引用毛的名言"不破不立"，这可能预示着混乱局面的到来。当他在1965年4月号召在中国"清除资产阶级思想"时，他对"文革"问题是谨慎而又严肃认真的，甚至连毛泽东也不总能做到这一点。他比毛泽东更卖力地使红卫兵不越轨，不偏离目标，希望能保持整个运动的纯洁性。

当周恩来反对毛泽东的时候，例如在1958年的"大跃进"期间，他的反对不是出于不喜欢这个运动去提高生产力及诸如此类的东西，而是出于这样一个信念，即他相信这场运动是拿政治资本当赌注，押在一个没经过充分准备的不可能实现的目标上。这样的话，这场运动的整个计划就注定不能实现。周恩来头脑里的理想主义与现实主义交织在一起并不断发生变化，但它们都被保持在一个适当的范围内。

理想主义意味着乐观主义。周恩来也是人，他也会由于过分自信而犯错误，情况危急时更是如此。在黄埔军校时，他就对蒋介石将来对共产党的打算做了过分乐观的估计。他在1927年的上海起义中的失误大概也应归根于这同一个缺点，尽管目前我们还没有足够的材料来证明这一判断。但在后来，又有很多例子说明他在政治舞台上的判断失误，比如说他在1936年的"西安事变"中再次对蒋介石表现了同样的判断失误。

周恩来在1946年失去了去美国拜访罗斯福的时机。20世纪50年代，他在中印边界问题上低估了尼赫鲁。1957年，又是过分的

结　束　语

乐观主义导致他对"百花齐放"运动表示支持。他没有认识到党的领导人绝不会容忍党外人士对党组织的攻击。在对外事务上，他过分乐观地相信安东尼·艾登能够在金门危机和东南亚条约组织问题上对杜勒斯施加影响。然后，他同时又误认为美国可能会入侵中国。

因此，周恩来一生的事业可以用消极的色彩来描绘。他献身于共产主义事业，而它能否实现还是个问题；他后来发现，甚至在经济发展这类问题上，其精选出来的信条加上他自己那第一流的实干技巧也不能带来所希望的结果。他自己也在20世纪40年代就认识到除非千百万人民被成功地教育过来，把他们的思想改造得具有合作与集体主义精神，否则的话，共产主义在中国就不会起什么作用。但是，一旦他成为这个巨大国家的政府领导人，他就被驱使着为立即实现共产主义的所有目标而全速前进。

然而，我们还应该看到，周恩来最后没能实现他的诺言，终其一生也没能把中国决定性地带入一个明显有着更高生活水平的更先进的工业和技术发展的现代社会。严格地说，这不是他的错，而更多的应归因于客观条件的无情。任何想在这样一个落后的大国迅速取得巨大进步的人都难免会遭到巨大挫折。然而，周恩来没有在这不可避免的挫折面前撒手不管或是做出过激的反应。他只是不动声色地坚守他的阵地，为共产党中国的改革能继续下去提供唯一的一股主要动力。他这么做的时候，不像其他领导人那样以一种执拗的、绝不通融的方式进行，而是以一种永远使人感到振奋的、非常民主的风格来进行，这就使得别人不断地集合在他的周围并帮助他奋力去实现目标。

当他的接班人邓小平完成其使命而去，而邓小平的接班人也经过几代变换之后，周恩来的工作和人格会比毛泽东的或其他任何人更令人怀念。具有讽刺意义的是,既然现在对毛泽东集中国的列宁和中国的斯大林的角色于一身应当加以怀疑,可能会有人采取行动把无可指摘的"列宁的角色"追封到周恩来的头上——尽管他对党的建设做出的贡献是完全不同的。在周恩来去世的几年之后,人们可以看到,在中国人的衣服上佩戴的周恩来像章比毛泽东或任何人的像章都要多。周恩来的中国是一个非常通人性而耐心思考的靠自己站起来的中国。毛泽东主张大步前进,一连几周通宵达旦地大炼无用的劣质钢铁,或是鼓励青少年闯进市政府办公室去欺侮、羞辱、折磨那些地方官员,这大概很激动人心。但当人们看到这些行动实际上并不会带来任何具体的进步,更不用说带来太平盛世时,周恩来的不那么激动人心、但更为明智的渐进主义就占了上风。

不是周恩来低估了共产主义,而是毛泽东等走得太快,因为他们在目标与手段之间失去了平衡,他们贪心地以违背自然规律的速度去追求效果,把人性中最坏的部分引导出来,还着魔似的相信这可以达到好的目的。这不是共产主义,这只是一个壮观的带有孩子气的梦幻。只有周恩来才是真正的共产主义者,别的人只不过是在玩弄空头政治,而这是他所不擅长的。他有着经过改头换面的拿破仑式的博学,还带有梅特涅式的政治上的坚韧。

周恩来对他的信仰是真诚的,正如他对中国的感情和他那持久的人性也是发自内心的一样。这使得他在20世纪的所有中国领导人中显得十分突出。不可否认,他没能理解尼赫鲁,正如他没能理解赫鲁晓夫或柯西金一样。但西方也有人犯过同样的错误,人们对此不应苛求。在周恩来与外国人打交道时,人们偶尔看到他那深埋在心里的沙文主义与他那些中国同僚比起来可以说是微不足道的,而他对外部世界的了解程度与那些人比起来更是不

结束语

可同日而语。我们西方人可能会把他看作是我们最热切希望的未来的合作者，尽管他来自一个仍带有民族主义、文化优越感的国家。只要与周恩来会过面，人们就会对在一个单一的世界秩序之下与中国进行合作的潜力充满信心。从某种意义上讲，他留下了与他具有同样想法的人来实现他的两个理想——使中国现代化和让中国在世界事务中扮演一个负责的角色。对他选择的生活道路，我们从内心感到欣慰；对他身后的中国，我们充满了希望。

摄 影
（按音序排列）

鲍乃镛	曹兴华	陈正青	陈之平	成元功
崔宝林	丁翔起	杜修贤	高 风	高 粮
高振普	官天一	郭占英	何世尧	侯 波
花 皑	黄新民	胡宝玉	康茅召	雷明明
李宝坤	李虎臣	李基禄	李九龄	刘东鳌
刘庆瑞	刘少山	李学增	吕厚民	吕相友
孟庆彪	梦 珊	孟昭瑞	钱嗣杰	乔治·洛蒂
齐观山	齐铁砚	盛承天	苏俊慧	塔吉·古拉
唐理奎	汤庆森	童小鹏	王一兵	王永宏
吴化学	吴印咸	徐大刚	雪 印	许万育
徐肖冰	袁 浩	袁汝逊	俞沛文	张 彬
张 举	赵黄岗	赵 炜	赵行杰	郑茂相
郑小箴	邹健东			

声 明

在此，我们对为本书做出了贡献的人们，一并表示最衷心的谢忱。由于种种原因，个别图片作者的姓名可能有遗漏，在此深表歉意。

需要说明的是，对部分图片作者，因地址不详而无法联系，也无法支付报酬。请作者见书后与我们联系。